KB137410

흰머리 휘날리며,
예순 이후 페미니즘

흰머리 휘날리며, 예순 이후 페미니즘

김영옥 지음

교양인
GYOYANGIN

김영옥은 무시와 공포에 갇혀 있는 '상실, 노화, 치매, 죽음……'을 상투성에서 해방한다. 관조와 타자화가 아닌 깊고 세밀하게 관계 맺는 인식으로 노년과 여성성에 대한 상상력을 자극한다.

구체적인 몸의 자리에서 촘촘히 누빈 이야기들은 안티에이징이나 잘 늙는 법과는 상관이 없다. 오히려 "현명한 비관" 속에서 내민 손잡아주기의 간절함을 감각하게 만든다.

인권활동가이자 페미니스트인 나는 "가슴 설레게 하는 선배"에 자주 목말랐다. 이 책에서 만날 수 있는 "내 안의 할머니들"은 따라하기가 아닌 창조적인 '서로 닮기'를 시도하며, 지금까지와는 '다른 이야기들'로 판을 뒤집으려 한다. 돌봄과 의존이 삶의 근본임을 환기하며 이 가치를 시대 정신으로 실어 나르는 '가슴 설레게 하는 선배들'이다. 다양한 독자들이 저마다의 할머니를 만나서 사람들 '사이'를 조직하고 '서로 응답'하며 함께 춤출 수 있기를 희망한다.

_ 류은숙, 인권연구소 '창' 연구활동가, 《사람을 옹호하라》 저자

김영옥의 글을 읽으며 오래 울었던 어느 아침을 기억한다. 조발성 치매를 주요 증상으로 하는 희귀병을 진단받은 친구의 소식에 온통 흔들릴 때였다. 그 글은 말하고 있었다. 그 이후에도 삶이 있다, 그것도 삶이다, 삶일 수 있다. 닫히는 가능성의 목록으로만 주로 회자되는 시간을 날 선 지성과 애정 어린 탐구로 마주하여 거기서 다른 가능성의 시간을 길어 올리기. 이런 김영옥의 사유는 두려움을 도닥여주지만 그러면서도 '그것이 삶일 수 있는' 사회적 조건을 공들여 함께

묻기에 자기 기만이나 입발림하는 위로로 퇴색하지 않는다. 앞서 탐험 나간 사람이 수풀을 헤치고 잡초를 밟아 가며 어렵게 낸 작은 길 같은 글들, 이 소중한 발자국들을 같이 찬찬히 들여다보자고 권하고 싶다. 아, 그 아침의 귀한 글도 마침내 여기 묶여 실렸다는 말을 덧붙여 둔다.

_ 메이, 번역가, 《새벽 세 시의 몸들에게》 저자

다른 사회적 모순과 달리 나이 듦은 불가역적 경험이다. 우리는 나이마다 다른 자신의 몸을 수용하기 어렵고, 타인의 몸을 이해할 수 없다. 그래서 나이 듦에 관한 글들은 큰 공부가 된다. 오랫동안 육체적 통증에 시달려 왔고 사랑하는 이들의 죽음을 믿을 수 없어서 잊었던 내게, 이 책은 평화를 허락해주었다. 저자가 선사하는 위로와 안전감 앞에서 무장 해제되는 이는 나뿐만이 아니리라. 《흰머리 휘날리며》는 당대 점차 사라져 가는 '페미니스트 지식인'의 글쓰기 임무가 무엇인지를 보여주는 역작이다. 저자의 지성과 성찰은 우리를 돌본다. 오래도록 곁에 있을 책이다.

_ 정희진, 《페미니즘의 도전》 저자

차 례

머리말   9

1부 / 변화하는 몸, 욕망하는 자아

웰컴 투 갱년기
갱년기와 '더불어' 살다   17

죽여주는 '여자'가 필요합니까?
젠더-계급-연령의 정치학   30

철들지 않는 남자들
김훈과 임권택의 〈화장〉   40

모두에게 쾌락을 허하라
노년의 에로스   61

마음껏 춤추는 몸
모든 몸은 리듬이다   73

치매라는 공포
치매 환자에게도 '언어'와 '삶'이 있다   92

그곳에 노년이 '살고' 있다
누구를 위한 노인요양시설인가   112

2부 / 나이 듦에 대한 다른 상상

사모곡
딸이 어머니에게 바칩니다   129

사랑하는 사람이 죽어 갈 때
영화 〈아무르〉가 묻는 것들   147

노년의 목소리를 듣는다
'안티 에이징'이라는 잔혹한 낙관 너머
'늙은 이'의 현명한 비관   159

내 안의 할머니
야나기 미와의 〈우리 할머니들〉   174

100세 시대 '늙은 이'들
'노라노'와 '김형석'을 바라보는 시선   202

'어머니의 이름'으로
정치하는 할매들   219

시간의 춤
'죽어 가는' 사람의 존엄   242

에필로그 _ 시간과 노니는 몸들의 이야기   269

주석   301

이 책에 실린 글들의 심리적·육체적 기원은 2016년에 겪었던 지독한 통증으로 거슬러 올라간다. 그해 6월 나는 A병원의 감염내과 병동 6인실에 입원해 있었다. 이곳은 그 이전에 수술을 받느라 입원해 있던 S병원의 정형외과 병동과 매우 달랐다. 환자들은 대부분 나처럼 다른 병동에서 수술을 받았는데 결과가 좋지 않거나, 혹은 다른 병으로 치료를 받다가 감염이 되어 옮겨 온 사람들이었다. 모두 70대 후반 이상의 고령자들이었다. 아주 미미하게 움찔하는 정도의 의사 표시만 가능한 유사 코마 상태에 놓인 환자도 둘이나 있었고, 그렇지 않은 환자들도 전적으로 간병인의 돌봄에 의존하는 와상 상태에 있었다.

당시 나는 손의 뼈가 감염되어 수술을 두 번이나 받았지만 감염 증상이 가라앉지 않아 극도의 통증과 소외를 경험하고 있었다. 항생제들을 무력하게 만드는 슈퍼박테리아의 위력도 그때 알게 되었고, 사람이 자신의 특정 신체 부위와 심각한 적대 관계에 놓일 수 있다는 사실도 그때 처음 깨달았다. 한밤중 희뿌연 불빛 아래 통증 덩어리인 그 손이 손목에서 떨어져 나와 침대에 나뒹구는 환영을 본 적도 있다. 무한한 해방감 속에서 '구원받은' 몸이 깃털처럼 가벼워지는 찰나였다. "이런 경우 치료 경과는 3단계로 진행됩니다. 좋아지거나, 현 상태를 유지하거나 나빠지는 겁니다. 의사의 입장에서는 현 상태가 유지되는 것도 치료입니다." 담당 의사의 말이었다. 드디어 통증을 완화해주는 진통제를 찾았을 때 인턴 의사와 나는 거의 얼싸안을 만큼 기뻐했고, 드디어 항생제가 슈퍼박테리아를 누그러뜨리기 시작했을 때, 나는 '현 상태가 유지된다'는 판단 하에 차츰 퇴원을 기대할 수 있게 되었다.

나는 '더 나빠지지 않는 감염'의 상태로 60대를 살고 있다. 나의 인생 이해나 자기 정체성 이해는 2016년 이전과 이후로 나뉜다. 그렇지 않아도 또래보다 일찍 '기우는 몸'을 경험하기 시작한 내게 당시 4개월 정도 세 군데 병원의 상이한 병동에서 보낸 시간은 돌이킬 수 없는 전환점이 되었다. 몸으로, 아니 더 정확히 말해서 아픈 몸으로 산다는 것에 대해 조금 더 깊이 이해하게 되었고, 나이가 들면서 질병과 함께 '장애인'이 된다는 것을 알게 되었고, 통증에 대해서도 이전과는 다른 감각을 갖게 되었다. 특히 돌봄의 '장'에 대해 체화된 문제의식을 지니게 되었다. 환자와 '보호자', (종종 실제 보호자인) 돌봄/의존 노동자, 의사와 간호사, 환자를 방문하는 친구나 지인들. 여러 주체들이 상이한 이해관계와 마음, 감정, 시간 감각, 의례 등으로 구성하는 돌봄의 '장'은 2016년 이후 소중한 삶의 탐구 대상이 되었다. 특히 늙은 환자,

늙은 몸은 내 삶의 모든 층위에서 첨예한 각성을 일깨운다.

이제는 어떤 증상으로 병원에 가든 "다시 좋아지는 일은 없습니다. 더 나빠지지 않게 신경 쓰세요."라는 말을 듣는다. 안과에 가든, 심혈관내과를 가든, 류머티즘내과를 가든, 산부인과를 가든 마찬가지다. 현상 유지에도 특별한 공력이 필요한 시간대를 얼마간 살다 보면, 나빠지는 것과 친해지는 시간대가 어느덧 시작되었음을 또 알게 될 것이다. '나이는 숫자, 마음이 진짜'라는 말은 유행가 가사로는 매력적일지 몰라도, 현실은 아니다. 종종 6080 노년들 대상으로 나이 듦 관련 강의를 한다. 그들이 참여자이고 내가 강사지만, 서로 앞서거니 뒤서거니 같이 늙고 있는 우리는 각자 경험하는 나이 듦에 대해 같고도 또 다른 이야기를 나눈다. "마음은 청춘인데…… 넘어지면 이전에는 타박상이었는데 이제는 골절상이라고 하네요. 마음을 계속 청춘으로 유지하는 방법이 없을까요?"라며 위로를 구하는 사람들이 의외로 많다. 이 책에 수록된 글들은 나이 들면서 품게 되는 질문들의 이모저모를 다룬다. 답이나 위로보다는 그야말로 질문들이 어디서 어떻게 구성되는지, 질문의 허상과 실상은 무엇인지, 누가 질문하고 그러면서 정작 누구를 소외시키는지 등에 가까이 다가가려 한다.

나이 듦과 돌봄은 엄청나게 광대하고 포괄적인 영역이어서 늘 당혹스럽고 난감하다. 부분들이 명료하게 다 채워지지 않아도 큰 그림의 윤곽만은 제대로 그려야지 생각하는 동시에, 부분들을 가능한 더 얇게 저며 더 치밀하게 탐색하는 것이 밝혀줄 길들을 놓치지 말아야 다짐한다. 페미니즘은 삶의 모든 국면, 그동안 역사가 구축해 온 지식

체계 전반을 젠더 관점에서 낯설게 보고 새롭게 정초하는 데 힘을 써왔다. 그러나 그 페미니즘의 대안 세계 안에서도, 늙고 병들고 아프고 돌보며 돌봄받는 이들의 이야기는 변방에 머문다. 어느 퀴어 작가의 말을 빌리자면, '늙은 이'를 가리키는 적절한 대명사는 아직 발명되지 않았다. 노인도, 노년도, 어르신도, 시니어 선배도, 할머니나 할아버지도, 할매나 할배도 다 온전한 자긍심을 담기에는 역부족이다. 현재로선 '선생님'이라고 부르는 것이 가장 무난하다. 즉 당사자들이 가장 무난하게 받아들인다. 예순 넘은 여성이라는 정체성도 다른 정체성들이 그렇듯 여러 층위가 교차하는 맥락의 한가운데서 세워지고 부서지고 또 다시 세워진다. 페미니즘이라는 대안 세계 안에서도 가장 변방에 있는 이 정체성의 당사자들이 어떤 이중 삼중의 대안을 꿈꾸고 살아낼지 궁금하다. 책임과 즐거움의 양 날개를 퍼덕이며 천천히 푸른 창공을 날아오르는 당사자/성 운동을 기대한다.

　책이 나오기까지 다양한 방식으로 도움을 주신 분들을 기억한다. 첫 발걸음은 여성주의 매체 〈일다〉에서 기획한 '오지 않은 미래의 발견'이었다. 여러 이유로 중단되었지만 노년/기에 관한 사유와 느낌의 첫 단초들을 발표하게 해준 〈일다〉에 감사한다. 다양한 연령대와 몸들이 호혜적으로 연대하는 페미니스트 연구활동단체 '생애문화연구소 옥희살롱'을 함께 세우고 돌봐 온 전희경, 문미정, 이지은, 메이 님께 고마운 마음을 전한다. 덕분에 다양한 연령대의 페미니스트들과 함께 질문하고 탐구하는 일이 가능했다. 이런 둘레야말로 페미니스트로 '적절히' 늙어가는 데 필요한 각성제들이다. 인권의 감각을 계속

벼릴 수 있게 지지대가 되어준 인권연구소 '창'의 류은숙과 다른 연구 활동가들에게도 감사한다. 이 책에 실린 여러 편의 글들은 류은숙의 수정 제안 덕분에 더 읽을 만해졌다.

2021년 5월
김영옥

1부

변화하는 몸,
욕망하는 자아

웰컴 투 갱년기
—
갱년기와 '더불어' 살다

'월경 끝' 그 이상

〈메노포즈(menopause)〉라는 뮤지컬이 있다. 블루밍데일 백화점 란제리 세일에서 네 명의 중년 여성들이 만난다. 검정색 레이스 브래지어를 두고 실랑이를 벌이던 이들은 자신들이 서로 얼마나 많은 경험과 관심사를 나눌 수 있는지를 깨닫는다. 기억력 감퇴, 발열, 홍조, 수면 중 과도하게 땀을 흘리는 도한증, 늘어 가는 주름, 성형 수술, 호르몬, 불면증, 성욕 감퇴, 성욕 증가 등등.

나는 〈메노포즈〉를 보지 않았다. 〈메노포즈〉에 대한 이 기본 정보는 구글이 제공하는 길고 상세한 설명의 앞부분을 간추린 것이다. 2001년 플로리다주 올랜도의 소극장에서 초연된 이래 2006년 봄에 종연할 때까지 1,500회 이상의 공연 기록을 세웠다는 이 뮤지컬은 한국에서도 2005년 첫 공연을 올린 이후 지금까지 시차를 두고 꾸준히 무대에 올려졌다. 그런데도 나는 이 뮤지컬을 봐야 한다고 생각한 적이 없었다. 사는 곳 근처 육교 위에 〈메노포즈〉를 홍보하는 대형 현수막이 걸린 적이 여러 번 있었지만 한 번도 이 뮤지컬에 마음이 쏠리지 않았다. 〈맘마미아〉의 경우 뮤지컬과 영화 모두 일찌감치 챙겨 보고 즐거워했던 것에 비하면 의아하다고 할 수 있다. 아마도 '메노포즈'는 내게 상당히 생리(학)적인 것으로 여겨졌고 그만큼 문화적인 것과는 거리가 있다고 느꼈을 것이다. 여자로서 개인적으로 나와 관련이 있다고 느끼지 못했다. 이미 40대 초반부터 이런저런 신체 증상이 있었고, 산부인과 의사로부터 '갱년기'의 시작이라고, 갱년기는 수년, 아니 십수 년에 걸쳐 진행되는 과정이라고 들었지만 내게 '메노포즈'는 외부의 무엇이었다. 그것도 사회문화나 정치경제와 무관한 어떤 외부. 그래서 특별히 주목할 필요가 없는 임의의 어떤 외부 말이다.

그러다가 벼락을 맞듯이 '진짜' 메노포즈에 강타당하는 일이 생겨 버렸다. 처음에는 당황했고 그 다음은 애써 모른 체했다. ('정신력'을 강조하는 근대식 훈육에 익숙한 사람의 오만!) 그다음으로는 깊은 원망과 절망의 수렁에 빠졌고 결국 '더불어'에 희망을 거는 것으로 타협했다. 뭐랄까, '인생의 본때를 맛본다'는 것이 여성 호르몬에서 예기치 않은 국면에 맞닥뜨렸음을 깨달아 가는 과정이었다고나 할까. 어떻게든 '메노포즈와 더불어 살아봐야 하지 않겠냐'고 스스로 격려하기까지, 짧지 않은 '이상하고 낯선, 너무나 납득하기 힘든' 봄 여름 가을 겨울을 보냈다. 조금씩 포기와 적응을 반복하며 나는 지금까지 메노포즈와 함께 살고 있다. 60대에 들어서도 사라지지 않는 격렬한 증상 때문에 뒤늦게 호르몬 약을 먹어보았지만 별로 나아지지 않았다. 40대 초반의 산부인과 의사는 카랑카랑하고 똑 부러지는 목소리로 "그 나이까지 갱년기 증상이 있다는 건 사실 납득하기 힘든 일"이라며 내 고충에 더는 귀를 기울이지 않았다. 그러나 현실은 이론보다 다양하다. 드물지만 나처럼 한번 시작된 갱년기를 졸업하지 못하고 여전히 증상을 견디는 여자들을 만난다. 갱년기 증상과 더불어 살면서 나는 겸손의 생리학적 측면을 배우고 있다.

월경(menstruation)과 중지(pause)가 합쳐진 말인 메노포즈(meno-pause)는 문자 그대로 더는 월경을 하지 않는 상태를 의미한다. 서구 여성학자 중에는 메노포즈를 '남자에게서 자유로워지다'로 의미화하는 사람도 있다. 그러나 메노포즈의 한국어 용법이 '완경'과 '갱년기' 둘 다를 포함하는 것에서 알 수 있듯이 메노포즈는 단순히 '월경 끝'을 의미하지 않는다. 글 초반에 나열한 각종 증상들이 메노포즈의 외연을 형성한다. 사람마다 다를 수 있지만 적지 않은 경우 여기에 불안, 자기와의 갈등, 우울 혹은 초조까지 덧붙여진다. 에스트로겐 호르몬과 프로게스테론 호르몬의 작용에 따른 결과지만, 메노포즈는 신체적·생리적 상태를 넘어서 사회문화적으로 이해해야 하는 복합 '현상'이다. 현상은 해석을 요구하고 해석은 담론을 형성한다. 그렇다면 완경-여성 호르몬-갱년기라는 이 난해하고 복합적인 현상에 대한 해석이나 담론은 어떠한가.

똑같은 갱년기는 없다

미국이나 영국, 캐나다 등 영어권에서뿐만 아니라 한국에서도 40~50대 중년 여성들이 백 퍼센트 공감하고 환호했다는 뮤지컬 〈메노포즈〉의 홍보가 강조하는 것은 단연코 '폐경'이 아니라 '완경'으로서 메노포즈다. 월경이 끝났다고 여성으로서 끝이 난 게 아닙니다. 오히려 진정한 여성으로, 완전한 여성으로 거듭나는 것입니다! 물론 이 말은 '더는 월경을 하지 않으니 이제 여자로서 삶도 끝이다'라는 식의 어법이 만연하다 보니 그에 대한 역동적 저항 내지는 적극적 긍정으로 구성된 것이다. 그러나 함께 손뼉을 치고 해방감을 느끼기엔 이 말은 표피적 선언 이상도 이하도 아닌 것으로 들린다. 한 달에 한 번 '마법에 걸리면서' 사랑하는 짝과 DNA가 같은 종을 재생산하고, 또 더는 종을 재생산하지 않더라도 계속해서 짝을 유혹할 수 있는 성적 매력을 간직하던 여자에서 탈마법의 건조하고 황폐한 사막으로 밀려난 여자라고요? 무슨 말씀! 그건 당신들의 뻔하고 뻔뻔한 판타지가 만들어낸 이야기에 불과할 뿐, 우리는 여자로서 이제부터 완전히 원숙한 삶을 사는 것이랍니다! 가부장제 문화나 남성 판타지를 반영한 '폐경(閉經)'이라는 명명을 거부하고 '완경(完經)'이라는 새로운 기호를 불러낸 것은 매우 창발적이고 참신한 운동이었다. 그러나 문화 정치학 측면에서 진행된 이 운동은 완경의 심리적·생리적 내용이 무엇인지에 대한 구체적인 이해를 너무 앞서간 것은 아닌지 질문하게 한다. 갱년기 증상에 가장 깊숙이 연결되어 있는 에스트로겐과 프로게스테론 호르몬은 난포 자극 호르몬과 황체 형성 호르몬, 그리고 성선(性腺) 자극 호르몬과 긴밀하게 연결되어 있다. 이 모든 호르몬들은 번식과 양육에 헌신하라는 자연의 명령에 따라 강하게, 약하게 분비되거나 멈춘다. 그래서 월경 전 증후군과 완경기 증후군은 하나의 커다란 연관성 속에 놓여 있다. 여성 건강 전문가인 크리스티안 노스럽은 "완경기란 다른 사람이 아닌 바로 자기 자신의 엄마 역할을 하는 시기라고 할 수 있다."고 말하며, 완경기를 경험하는 여성의 심리적·생리적 상태를 이렇게 묘사한다.

당신은 모든 것—특히 사람—에서 손을 떼고 오로지 자기 자신을 위해 일하고 싶은 생리적 욕구에 휩싸인다. 그 결과 대부분의 여성들이 완경기에 느끼는 공통적인 희망 사항은 혼자 있는 시간을 갖고 싶다는 것과, 혼란과 요구 사항에서 벗어나 평화와 고요함을 맛보고 싶다는 것이다.[1]

인류학자 마거릿 미드 역시 '세상에서 가장 위대한 창조력은 완경기 여성의 열정에서 나온다.'고 했다. 그러나 혼자 있는 시간이나 평화와 고요함을 향한 욕구, 혹은 생식 의무에서 벗어나 자기만의 방에서 열정과 창조력을 불태우는 자유는 나처럼 '감당하기 어려운' 증상을 '감당해야 하는' 사람에게는 너무 이상적으로 들린다. 산부인과를 여러 번 방문했지만 매번 2~3분에 지나지 않는 진료의 끝은 몇 종류의 호르몬 약 소개와 먹을지 말지 '선택'하라는 것이 조언 아닌 조언이었다. 그때마다 묻지 않을 수 없었다. 호르몬 변화에서 비롯되는 각종 증상에 의료과학은 과연 얼마나 진지하고도 책임 있게 관심을 기울이는지, 여성들 각자가 겪는 갱년기 증상은 또 얼마나 같으면서도 다른지 등에 대해 과연 여성주의는 얼마나 충분히 깊이 있고 세밀하게 탐색하고 있는지? 나는 의사들이 가르쳐주지 않고 페미니즘이 답해주지 않는 난제에 부딪혀 메노포즈와 호르몬, 그리고 몸의 변화가 맺는 관계를 어떻게든 통합적으로 이해하려고 책들 사이를 헤집고 돌아다녔지만, 호르몬의 세계는 너무나 복잡하고 중층적이었다. 에스트로겐 호르몬과 프로게스테론 호르몬, 난포 자극 호르몬과 황체 형성 호르몬, 그리고 성선 자극 호르몬이 서로 긴밀하게 연결되어 자극하고 자극받는 것처럼 우리 몸 안의 호르몬들은 서로 중층적으로 연결되어 있다. 하나의 부족을 채우면 그것은 또 다른 하나에 영향을 끼친다. 부족을 채우겠다고 섣불리 나서기 어려운 것이다. 내가 공책에 필기까지 해 가며 공부한 결과 얻은 중요한 사실 하나는 호르몬들은 일종의 오케스트라라는 것이다. 각각의 호르몬이 서로 맞추어 조율하지 않으면 전체로서 음악은 뻑뻑거린다. 호르몬 오케스트라의 통합적 형태와 움직임을 염두에 두지 않고 얻는 개별 호르몬에 대한 지식은 큰 도움이 되지 않는다. 그래서 나는 여성주의 관점이 투철한 전문가를 기다린다. 그가 여성의 완경기와 관련해 호르몬 세계의 '오묘한' 구조와 통합적 작동 방식을 알기 쉽게, 모든 여성이 이해할 수 있는 언어로 설명해주길!

누군가에게는 지옥인 갱년기를 누군가는 전혀 알지도 느끼지도 못한 채 지나간다. 지옥인 갱년기를 보내는/보낸 사람의 몸 정체성 이해와 갱년기를 전혀 모른 채 중년 고개를 넘어간 사람의 몸 정체성 이해에는 사소하다 할 수 없는 간극이 있다. 갱년기 증상은 이 여성을 저 여성에게서 소외시킨다. 누군가는 1년 고생하니까 사라지더라는 갱년기 증상이 누군가에게는 10년이 지나도 사라질 기미가 안 보인다. 공유될 수 없는 경험들 위에서 나부끼는 '완경' 깃발은 갱년기에 대한 진지한 접근과 담론 확산을 부차적인 것으로 만들 수 있다.

시도 때도 없이 갑자기 땀이 비 오듯 솟아 화장이 좌악 번지고 안경이 주르륵 흘러내린다. 시야가 뿌옇게 변해 계단에서 발을 헛디딘다. 빈번히 뺨이 붉어지는 홍조 현상 때문에 화상을 입은 것처럼 특정 부위의 피부가 거무스레하게 변했다. 밤이면 이불이 흠뻑 젖을 정도로 식은땀을 흘리다 속옷을 두세 번 갈아입은 적도 많다. 한여름 찜통처럼 무덥고 습한 날씨에 열이 확 오르고 몸이 화끈거리면 고문도 그런 고문이 없다. 방바닥에 등을 대고 누우면 무저갱의 나락으로 끝없이 끌려 내려가는 것 같다. 그럴 때면 손가락 하나 까딱할 힘도 없다. 하루 종일 퉁퉁 부어 있는 손가락들, 해질 무렵이면 시작되는 관절통은 한밤중에 잠이 깰 정도로 심해지고 새벽녘이면 주먹을 쥔다는 건 아예 꿈도 못 꾼다. 3, 4년 내내 병원이란 병원은 안 가본 데가 없다. 내 몸이 이렇게 나를 배신하고 나와 무관하고 제멋대로일 수 있다니, 이렇게 낯설다니 꼭 귀신이 들린 것 같다.

내가 만난 여성들은 이렇게 갱년기 경험을 이야기했다. 조금만 주의를 기울이면 우리는 식당에서건 일터에서건 집 안에서건 겉옷을 입었다 벗었다 반복하는 여자들을 드물지 않게 만날 수 있다. 그러나 우리는 이들에게 크게 주의를 기울이지 않는다. 아니, 주의를 어떻게 기울여야 하는지 사실은 잘 모른다. 주먹이 제대로 안 쥐어져서 자꾸 접시를 깨뜨린다고 말하는 동료 앞에서 무슨 말을 어떻게 해야 할지 잘 모른다. 갱년기를 심하게 겪든, 모르고 지나갈 정도로 미미하게 겪든, 갱년기는 여전히 '중요한 정치적 여성주의 의제'가 아니다. 명명으로서 환경이 여성주의 상징 정치학의 주요 의제 중 하나였다면 구체적·개별적 경험으로서 갱년기는 소문이자 수다이고 심하면 추문이다. 갱년기 증상의 개별적 독특함이 여성의 (시간에 따라 변화하는) 생물학적 정체성에 좀 더 사려 깊은 통찰의 빛을 던질 수 있도록 '이야기로 꾸며지고' 또한 '해석되는' 문화는 아직 전개되고 있지 않다. 재현의 전통이 만들어낸 개성 있는 캐릭터 중에 과연 갱년기 여성이 있었던가? 갱년기 증상이 (부정적으로든 긍정적으로든) 의미심장하게 다루어지는 이야기를 만난 적이 몇 번이나 있던가? 뮤지컬 〈메노포즈〉는 거의 예외에 속한다고 할 것이다.

갱년기는 그 흔한 '은유'로서도 별로 주목받지 못한다. 갱년기 증상과 그 증상을 겪는 여성들은 의학 체계 내에서도 철저하게 주변화되어 있다. 진지한 관심이나 유기적 관점은 없는 상태에서 손쉽게 병리화나 의료화가 채택된다. 호르몬 약을 먹으면 유방암 걸릴 확률이 높아지니 먹을지 말지 스스로 결정하라는 말을 들은 게 불과 십여 년 전인데, 의사들은 이제 '호르몬 치료는 선택이 아닌 필수'라고 계몽의 목소리를 높인다. 그러는 한편 완경기 증후군 자체는 사소한 일로 간주해버려 증상을 호소하는 여성들의 무기력증과 심리적 혼란을 가중한다. 그러나 힘들게 갱년기를 보낸 여성들이 한결같이 말하는 '소외와 외로움'의 감정은 그들을 진지하게 대하지 않는 의사들에게만 향하는 건 아니다. 그것은 아직 형성되지 않은, 혹은 형성되기 시작했지만 아직 맥락으로 작용하지 못하는 갱년기 담론에 대한 아쉬움과 갈증 같은 것이다. 자신의 갱년기 경험을 위치 지을 수 있는 문화적 맥락, 이 급작스런 신체적 변화와 단절이 불러일으킨 낯선 느낌을 자기 자신에게나 타인에게 표현하고 이해시킬 수 있는 해석학적 지평을 향한 갈급함이 있는 것이다.

페미니스트의 갱년기

갱년기에 대한 여성 개개인의 인식, 혹은 담론은 여성들이 자기 자신에게 몰두하는 게 가능해진 이후에 나타난 것이다. '개인'으로서 여성, 즉 여성들의 '개별성'이 생겼기 때문에 가능해진 것이다. 우리 어머니 세대까지만 해도 여성들은 몸이 보여주는 증상을 토대로 삼아 생애의 특정 시점을 인지하는 일에 익숙하지 않았다. "갱년기? 난 갱년기가 언제 어떻게 지나갔는지도 몰라. 둘째가 화상을 입어서 내가 매일 병원 드나들던 때, 그때가 갱년기였나?" 이렇게 말하는 어머니 세대는 생애의 특정 시기들을 그때그때 발생한 '사건별'로 인지하곤 했다. 쓰시마 유코의 뛰어난 단편 소설 〈나〉에 나오는 어머니는 일기인지 일지인지 확실치 않은 삶의 기록을 남기는데, 평범하고 순탄한

나날에는 단 한두 문장으로 그리고 애간장 태우는 사건이 발생했을 때는 문장의 부재, 즉 침묵으로 특정 시기나 시간을 새긴다.

그러나 이제 여성들은 자신의 몸이 들려주는 이야기를 토대로 하여 자신의 생애를 이해하고, 또 그것을 공적 영역에서 사회적 언어로 말하기 시작했다. 예를 들어서 남학생들이나 남자 교수들이 있는 자리에서라도 발열이나 홍조, 집중력 저하 등 갱년기 증상이 나타나면 "제가 지금 갱년기라서요."라는 말을 스스럼없이 한다. 여성들이 각자 자신의 갱년기 경험을 중요한 이야깃거리로 만들고 있으니 여성의 갱년기는 이제 사회적으로, 공적으로 인정받기 시작할 것이다. 갱년기는 여성들이 제2의 삶으로 들어서는 중대한 전환기다. 네 자매의 막내인 한 친구는 차례로 갱년기를 겪게 된 언니들이 남편과 자식들에게 자신이 갱년기에 접어들었음을 알리며, "이제부터 나는 전에처럼 당신들/너희들을 시중들 수 없다. 그러니 스스로 알아서 옷도 챙겨 입고 밥도 챙겨 먹으시라. 그리고 나한테 무슨 위로를 받거나 챙김을 받으려는 생각은 아예 마시라."고 경고하더라는 이야기를 들려줬다. 그러자 남편들이나 자식들도 이 '갱년기'의 중요성을 충분히 숙지하고 그에 적응하면서 자신들의 일상을 변화시키더라는 것이다. 그러나 결혼한 여성들이 자신의 갱년기나 완경에 대해 말할 때 일상에서 남편이나 자식이 적절한 반응체가 되어주는 것과 달리, 싱글 여성의 경우 적절한 반응체는 사유 패턴이나 사유 속도 등과 관련해 동년배 여성과 나누는 경험담일 수 있다. 몸이 마음이나 언어와 매우 다른 속도로 움직일 때 적응은 난관에 부닥친다. 40이라는 나이가 자신에게 적용되는 것을 이해하는 데 5년이 걸렸다고, 그래서 45세 때 비로소 40세가 되었다는 50대의 한 전문직 싱글 여성은 이렇게 말한다. "지금 내가 살고 있는 50대의 삶이란 아직 오지 않은 시간을 사는 것"이라고.

한국에서 전문직 여성들의 40대는 광속에 가까운 속도로 살아낸 일의 시간이다. 그들은 그때 경험한 속도가 정상이라고 생각해서 50대에 불안과 두려움을 느끼는 것인지도 모른다. 완경과 더불어 시작하는 제2의 삶은 느린 삶이어야 한다. 땅과 가까운 삶이어야 한다. 헐떡이며 좌충우돌하는 '미친 시간'의 광기를 가라앉혀줄 땅의 부드럽고 완곡한 호흡을 만나야 한다. 그 호흡 속에 30대, 40대를 밀어붙였던 욕망을 슬쩍 내려놓고 발바닥에 닿는 땅의 느낌으로 새로운 몸의 리듬, 삶의 리듬, 일 생산의 리듬을 구상하는 것이 필요하다. 땅에 가까운 삶을 산다는 것은, 싹을 틔워 올려 보내는 땅의 기운과 바람을, 공기 중의 습도와 햇볕을 몸으로 느끼며 사는 것을 의미한다. 사회문화적·정치경제적 힘들뿐 아니라 생명을 키우는 자연의 힘들을 구체적으로 맛보며 사는 것을 의미한다. 여성주의 이념에 따라 사회를 비판적으로 분석하고 변혁하는 여성들의 경우 특히 제1의 삶에서는 '있는 삶'이 아니라 '도래해야 할 삶'을 살아왔다. 이제 제2의 삶에서는 이들이 '지금 여기 있는 삶'을 풍요롭게 깊이 감각하며 살 수 있길 희망한다. 50대에 들어서면서, 갱년기를 지나면서 여성들은 삶의 한 주기가 마무리되고 또 다른 주기가 시작됨을 느낀다.

나를 위해 새 문을 열다

폐경/완경과 함께 이제 물리가 터지기 시작한다. 낯선 만큼 생생하고 치열한 갱년기를 보내든 무난하고 평화로운 완경을 맞이하든 여성들은 몸을 통해 사물의 이치를 달리 보기 시작한다. 몸이 들려주는 사물의 이치 속에서 이제 막 열리기 시작한 생의 또 다른 강을 향해 몸을 돌린다. 이 강에는 '다른' 삶의 이야기들이 물결치고 있다. 미술작가 홍이현숙은 사진·영상 시리즈 작품인 〈폐경(廢境, 경계를 허물다)의례〉(2012년)에서 완경 이전의 삶과 이후의 삶을 목욕탕 물속에 잠겨 들어간 뒤 동네 개울가에서 솟구쳐 나오는 여성의 몸으로 표현한다. 생리혈로 한 여자가 다른 여자의 등에 통과 의례의 문장을 남긴다. 하나의 문이 닫히고 또 하나의 새로운 문이 열렸다고. 이제 뱀처럼 자유롭게, 날렵하게 살겠노라고. 여기서 닫힌 문은 여자로서 감당해야 했던 가부장제 이성애 중심 결혼 제도와 사회라는 법 체계의 문을 말한다(고 나는 생각한다). 카프카가 단편 소설 〈법 앞에서〉에서 한 말을 빌리자면, '나'를 위해 마련된 문이라지만 들어서기 힘들었던, 늘 까다롭고 성질 사나운 누군가가 지키고 서 있던 문, 그래서 열려 있되 들어서지 못하고 바깥에서 쪼그려 앉은 채 기다리게 하던 문. 무엇을 기다리는지 알지 못한 채 기다렸던 시간들. 그 문을 이제 완경기에 들어선 여성이 등 뒤로 쾅 닫고 스스로 자신의 세계를 위해 다른 문을 연다. 축지법과 비행술을 자유자재로 구사하며 담을 넘고 다리 난간 위에 올라서고 이 집과 저 집을 마음껏 넘나든다. 혹독한 갱년기 증상들과 '더불어' 사는 일에 나름 익숙해진 나는 기꺼이 홍이현숙의 이 폐경(廢境) 의례에 동참하기로 한다.

언젠가 비슷한 연배의 동료들이 모인 자리에서 "이렇게 시간이 빨리 흐를 줄 알았다면 어떻게 살았을 것 같냐?"라는 질문을 서로 주고받은 적이 있다. 그때 나는 "그동안 나름대로 눈치 보지 않고 하고 싶은 거 하면서 열심히 살았지만, 그래도 돌이켜보면 여자로서 살고 일하면서 눈치 보고 산 부분들이 많다. 더 막 살걸 그랬다."라고 말했다. '나'를 위한 문이라면서도 나를 바깥에 세워 두고 들이지 않으려한 그 문을 더 일찍 더 시원스레 쾅 닫을걸 그랬다는 느낌을 그렇게 표현한 것이다. 이제는 갱년기를 사적 부담이 아니라 사회적 의제로 구성해내면서 그야말로 맘껏 신나게 늙어볼 일이다. '이제는 돌아와 거울 앞에 선 누이'로서가 아니라 그대들 페미니스트-소수자 다중과 손잡고 새 길을 만들어 가는 도반으로서.

죽여주는 '여자'가 필요합니까?

—

젠더-계급-연령의 정치학

'박카스 할머니'라는 교차 지점

할아부지들도 있고. 오십 육십 된 중찔들도 있고. 그리고 그냥 뭐 칠십 팔십. 걔네들도 늙은 사람한테 올 때는 돈이 없으니깐 우리한테 오는 거야. 우리는 나이 먹었으니까 삼십 분에 2만 원도 받고, 3만 원도 받고, 만 5천 원도 받고 그러니까. 젊은 애들은 5만 원도 받고, 저 유리방(손님이 여성을 선택할 수 있도록 전면이 유리로 되어 있고 그 안에 여성들이 배치된 업소) 애들은 7만 원도 받고 그래. 암만해도 이쁘고 젊고 지네들 맘에 쏙 드는 애들한테 가면은 돈 십만 원만 주면 잠깐 놀고 나오는 건데. 그게 좋지. 누가 나이 많은 사람이랑 놀려고 하겠어! ……종로에 '박카스 아줌마'들 있잖아. 나는 보지는 않았는데 손님들이 와서 얘기해. 우리가 "2만 원만 주세요." 이러면 종로 가면 만 원이면 하고 만 5천 원이면 하는데 그렇게 달라고 한다고. 그거를 깎을라고 그러는 거야. 그러면 나는 "그런 데로 가요. 나는 못 하니까. 가시면 되잖아요. 가서 술 팔아주고 가서 재미 봐요." 그러면 가는 놈도 있고. 딴 데가서 노는 놈도 있고. 남의 속만 상하게 해놓고 가는 거야. 그럼 나 혼자 훌쩍훌쩍 우는 거야. 속이 상해서.[2]

'반성매매인권행동 이룸' 활동가들이 만난 순자 씨의 이야기다. 인터뷰가 이루어진 2015년에 64세였으니, 2016년인 지금은 65세. 올해가 며칠 남지 않았으니 그녀는 곧 66세가 될 것이다.[3] 순자 씨는 영화 〈죽여주는 여자〉(이재용 감독, 2016년)의 소영과 같은 나이다. 영화 속 허구의 인물 소영은 전쟁 통에 고아가 되어 남의 집 '식모살이'와 공장 노동을 거쳐 돈이 된다는 동두천에 흘러든 여자다. 흑인 병사와 사이에서 낳은 아들을 젖도 떼기 전 입양 보낸 '몹쓸' 엄마다. 현실 속 순자 씨는 남편과 사별한 뒤 아이 다섯을 "내버리지도 않고, 방에다 불 피우고 같이 죽지도 않고" 키우기 위해 모 성매매 집결지로 들어와 거의 30년을 일했다. 소영은 가진 건 쥐뿔도 없지만 빈 병이나 폐지 줍는 건 자존심 상해서 '이 일'을 한다. 탑골공원과 장충단공원에서 박카스를 파는 소영의 '죽여주는' 솜씨는 일수를 찍고 집세를 내며 하루하루 연명할 정도의 수입을 보장한다. 이제는 막내 손녀에게 갈 때마다 만 원씩 손에 쥐여줄 정도로 사는 순자 씨는 아직도 '이 바닥을' 못 떠나고 있다. 여전히 '씨발년, 개 같은 년' 같은 폭언에다 물리적 폭력의 위험도 만만치 않은 '팔자 나쁜 년'의 공간이지만, 30년 동안 먹고 자고 일해 온 이곳은 그에게 또한 편안하고 익숙한 장소다.

자식들은 순자 씨가 이 동네에서 '이 집 밥해주고 저 집 밥해주며' 산다고 알고 있다.

　나이가 들어서도 '쿨한' 이미지와 연기로 여자 남자 구별 없이 많은 팬들의 사랑을 받는 배우 윤여정이 '박카스 할머니' 역을 맡았다고 해서 개봉 전부터 관심을 끌었던 〈죽여주는 여자〉는 현실 속 박카스 할머니의 경우처럼 젠더, 노년[4], 빈곤을 교차적으로 질문할 것을 촉구한다. 영화를 본 네티즌들의 평이 증명하듯 영화는 시종일관 애잔하고 씁쓸하고 우울한 정조로 2015년을 살고 있는 '박카스 할머니 소영'의 궁색하고 고단한 일상을 보여준다.[5] 영화를 보는 내내 심란했다. 애잔함이나 씁쓸함, 우울로 수렴되지 않는 감정의 갈래들이 을씨년스런 초겨울 날의 낙엽처럼 흩날렸다. 종로3가 지하철역이나 낙원상가 뒤편에서 마주쳤던 박카스 '할줌마'[6]의 모습과 함께, 이 글 서두에 인용한 "성을 파는 노년 여성의 삶을 이해하기 위하여―〈내 목소리를 들어라〉" 기사의 인터뷰가 떠올랐고, 도봉구 방향으로 가는 지하철 1호선을 탈 때마다 그 압도적인 수에 놀라게 되는 '노년 승객들'도 영화 속 탑골공원의 노년들과 함께 머릿속 화면에 등장했다. 영화의 배경인 장충단공원은 내가 꽤나 자주 가는 산책로이기도 해서 그곳에서 우연히 스쳤던 여자들과 벤치에 앉아 있던 나이 든 남자들의 모습 또한 새삼 또렷이 상기되었다.

21세기 '늙은 창녀의 노래'

그러나 특히 내 마음을 어수선하게 만든 것은 두 개의 영화적 설정과 관련된다. 하나는 소영이 세 들어 살던 이태원 '다문화 소수자 유사 가족'이고, 다른 하나는 '죽여주게 그 일을 잘하는' 여자가 죽음을 원하는 남자들을 '죽여주는 일'까지 해야 한다는 것이다. 트랜스젠더 '언니'가 집주인인 이태원의 오래되고 낡은 집에 피규어를 만드는 젊은 장애인 남성과 65세의 박카스 판매 여성, 동남아시아에서 온 코피노 소년이 함께 산다는 설정은 비록 동화처럼 보이긴 했어도 그렇게 비현실적이지는 않은 상상력이었는데 왜 영화는 이들을 끝까지 '가족'이라 주장하지 않고 소영을 '무연고' 사망자로 처리했을까. 그리하여 결과적으로 그 유사 가족을 영화의 '정치적 올바름'을 위해 동원된 피상적인 (그래서 상투적인) 소수자들의 나열 내지는 전시로 떨어지게 만든 것일까. 이 이태원 '다문화 소수자 유사 가족' 설정이 실패한 것은 물론 두 번째 설정의 결과이기도 하다. 친구들과 자신의 죽음을 위해 성 판매 여성의 '손'이 필요했던 늙은 독거 남자의 이야기는 영화가 지향했던 사회 비판에도 불구하고 결코 용인할 수 없다. '죽여주는 여자'라는 제목의 수사적 효과도 그래서 불순한 앙금을 남긴다. 이 남자들의 나약함과 비겁함, 아니 비열함에 어이없어하거나 분노하는 관객들의 반응에 대해 "솔직히 영화적 설정으로 받아들이고 넘어가주길 바라는 요량도 없지 않았다."고 감독은 말한다. 그러나 이것이 단순한 영화적 설정으로만 머물 수 있는가. "그분이 너무 원해서" 독극물을 건네는 소영의 '공감 능력'은 남자들에게서 "소영은 성스럽기까지 하다. 보살 아니냐. 자비를 베풀고 그 죄를 자신이 다 안고 가니까." 라는 반응까지 불러일으킨다.

이러한 반응은, 여성의 몸과 그 몸을 구매하는 남성들의 화폐 교환을 기구한 운명의 여성과 그 운명에 이해와 동정으로 함께하는 남성의 만남으로 낭만화함으로써 계급적·정치적 맥락을 철저하게 지워 버리는 가부장적 담론의 연장선상에 있다. 그러한 낭만화의 대표적인 예가 1995년과 2005년 십 년 간격으로 무대에 올랐던 연극 〈늙은 창녀의 노래〉다.[7] 이처럼 오랜 가부장적 성 정치학의 전통에 기대어 '조력 자살'이라는 사회적 의제를 제안한다고? 영화 속 소영의 조력 자살은 영화가 의도한 것처럼 연민과 공감에 의한 것이 아니라 가부장적 강제에 의한 것이다. 스스로 자기 자신을 죽음에 이르게 하는 것은 무섭고 막막하며 어려운 일일 것이다. 그러나 사전에 전혀 의논한 바도 없이, 상대가 살인자라는 누명을 쓸 게 명백한데도 자살하는 자기 곁을 지켜 달라고 조르는 것은 이기심일 뿐 조력 자살과는 무관하다. 호텔 방에서 재우(전무송 분)가 당혹해하는 소영의 입에 수면제를 밀어 넣는 장면은, 모텔 방에서 오럴 섹스를 해 달라며 막무가내로 소영의 머리를 자신의 성기에 밀착시키는 남성 구매자의 장면과 겹쳐 보였다. 용기 없음 때문이든, 남성성을 향한 욕망 때문이든 이들이 소영이라는 박카스 판매 여성을 '이용'하는 데는 동일한 남성 판타지와 계급 논리가 적용되고 있다.

영화는 소영이 '퇴적 공간'[8]에서 만나는 이 남자들의 처지가 소영의 처지보다 크게 나을 게 없음을 보여주고자 한다. 쓸쓸하고 처량하고 비참한 노년이라는 일반화 속에서 65세에도 성을 판매해야 생존이 가능한 여성과, 돈 주고 구매한 그 여성의 몸을 매개로 남성성을 확인하다가 이제 (모든 실존의 다양성을 박탈당하고) 불능, 뇌졸중, 치매[9]라는 최소한의 생존으로 축소된 노년 남성의 관계는 '동병상련' 혹은 '우정'의 외양을 입는다. 여기까지는 한국 사회의 가부장적 현실을 감안할 때 있음직한 이야기다. 노동의 장에서 밀려나고 사회에서 쓸모도 인정받지 못한 채 점점 더 가까워지는 죽음을 직면해야 하는 이들은 구조상 그 어느 때보다 더 '민주적이고 평등'한 공통 감각을 나눌수 있다. 도시의 인위성과 새로운 기술 문명 시스템의 속도에 적응하지 못하는 잉여 존재로서 생물학적 죽음을 맞이하기 전에 이미 소멸을 경험해야 하는 게 현재 노년의 실존 조건이라면 이 조건을 젠더 규범성을 넘어 해방의 연대를 꾀하는 동력으로 삼을 수도 있으니 말이다. 여기에 덧붙여, 더는 존엄한 삶이 가능하지 않다면 단호하고 진지하게 죽음을 선택할 수 있는 자유를 위해 동맹할 수도 있다. 이 죽음은 자신을 파괴한다는 의미의 자살이 아니다. 더 크고 깊은 자유를 위해 선택하는 죽음, 즉 '자유죽음'이다. 자유죽음은, 최후까지 존엄하고 품위 있게 살기 위해 죽음을 선택하는 자유야말로 개인의 주권에 속한다고 외친다. 영화 〈씨 인사이드(The Sea Inside)〉(알레한드로 아메나바르 감독, 2004년)에서처럼 사지마비로 손가락 하나 까딱할 수 없는 사람은 누군가의 도움 없이는 이 자유를 선택할 수 없다. 그러나 법이 금지한 행동에 누군가를 조력자로 동참시키는 일이 얼마나 지난한 상호 이해와 설득, 질문과 논쟁의 과정을 요구하는지를 〈씨 인사이드〉는 깊이 있게 증언한다. '죽기를 원한다는 것'은 그만큼 자연의 보편적 법칙에 어긋난다고 사회문화가, 종교가, 법이, 정치가 주장해 왔기 때문이다. 그 대상이 자기 자신일 때도 사람의 생명을 끊는 것은 '살인'이며, 살인은 어떤 경우에도 용인될 수 없는 도덕의 훼손이라고 간주되어 왔기 때문이다.

누군가에게 건네지는 '죽여 달라'는 청은 어떤 절대적 위반을 감행해 달라는 것이며, 그렇기 때문에 근본적으로 폭력성을 내포한다. 〈죽여주는 여자〉에서처럼 그/그녀가 보여준 남다른 민감성이나 공감, 연민을 '미끼' 삼아 (의도한 것이든, 결과로든) '살인자'가 되어 달라고 청하는 것은 더욱 윤리적으로 용납하기 어렵다. 심리적 용기의 차원뿐 아니라, 도덕적 승인의 차원에서 지탄과 비난의 대상이 되는 '자살'의 행위성을 상대방에게 넘기는 것이다. 소영에게 강제로 부여된 '죽여주는 여자'의 역할은 사회적으로 '인용 가능할 수도 있는' 조력 자살이나 존엄사 등 '자유죽음'의 논의 맥락에 놓여 있지 않다. 그래서 이 작품은 고립되지 않은 노년기나 돌봄받는 노년기, 의미 실현이 가능한 노년기를 더는 기대할 수 없는 노년들의 죽음 문제를 공론화하는 방향으로 나아가지 못한다. 소영에게 남자들이 '감히' 이 역할을 맡길 수 있는 것은 그녀가 가족도 없이 홀로 살며 몸을 파는 '늙은 창녀'이기 때문이다. 어차피 '무연사(無緣死)'로 처리될 여자이기 때문이다. 결국 20세기 말에 나온 송기원의 단편 소설 〈늙은 창녀의 노래〉를 잇는 21세기 초의 후속편 같은 것이다. 이 숨은 논리를 드러내놓고 보면, 이태원에서 꾸려졌다고 가정한 저 '다문화 소수자 유사 가족'의 이념조차 기만당하고 있다는 느낌을 지우기 힘들다. 처음부터 무연의 떠돌이 늙은 창녀로 소영의 정체성을 못 박아 둔 상태에서 펼쳐진 저 비혈연 소수자 연대체는 좌파(를 지향하는) 남성(지식인이고자 하는) 감독의 취향 정도로, 또는 알리바이 정도로 미끄러진다.

스스로 돌보지 못하는 남자들

〈죽여주는 여자〉에서 '죽여 달라' 청하는 남자들의 목소리는 가혹한 실패와 좌절(에셰크echéc)의 삶에 결연하게 '아니'를 외치며 존엄을 추구하는 자유의 목소리보다는,[10] 깜깜한 절망의 어둠 속에서 '도와 달라'를 외치는 호소의 목소리에 더 가깝다.[11] 전자는 타협할 수 없는 존엄의 차원이고, 후자는 경험과학인 심리학의 차원이다. 전자는 존엄을 위해 자신을 파괴한다는 모순과 이율배반을 견디는 것이고, 후자는 살고 싶은데 어쩔 수 없이 죽는 경우다. 전자를 이해하는 데는 현상학적 내부 시선이, 후자의 이해에는 사회학이 분석적 도움을 줄 것이다. 물론 자유에 방점이 찍힌 자유죽음과 호소의 몸짓인 자살 사이에 언제나 뚜렷한 금을 그을 수 있는 것은 아니다. 그러나 영화 〈죽여주는 여자〉에서는 분명 (여자 없이 홀로 사는 훈련이 안 되어 있는) '남자들'의 '도와 달라'는, '좀 더 관심을 갖고 보살펴 달라'는 호소가 더 크게 울린다.[12] 이 영화가 '버려진' 노년의 삶이 처한 비참함과 소외, 고립을 사회 문제로 공론화하겠다는 본래 의도를 제대로 실현하기 위해서는 '죽음 선택의 이유'를 철학적 인간학의 차원에서 좀 더 철저하게 고심했어야 했다. 또는 사회학적 분석을 원했다면 '죽여주게' 성서비스를 잘하는 박카스 할머니도, 이 여성 외에는 타자와의 교류가 전무한 노년 남성의 환경도 좀 더 치밀하게, 현장 밀착적으로 탐색했어야 했다. 노년들이 처한 이 비참한 구조가 너무나 분명했기 때문에 구태여 현장 연구가 필요하지 않았다는 감독의 말은 믿기 어려울 정도지만 영화의 '모양새'에 대해 많은 것을 해명해준다. 영화는 노년과 계급, 젠더, 삶과 죽음, '치매', (트랜스젠더 등) 사회적 소수자들의 의제를 조금씩 건드리고 있을 뿐이다. 이 다양한 의제들은 깊게 사유되거나 전복적으로 가로질러 변형되지(trans-form) 못한 채 허공에 매달려 있다가, 소영이 감옥으로 끌려가면서 흔적도 없이 흩어져버린다. 이 모든 의제들이 그나마 의제로서 전달 가능해진 것은 전적으로 '뛰어난 여배우 윤여정'의 힘이다.

심각한 상황에 처했을 때, 위협을 느낄 때, 아는 사람이 아무도 없어도 누군가가 우릴 도와줄 것이라 믿고 '도와주시오' 외칠 수 있다(고 믿었던 시절이 있다). 그러나 〈죽여주는 여자〉는 그런 시절이 점점 더 과거가 되고 있는 시점에서 '도와주시오'를 잘못된 방식으로 타전한 남자들의 이야기다. 상실을 끌어안고, 고독의 한가운데서 자기를 다시 만나며, 여자 사람과 친구로 소소하게나마 우정을 나눌 '역량'이 부족한, 아니 전무(全無)한 늙은 남자들의 이야기다. 이들은 자기 자신을 스스로 돌본 경험도 별로 없다. 여자 없이는 남자로서 '자기'로 존재하는 법도 배우지 못했다. 생의 마지막 순간까지 여자를 향해 도와 달라고 손을 뻗는다. 왜 절벽에서 혼자 떨어지지 못하고 등 뒤에서 여자가 떠다밀어'주기'를 원하는가.

그러나 타전 자체는 의미심장하다. 오인도 이해의 필수 부분이며, 잘못 보낸 타전도 메시지를 전달한다. 그래서 〈죽여주는 여자〉는 의미심장한 영화다. 노년기는 고착된 젠더와 계급, 문명사회 규범의 틀을 거슬러 통 크게 '반항'할 수 있는 인생의 시점이다. 또한 서로 어울릴 것 같지 않아 보이던 그룹이나 진영 간에 연대할 수 있는 가능성이 커지는 시기다. '노년들이 처한 비참한 구조'는 〈죽여주는 여자〉의 감독이 생각한 것처럼 그렇게 단순하게 분명하지 않다. 구태여 현장 연구가 필요하지 않은 게 아니라, 그 어느 때보다 치밀한 현장 연구가 필요하다. 현실에 배를 붙이고 감각하며 탐색해야 한다. 치열하게 고민하고 다면적으로 답을 찾아야 한다. 논쟁이 들끓어야 한다. 그렇게 세대 간, 계급 간, 젠더 간 평화로운 공존의 역량을 쌓아야 한다. 현실은 이미 그런 역량 없이는 생존이 불가능한 방향으로 나아가고 있다. 〈죽여주는 여자〉는 죽여줄 정도로 성을 파는 데 전문가인 여성과 트랜스젠더 여성, 장애인 남성과 코피노 소년, 그리고 뇌졸중으로 누워 있는 남성과 치매가 시작된 남성, 더는 살아 있을 이유가 없을 정도로 외로운 남성이 연대를 실험하는 텍스트로 다시 만들어져야 한다.

철들지 않는 남자들
—
김훈과 임권택의 〈화장〉

늙어 가는 남자들의 사랑 타령

임권택 감독의 〈화장〉(2015년)은 2004년 이상문학상을 받은 김훈의 동명 단편 소설을 영화로 만든 것이다. 〈화장〉은 죽음을 앞둔 아내 곁에서 '삶의 한가운데' 있는 것처럼 보이는 젊은 여성을 사랑하는 중년 남성의 이야기다. "아, 살아 있는 것은 저렇게 확실하고 가득 찬 것이로구나." 젊은 여성을 향한 그의 이 감탄은 그의 사랑이 어디에서 시작하고 있는지 징후적으로 드러낸다. 바람 빠진 공처럼 삶이 헐거워지고 여기저기 뿌옇게 곰팡이가 슬기 시작한다고 느끼는 나이. 그의 사랑은 이 나이의 후유증이거나 아니라면 적어도 이 나이의 효과다. 이 나이는 화장(化粧)과 화장(火葬)이 서로 겨루고 서로 의미가 되어 주는 경계 지대다.

영화에서 50대 중반의 이 주인공 남성 역은 배우 안성기가 연기했다. 영화 〈화장〉은 이미 구상 단계에서부터 임권택, 김훈, 안성기 이세 남성들 이름과 단단히 묶여 있었다. 여기에 명필름이라는 제작사까지 덧붙여지고 나니 이 이상의 품질 보증은 없는 듯 소란스러웠다. 이러한 소란스러움은 나중에 완성된 영화 앞에서 당혹을 금치 못했던 관객들의 난처한 침묵과 쌍을 이루며 이 영화의 독특한 젠더 성격을 여실히 드러낸다. 영화는 제작 과정의 소란스러움과는 달리 너무나 적은 관객 수를 기록했다. 영화진흥위원회 통합전산망 자료에 따르면 〈화장〉을 본 사람은 142,609명에 지나지 않는다. 그리고 이 영화는 묘하게도 '다양성' 영화로 분류되었다. 이 영화가 왜 다양성 영화인지, 다양성 영화의 정의는 무엇인지 질문하게 된다. 다양성 영화는 통상 작품성, 예술성이 뛰어난 소규모 저예산 영화로서 상업 영화와 대비되는 의미로 사용되며, 독립 영화나 예술 영화, 또는 다큐멘터리 영화를 포함한다. 〈화장〉이 소규모 저예산 영화로 '기획'되었을까? 상업 영화와의 대비 속에서 정체성을 주장할 만한 주제나 표현 방식 등 뭔가 특별한 실험적 요소를 품고 있는가? 유감스럽게도 그렇지 않다. 그렇다면 이상문학상을 받은 소설을 토대로 했기 때문에? 국내외에서 '인정받고 존경받는' '거장' 감독이 만든 영화이기 때문에? 그러니 당연히 예술 영화라서? 천만 관객이라는 어마어마한 흥행을 누린 〈암살〉이나 〈국제시장〉, 그리고 〈베테랑〉이 한국의 근현대사나 민족/주의, 자본주의, 젠더 등과 관련해 치밀한 분석의 대상이라면, 철저하게 흥행에 실패해 다양성 영화 범주로 피신하지 않으면 안 되었던 〈화장〉 역시 분석의 대상이 아닐 수 없다. 나는 이 분석의 초점을

'늙어 가는 남자들'의 사랑 '타령'을 경유해 궁극적으로 '돌보는 남자들'에 맞추려 한다. 시대 환경상 어쩔 수 없이 돌봄을 맡게 된 남자들의 미성숙, 사랑이라는 알리바이로 도망치면서 돌봄의 윤리를 훼손하는 저 '삶에 철들지 않는' 남자들의 미성숙에 말이다. 이 미성숙이야말로 영화 〈화장〉이 그토록 요란했던 소문과는 달리 관객들의 외면을 면치 못했던 까닭이기 때문이다.

'돌보는' 남자들?

아내가 죽은 날부터 장례를 치르는 날까지 삼 일 동안 주인공의 머릿속과 마음속을 맴돈 사념이 〈화장〉 텍스트의 내용을 이룬다. (그러나 이 내용은 활자 텍스트보다 이미지 텍스트에서 훨씬 더 자극적이고 명백한 남성 판타지로 전개된다.) 화장품 회사 상무인 주인공 남자는 2년 동안 세 번 뇌종양 수술을 받은 아내의 '병 수발에 지쳐 있고', 의사가 '병이라고 할 수도 없는 노화 현상'이라고 말하는 전립선염 때문에 가끔 방광 속의 오줌을 빼러 비뇨기과에 들러야 한다. 아내에게서 아무런 끌림도 느끼지 못한 지 오래된 그는 회사에 들어온 신입사원 추은주에게 온전히 마음을 빼앗겼다. '병 수발에 지쳐 있고'라는 말을 작은따옴표로 묶으면서 나는 원작과 영화 모두에서 느낀 언짢음을 '정치적'으로 다루고자 한다. "여성들이 흔히 경험하는바, 익숙하게 들리므로 틀린 말은 아닌 것 같은데 뭔가 불쾌하고 분한 감정이 드는 말을 들으면 이에 대해 당황하고 제대로 대응하지 못하는 자신을 스스로 탓하게 된다. 이것이 정치이며, 이 느낌이 바로 정치 의식"이기 때문이다.[13] 중년 (혹은 예전의 관습적인 사회적 연령 지각대로라면 장년?) 남성의 흔들리는 남성성. 그렇기 때문에 거의 목숨을 건 듯 '젊고 아름다운' 여자를 욕망하는 태도는 너무나 흔하고 익숙한 주제라서 왠지 틀린 말은 아닌 것 같은데, 이 흔한 서사에 '병 수발에 지친'이라는 알리바이까지 덧대니 불쾌감과 언짢음이 배가되고 말았다.

도대체 병 수발처럼 자연스럽게 여성과 연결되는 단어가 또 있을까? 집안에 노/약자나 환자가 있을 때 여자들은 자발적으로 또는 강제로 그들을 돌봐 왔고, 집 밖에, 즉 사회에 약자나 환자가 있을 때 여자들은 '봉사'의 이름으로 혹은 아주 적은 보수를 받고 '천사'라는 찬사를 받으며 그들을 돌봐 왔다. 그런데 고령화가 심해지면서 어쩔 수 없이 돌보는 남성들이 등장하기 시작했다. 물론 〈화장〉의 맥락은 고령화와 무관하다(고도 할 수 있다). '돌보는 남자'가 나름 의미 있게 등장하는 맥락은 역시 전 세계적 추세인 초/고령 사회다. 예를 들어 반신불수가 된 아내를 헌신적으로 돌보는 남편이 나오는 영화 〈아무르〉(2012년)를 떠올려보자. 핵가족화와 (쟁취된 혹은 떠넘겨진) 개인주의로 자식들의 돌봄을 기대할 수 없게 된 노년의 부부는 이제 서로 돌봐야 한다. 물론 〈아무르〉의 부부는 평생 서로 이해하고 존경하고 사랑하며 함께 늙어 온 사이다. 더구나 그들은 음악을 매개로 연결되어 있다. 병든 아내를 돌보는 남편의 등장이라는 면에서 〈아무르〉와 〈화장〉은 비교 가능한 연상 관계에 있다. 더는 '자기'로 생각하고 움직이는 것이 가능하지 않은 병든 아내를 돌보는 게 힘들거나 싫어서가 아니라 아내를 존중하기에, 아내가 제정신이라면 진정 원했을 '끝'을 감행하는 〈아무르〉의 남편과,[14] 아내와 그저 관습적 관계로만 엮여 있기에 아내가 진정 원하는 것이 무엇인지 알지도 못하고 알고 싶어 하지도 않는 〈화장〉의 '병 수발에 지친' 남편은 어쩌면 비교해서는 안 될 두 주인공인지도 모른다. 그러나 움직이지 못하게 된 아내를 돌보는 두 남자의 태도가 너무나 다르기 때문에 유감스럽게도 비교와 연상은 더욱 떨치기 어렵다. 그렇게 두 영화는 '병 수발에 지친'이라는 형용구가 젠더 정치학과 얼마나 깊숙이 연결되어 있는지, 젠더 정치학이 윤리학을 얼마나 철저하게 조직하는지 살필 수 있는 좋은 자료가 된다. 〈화장〉에서 '병 수발에 지쳐 있고'는 주인공 남성의 성적 판타지에 알리바이로 동원되고 있다. 제작 과정에서의 그 소란스러움에 비해 너무나 조용했던 상영 후 반응 등을 볼 때 이에 대한 언짢음과 불쾌감은 나만 아니라 다른 관객들도, '거장을 흠모하는 후배들'도 공유하는 지각이었으리라 추측해본다.

오늘날까지 역사가 이어져 오는 동안 그렇게 한결같이 여자들은 노/약자와 환자들을 돌봐 왔고, 아내들은 남편들을 돌봐 왔다. 그리고/그런데 그 여자들이 '병 수발에 지쳐서' 이런저런 정신적·실존적 상태가 되었다고 긴 넋두리를 펼치는 글이나 영상물을 나는 본 적이 없다. 더군다나 뇌종양으로 2년 동안 세 번이나 수술을 받은 '남편'이 삶과 죽음의 경계에서 고통의 극한을 경험하고 있는데 그 남편을 돌보는 '아내'가 회사에 갓 입사한 젊은 신입사원에게 마음을 모조리 빼앗겨, 낮이고 밤이고 그 남자만을 생각하고 욕망하는 이야기라면? 이렇게 기계적인 방식으로 성을 바꿔 대입해보는 것은 별로 권장할 만한 일이 아니다. 그러나 〈화장〉 같은 이야기가 '수상작'으로(소설의 경우), '어려운 주제를 다루는 거장다운 솜씨'로(영화의 경우) 수식되어 유통되는 와중에 실종되는 돌봄의 윤리와 정치를 고려한다면, 이런 대입에는 기계적이라는 말로 비난할 수 없는 정당성 혹은 필연성이 있다. 자신의 욕망을 위해 '병 수발에 지친 피로감'이라는 두툼한 매트를 당당하게 사용한 '아내'가 있던가. 기억나지 않는다. 더군다나 그러한 욕망의 이야기를 죽음을 직면하는, 나이 든 사람이기에 깨닫고 도달할 수 있는 생과 사의 실존주의적 진실로 주장하는 '여성들'의 문화 집단을 마주한 적도 없다. 여성들에게는 이토록 낯설고 기이한 일이 남성들에게는 여전히 매우 자연스럽고 또한 존재론적으로 중요한 일이 될 수 있다니, 가부장제 내부·외부에서 남성/성과 문화, 그리고 젠더 권력 간 연결고리는 여전히 너무나 견고하다. 중년 혹은 장년 남자의 정체성 위기와 그 탈출로서 욕망 서사는 매번 신선한 '존재의 열림'으로 과대 포장된다. 사실 '나이 든' 남자와 '어린' 여자의 사랑 이야기는 너무나 흔해서 구태여 특별히 언급할 필요도 없다. 상대는 대부분 20대 초중반 여자지만 롤리타 콤플렉스에서처럼 10대 초반 여자인 경우도 드물지 않다. 위협받지만 건재한 자신의 정체성을 스스로에게 그리고 외부에 확인시키기 위해 적극적으로 욕망하는 남자의 경우 연령의 한계란 없다. 50대, 60대, 70대, 80대, 그리고 90대까지 이어진다. 노벨상 수상 작가인 가브리엘 가르시아 마르케스의 《내 슬픈 창녀들의 추억》에서 남자 주인공은 아흔 살, 그가 욕망하고 사랑하는 상대 여자는 10대 초반이다.

욕망하는 '나이 든' 남자들

이런 유의 이야기에서 남자들은 주로 '아는―혹은 더 정확히 말하자면 안다고 가정되는―주체들'이다. '안다고 가정되는'이라는 말은 명백히 '오인된'이라는 뜻이다. 직업으로 보면 교수, 교사, 문화예술 분야의 전문가가 가장 많다. 영화 〈엘레지(Elegy)〉(이자벨 코이젯트 감독, 2008년)에서 욕망에 흠뻑 빠져드는 남자 주인공은 62세 대학교수이고 그의 상대는 언제나 그랬듯이 이번에도 '그의 강의실'에 앉아 있던 여학생이다. 남자는 문화예술에 대해서, 장르를 불문하고, 대중매체에 나가 '한 말씀' 하시는 전문가다. 문화 전문가인 그의 말에 실린 권위는 곧바로 욕망의 보증 수표로 기능한다. 쿠바 출신 어린 여학생은 완벽한 몸매, 특히 지상에 없을 것 같은 완벽한 가슴의 소유자이고, 그런 그녀에게 그는 "너는 예술 작품이야."라고 말한다. 소설을 토대로 해 만들어졌다는 사실을 모른 채 이 영화를 봤던 나는 우연히 제목에 끌려 손에 쥐게 된 필립 로스의 소설 《죽어 가는 짐승》의 첫 문장들에서 바로 〈엘레지〉를 확인할 수 있었다. 이런 이야기들의 전형성은 그만큼 흔들림이 없다. "그 아이는 팔 년 전에 알았지. 내 수업을 들었어." 더 긴 설명이 필요할까. "내가 가르치는 반에는 여학생이 많이 와. 이유는 두 가지. 하나는 이것이 문학적 광채와 저널리즘의 광채를 매혹적으로 결합한 과목이라는 것 때문이고, 또 하나는 내가 NPR(National Public Radio)에서 서평을 하는 것을 들었거나 서턴 (뉴저지의 TV 방송국)에서 문화에 관해 이야기하는 것을 보았기 때문이야." 소설 첫 페이지의 이 첫 문장들을 읽는 순간 피로감이 엄습했다. 뭐야, 또 그 얘기야? 라디오나 텔레비전의 정기적 출연이 '광채'로 연결되는 것도 난감하지만, "문학적 광채와 저널리즘의 광채를 매혹적으로 결합한 과목"에서 자연스럽게 과목이 그 과목을 가르치는 남자로 미끄러지면서 치환되는 것은 더욱 난감하다. 이렇게 해서 광채와 매혹을 지닌 남자 교수의 욕망 이야기는 정해진 제 길을 간다.

마르케스의 《내 슬픈 창녀들의 추억》에서는 신문에 칼럼을 쓰는 아흔 살 남자가, 박범신의 《은교》에서는 시를 쓰는 일흔 살 남자가 등장한다. 언어와 문화를 아는 사람답게 이들은 자신의 욕망에 대해 할 이야기가 많다. 그 욕망을 어떤 시대 정신에, 어떤 문화 흐름에 연결해야 하는지도 잘 안다. 마르케스나 로스처럼 (각각 콜롬비아와 미국의) 문화 혁명의 정치적 성격과 파장, 그리고 그 한가운데서 소용돌이치는 성적 욕망과 해방적 실천을 뛰어난 통찰력과 문장으로 보여준다 해도 궁극적으로 이런 이야기들은 이기적이고 젠더 관점에서 봤을 때 너무나 식상하다. 그만큼 분노를 유발한다. 그러나 전혀 반성하지 않으며, 반성할 필요조차 느끼지 못할 정도로 견고하고 폭력적인 남성 나르시시즘의 유구한 역사엔 분노조차 괜한 정동일지 모른다.

시간 속에서 늙고 소멸해 가는 육체와, 시간이 멈춘 곳에서 눈부시게 빛나는 젊음 사이에서 진동하는 그들 욕망의 추는 그 빛에 눈이 멀어버렸을 때조차도 자기 주장을 멈추지 않는다. 빛나는 육체의 소유자가 창녀든 여학생이든, 즉 어떤 여성 개인이든 그들에게 무슨 상관이랴. 남성/성의 자기 이해일 뿐인데, 여성/성에 대한 혹은 인간 일반에 대한 이해이기도 하다는 이 이기적인 주장은 그래도 (의도하지 않았음에도) 젠더와 섹슈얼리티의 구성적 성격을 드러내고, 또한 소멸 혹은 필멸과 대면하는 인간 종의 젠더화된 모습을 보여주기 때문에 일정 부분 학습과 성찰의 단초를 품고 있기도 하다. (학습과 성찰은 왜 늘 '우리'의 몫인가?) 때론 유머로, 때론 자조나 풍자로, 때론 그저 바라만 보는 것으로(《내 슬픈 창녀들의 추억》), 때론 거칠고 격렬한 '씹하기'로(《죽어 가는 짐승》) 드러나는 이들의 욕망을 두고 어떤 드러냄이 더 정직한가, 더 '문화적'인가 질문해보기도 하지만 대부분 큰 차이가 있는 것 같지는 않다. 왜냐하면 이들의 '앎'은 '여성/성을 안다고 참칭하는 남성 주체들'의 앎이고 그들이 소개하는 다른 분야의 앎의 내용도 궁극적으로 저 원초적 앎으로 되돌아가기 때문이다.

그럼에도 피로감을 넘어서 특히 언짢고 특히 불쾌한 경우가 있다. 소심한 알리바이와, 인권이나 생명권을 침해하는 무지가 노골적인 〈화장〉의 경우처럼 말이다. 〈화장〉에서도 주인공은 '안다고 가정된/오인된' 주체이고, 그 앎의 내용은 수긍하기 힘든 여성 비하 내지는 혐오의 행태로 어설프게 포장되어 있다. 이 텍스트의 남자 주인공, 여자들의 '표면적 정체성', 즉 '피부'를 경유해 '내부의 정체성', 즉 성기 안까지 완벽히 안다고 주장되는 화장품 회사 임원은 늙어 가는/늙은 남자가 젊은 여자의 육체를 탐닉하는 서사 전통에 서 있지만, 그러나 이 서사는 정신문화 차원에서는 가장 참아주기 힘든 억지 타령으로 전락하고 있다. 어쩌면 이 전략은 더는 이런 서사가 유지되기 힘듦을 역설적으로 증명하는, 데리다의 해체주의 어법으로 말하자면 텍스트의 자기 해체일지도 모른다.

젖가슴 콤플렉스

"하지만 나이가 들면서는 우리가 산다는 것, 삶에 대한 전반적인 것들에 대해 더 많이 생각하게 됐어요. 나는 80세 먹은 노감독이니까 오랜 삶을 살아오면서 누적된 체험들이 있을 거 아니에요? 그런 체험이 내 안에서 발효가 되고 이제 그런 기초적인 것을 가지고 삶을 바라보고 있어요. 제가 삶에서 느끼는 것들을 영화에 담아서 세상 사람들과 소통하고 싶은 거지요."[15] 〈화장〉을 만든 임권택 감독의 말이다. 어차피 지나가버릴 홍역 같은 짝사랑 때문에 긴 시간 함께해 온 부인의 병 수발을 포기할 수는 없다. 그건 인간의 도리가 아니라고 감독은 말을 잇는다. 여든이 되어서야 비로소 병 수발의 윤리가 인간의 기초 도리임을 깨닫는다? 언제나 어디서나 여성들이 '해 왔던' 병 수발(의 윤리적 성격)을 남성들은 '깨달아야' 하고, 이 깨달음을 위해서는 삶의 체험이 축적되고 발효될 시간과 '방어하기 힘든 욕망의 유혹'이 필요하다는 것이다. 어떤 연령대건 상관없이 여성들은 병 수발을 해 왔다. 엄마, 아내, 며느리, 딸의 자리는 항상 잠재적 돌봄의 자리로 구성되어 있었다. 그렇다고 해서 환자를 돌보는 매 순간이 여성들에게 의미 있는 실존적·사회문화적 경험의 계기가 되었을까. 여성들이라고 매번 기꺼이 했을까. 하나 마나 한 이런 질문을 하는 것은 이제 서서히 등장하기 시작한 '돌보는 남자들'의 서사가 과잉으로 감상적이기 때문이다. 엄살에 지나지 않는 이런 과잉은 그동안 여성들이 다양한 형태로 해 온 돌봄의 역사를 남성들이, 사회가, 국가가, 너무나 돌아보지 않았기에 가능한 것이다. 여성들이 누구를, 얼마나 오래, 어디서, 어떻게, 왜 돌봤는지, 그때 어떤 몸과 마음의 상태였는지, 거기에 개입한 힘들은 무엇이었는지 돌아보는 것. 이것이야말로 돌봄이 계급을 포함한 가장 시급하고 첨예한 정치적 의제가 된 지금, 모두가 서 있는 출발 지점이어야 하지 않을까. 그래야 제대로 돌볼 수 있지 않을까. 이 돌아봄이 없어서 영화와 소설 〈화장〉이 보여주는 병 수발은 매우 수상하다. 당혹스럽고 불쾌하다.

화장(化粧) 그리고 화장(火葬). 이 두 개를 진정 서로 갈등하는, 즉 서로 상대를 통해서 비로소 정의되고 규정되는 두 세계의 상징으로 형상화하려면 영화 〈화장〉은 어떤 태도를 취해야 했을까. 아니 최소한 무엇을 '하지 말았어야' 했을까. 50대 중반의 남성, 화장품 회사의 오 상무는 2년째 암 투병을 하는 아내의 병 수발을 하고 있(다)지만, 그의 병 수발은 건조하고 기계적이다. 그저 병상 옆에서 잠을 자고, 꼭 그래야 한다면 기저귀를 갈아주거나 화장실에 데려가 똥오줌 지린 하체를 닦아줄 뿐이다. 단 한 번도 '저 고통'을, 그 절대적 타자의 세계를 이해하고자 노력하지 않는다. 단말마의 비명을 내지르는 '저 생명체'가 붙들려 있는 생명과 비생명의 상태에 고뇌하지 않는다. 조금이라도 그 고통 안으로, 그 실재계 내부로 들어가보려 하지 않는다.

'아내'의 고통, '아내'와 함께 보낸 시간, 함께 보낼 시간에 대해 말하는 게 아니다. '아내'를 넘어서, '아내'라는 사적 관계를 넘어서 '죽어가는 생명체, 그 타자'에 대한 연민이나 공감을 말하는 것이다. 혹은 이미 그이 안에서 명백히 목소리를 내고 있는 죽음이라는 타자에 대한 겸허한 질문을 말하는 것이다. 타자에 대한 연민이나 공감, 질문을 경유하지 않는 자기 이해란 얼마나 허술한 기만이며 공허한 껍데기인가. 소설이든 영화든 〈화장〉은 삶과 죽음, 육체, 욕망에 대한 성찰과 느낌을 준다고 주장하지만 그 주장 자체가 텅 빈 남성 권력의 전시에 지나지 않는다. 이 주장은 시대 착오적이기에 내부에서는 더욱 초라하고 외부에서는 더욱 번지르르하다. '병 수발에 지쳐서'를 노골적으로 선전하는 장면 중 하나. 병원 아내의 침상 곁에서 잠을 자고 출근하는 오 상무의 셔츠 소매에는 얼룩이 묻어 있다. 얼룩 있는 셔츠를 굳이 관객들에게 강조해서 보여주는 이 장면은 촌스럽고 비윤리적이다. 그래서 어쩌라고? 자기 옷은 어떻게든 스스로 챙겨야 하는 거 아닌가,라는 뻔한 말을 하게 만드는 장면.

영화 〈화장〉에는 두 명의 여배우가 나온다. 오 상무가 2년째 병 수발을 하고 있는 아내와 그가 사랑하는 추은주, 각각 화장(火葬)과 화장(化粧)의 세계에 속하는 이 두 역을 맡은 배우는 김호정과 김규리다. 김호정은 현실의 장면에서 그리고 김규리는 오 상무의 상상 속 장면에서 이렇게 저렇게 '벗은 몸'으로 등장한다. 특히 영화계에서 통상 금기로 되어 있는 성기 노출을 감행한 김호정의 결단은 여배우로서 '쉽지 않은 용기'로 여러 번 언론의 주목을 받았다. 대본에 없던 구성인데, 촬영 도중에 감독이 '이래서는 느낌이 살지 않는다'고 판단하면서 성기 노출 쪽으로 결정되었다고 한다. 어떤 자세로 촬영되는지에 따라 벗은 몸은 누드 포즈가 되기도 하고 상처 입기 쉬운 헐벗음이 되기도 한다. 영상물등급위원회가 성기 노출에 기계적으로 신경증적 반응을 보이곤 한다는 건 잘 알려진 사실이다. 그 기계적인 잣대가 너무나 터무니없어서 분통을 터뜨린 감독과 심의위원과 관객들도 많다. 문제는 필연성이다. 꼭 벗어야 하는가. 벗는다면 어떤 벗음이어야 하는가. 누드 포즈인가 아니면 실존적 헐벗음인가. 실존적 헐벗음이어도 꼭 성기를 노출해야 하는가. 노출한다면 그때 카메라 앵글은 어때야 하는가.

영화 〈화장〉에서 두 여배우가 '그렇게' 벗은 몸으로 등장한 것과 관련해 소설 〈화장〉에 나오는 오 상무의 다음 진술을 참조할 만하다.

요강처럼 가운데가 뚫린 의자 위에 앉혔습니다. 의자 위에서 아내는 사지를 늘어뜨렸습니다. 아내의 두 다리는 해부학 교실에 걸린 뼈처럼, 그야말로 뼈뿐이었습니다. 늘어진 피부에 검버섯이 피어 있었습니다. 죽음은 가까이 있었지만, 얼마나 가까워야 가까운 것인지는 알 수 없었습니다. 저는 의자 밑으로 넣어서 비누를 닦아냈습니다. 닦기를 마치고 나자 아내가 똥물을 흘렸습니다. 양은 많지 않았지만, 악취가 찌를 듯이 달려들었습니다. "여보…… 미안해……" 아내는 또 울었습니다. 시신경이 교란된 아내는 옆을 볼 수가 없었습니다. 아내의 시각은 앞쪽으로만 고정되어 있었습니다. 울면서, 아내는 자꾸만 고개를 돌리면서 두

리번거렸습니다. 아마도 수치심 때문이었을 것입니다. 저는 샤워 물줄기로 바닥에 떨어진 똥물을 흘려보내고 다시 아내를 의자에 앉혔습니다. 아내의 항문과 똥물이 흘러내린 허벅지 안쪽을 다시 씻겼습니다. …… 저는 복도로 나와서 담배를 피웠지요. 새벽 두 시였습니다. …… 당신께 달려가서, 사랑한다고 말하고 싶었습니다. 사랑한다고, 시급히 자백하지 않으면 아내와 저와 그리고 이 병원과 울트라 마린블루의 화장품과 이미지들이 모두 일시에 증발해버리고 말 것 같은 조바심으로 저는 발을 구르고 싶었습니다. 그리고 당신께서 저의 조바심을 아신다면, 여자인 당신의 가슴은 저를 안아주실 것만 같았습니다.

  소설의 저 문장들을 시각 언어로 옮길 때 그 '시각'은 어떤 시각이어야 하는가, 이것이 촬영할 때의 결정 사항일 것이다. 보여준다, 무엇을 어떻게? '항문의 괄약근이 열려서 수시로 똥물이 흘러내리는 환자의 엉덩이와 허벅지를 닦아주는 장면'을 '보게' 하려면 카메라를 어디에 맞춰야 하는가. 그 통제 불능의 상태에서도 수치심에 떨면서 울면서 '미안해'라고 말하는 '그녀'의 실존적 고통과 그런 그녀를 지켜보며 씻기는 '그'의 실존적 고통 둘 다를 보여주려면 무엇을, 어디를 어떻게 보여줘야 하나. 혹은 무엇을, 어디를 '보여주지 않아야' 관객들이 더 통렬하게 더 깊은 '봄'으로 나아갈 수 있는가. 그리고 가장 중요한 것은 여기서 누구의 고통에 더 윤리적으로 섬세하게 감응해야 하는가,라는 질문이다. 그러나 소설 〈화장〉도 영화 〈화장〉도 이 질문을 진지하게 생각하지 않았다. 처음부터 '병 수발의 피로감'과 짝사랑의 홍역 앓이 사이에서 진동하는 50대 중반 남자의 이야기였고, 끝까지 그 남자의 이야기로 남았다. '뼈만 남은 육신으로 검불처럼 늘어져 있는 여자, 두통 발작이 도지면 몸부림치다 실신하고, 실신하면 바로 똥을 싸는 그 여자'는 자신의 고유한 이야기를 남기지 못한 채 남자의 이야기에 삼켜져버렸다. 단순한 수단으로 이용되었다. 삶과 죽음, 화장(化粧)과 화장(火葬) 사이를 고뇌하는 한 남자의 이야기라고 해도 괜찮다. 그 고뇌가 사람들 '사이'에서 공명할 수만 있다면. 그러나 〈화장〉에서 사라진 것이 바로 이 '고뇌'다. 가장 목청껏 주장되었으나 가장 찾을 수 없었던 이 고뇌는 단지 여성/성에 대한 몰이해와 훼손을 넘어 자기 주장에 사로잡힌 남성 주체들의 그 '나르시시즘'을 다각도로 증명할 뿐이다.

다시 한번 맥락을 환기하자. 〈화장〉의 화자는 50대 중반의, 명백히 늙어 가고 있는 남자다. 의사가 '병이라고 할 수도 없는 노화 현상'이라고 말하는 전립선염 때문에 아프도록 방광을 꽉 채우고 있는 오줌은 화장(火葬)과 화장(化粧) 사이에서 흔들리는 이 남자의 현 상태를 가장 잘 드러내는 실존적 기표다. 이 기표가 섹슈얼리티와 맺는 관계는 방광에 들어찬 오줌을 빼기 위해 비뇨기과를 찾을 때의 구체적인 경험에서도 여실히 드러난다.

간호사는 고무장갑 낀 손으로 애무를 해주듯 손을 움직여 내 성기를 키웠다. 고무장갑 낀 간호사의 손 안에서 내 성기는 부풀었다. 성기는 내 몸의 일부가 아닌 것처럼 낯설었지만, 내 몸이 아닌 내 성기가 나는 참담하게도 수치스러웠다. 간호사가 그 구멍 안으로 긴 도뇨관을 밀어 넣었다. 도뇨관은 한없이 몸 안으로 들어갔다. 요도가 쓰라렸고 방광 안에 갇혀 있던 오줌이 아우성을 쳤다.

또한 그에게 "아, 살아 있는 것은 저렇게 확실하고 가득 찬 것이로구나."라는 감탄을 불러일으키는 추은주의 육체를 향한 그의 열망은 "내 마음 속에서, 당신의 살들은 손으로 만질 수 없는 풍문과도 같았습니다. 그 분기 말의 저녁에도 오줌이 빠지지 않는 저의 몸은 무거웠고, 몸 전체가 설명되지 않는 결핍이었습니다."라는 탄식과 만난다. 이쯤 되면 그의 고뇌와 수치심을 제대로, 즉 '느낌이 살게' 보여주기 위해서라도 요도 안으로 도뇨관을 밀어 넣는 장면을 '보여주어야' 하지 않을까. 물론 여기서도 '어떻게'라는 질문이 유효하다. 간호사의 손에 의해 키워진 성기의 요도 안으로 한없이 들어가는 도뇨관. 이것은 화장(火葬)과 화장(化粧)의 경계와 섞임이 만들어내는 실존을 관객에게 제대로 이해시키기 위해 매우 중요하게 다뤄져야 할 장면이다. 그러나 이 장면의 이미지화는 충분히 격렬하게 고민되지 않은 것으로 보인다. 영화에서 비뇨기과 병원 침대 위에 누운 남자의 하체 위에는 흰 시트가 덮여 있다. 그뿐이다. 매우 흔하고 표피적인 장면. 이래서야 방광의 통증뿐 아니라, 아니 통증보다도 훼손된 '남성성'으로 고통받고 수치심에 부르르 떠는 그의 고뇌를 관객이 어떻게 느끼겠는가. 아니면 '비뇨기과'라는 표식만으로 이미 남성 주체의 수치심은 표현되고도 남음이 있다고 가정하는 것일까. 영화는 그 여자의 수치심과 그 남자의 수치심을, 그 여자의 고통과 그 남자의 고뇌를 평형 감각 없이 재현하고 있다. 오히려 그 여자의 고통과 수치심을 과도하게 유사 리얼리즘 혹은 '실증주의' 렌즈로 보여줌으로써 재현의 고민 자체를 여배우의 몫으로 다 떠넘기고 있다. 이래서야 늙어 가는 남자의 불안과 고뇌를 제대로 직면했다고 할 수 있겠는가. 신화에 지나지 않는, 그러나 거창하게 떠벌려지는 남성/성의 위기설에 자신의 이름도 써 올려 묻어가는 칭얼거림 외에 아무것도 아니다. "당신께서 저의 조바심을 아신다면, 여자인 당신의 가슴은 저를 안아주실 것만 같았습니다."라고 소설 속 남자는 그야말로 조바심을 내며 칭얼거리고, 영화는 추은주가 남자를 찾아 그의 별장으로 차를 몰고 가게 만듦으로써 이 칭얼거림을 받아준다. '여자의 가슴'에 대한 남자들의 선망과 파괴 욕망, 그리고 실패에 따른 우울과 오인된 정체성. 프로이트의 남성 중심 오이디푸스 콤플렉스와는 달리 젖가슴 중심으로 부분대상 이론을 펼친 멜라니 클라인이 말한 그대로다.

영화 〈화장〉에서 가장 동의할 수 없고 이해하기 힘든 부분은, 똥물이 흐르고 기절할 정도의 통증으로 고통받는 여성이, 이미 서먹서먹하게 남처럼 지낸 지 십수 년이 된 남편이 지금 다른 여성을 사랑한다는 사실 때문에 괴로워하면서 죽기 전에 한 번만이라도 더 자신의 여성성을 확인하고자 그 남편과 '섹스하기'를 원한다는 설정이다. 고통에 몸부림치는 아내의 침상 곁에서 계속 젊은 여자 추은주를 떠올리며 욕망했던 남편은 죽음을 앞둔 아내의 마지막 소망을 위해 비아그라를 먹고 침대로 가서 아내와 섹스를 한다. 욕망이나 쾌락은 전혀 찾아볼 수 없는, 고통과 절망, 의무만이 전시되는 이 섹스 장면은 왜 필요했을까. 섹스가 욕망이나 쾌락이 배제된 채 애매모호한 실존주의적 은유로 사용되는 것의 부당함을 증명할 뿐인 이 장면은 여성/성에 대한 남성의 '가르치려들기(manslpain)'의 정점을 찍는다. 단말마의 고통에 신음하는 아내의 침상 옆에서 계속 젊은 추은주의 몸을 상상한 것으로도 모자라 그 아내의 '질투 어린 괴로움'까지 요구했어야 하는가. 이것이 젖가슴 콤플렉스를 해소하지 못해 번번이 망상적-우울증적 단계로 퇴행하는 남성 주체들의 미성숙한 정체성임을 왜 남자들만 모르는 것일까.

돌보지 않고 철들 수 있을까

한국학자 김열규는 죽음을 오롯이 품지 않으면, 즉 삶의 한가운데 죽음을 두지 않으면 삶에 철이 들지 않는다고 《메멘토 모리, 죽음을 기억하라》에서 말한다. 나는 김훈, 임권택의 〈화장〉을 보면서 '삶에 철들지 않은/않는' 남성 주체들의 에고를 느낀다. 삶과 죽음의 경계 혹은 그 상호 스며듦을 성찰한다면서 정작 이 남성 주체들은 (작가든 감독이든, 혹은 텍스트의 주인공인 오 상무든) 죽음을/타자를 품지 않은 자기만의 남성성에 몰입한다. 활자 텍스트와 이미지 텍스트로서 〈화장〉은 각각 다른 지점에서 다른 방식으로 타자 모독적인데, 이미지 텍스트 〈화장〉에서의 모독은 다방면에서 심각하다.

어떤 주제를 구현하(고자 했)는가와 무관하게 영화 〈화장〉은 여성

뿐만 아니라 몸을 스스로 통제하지 못하는 환자나 노년들의 인격을 무례하게 모독한다. 실제로 두 번이나 발병한 암 때문에 뇌 수술을 받고 통증 때문에 단말마의 비명을 지르며 용변을 통제 못 하는 환자를 '리얼'하게, 즉 실제로 돌봤거나 포괄적으로 경험해봤다면 여자 배우의 아랫도리를 보여주는 것으로 그러한 존재 상태의 '리얼한 감'을 얻는다고 주장하기는 힘들 것이다. 통제 안 된 용변으로 더러워진 환자의 몸을 닦아주는 손놀림과 몸놀림은 영화에서 저 남편이 보여준 것과는 매우 다르다. 세부사항 하나하나에서 치밀하게 '리얼'을 추구하지 않으면서 그저 여자/배우/환자의 성기가 보여야 리얼하다고 느끼는 그 '감정의 구조'는 얼마나 허구적이며 헛방인가. 리얼은 특히 치열의 문제다. 그 사안을, 주제를 얼마나 치열하게 고민하고 질문하는지가 리얼의 핵심이다. 치열한 고민과 질문은 현실 속 당사자의 상태에 가능한 한 겸손하게 다가가려는 태도와 세심하고 정밀한 살핌과 뫼비우스의 띠처럼 연결되어 있다. 한편으로는 용기와 윤리적 결단, 타자 감수성이, 다른 한편으로는 현장을 구성하는 다양한 힘의 역학에 대한 이해가 요청되는 것이다. 그런데 〈화장〉에서 암으로 죽어 가는 환자, 고통의 한가운데 있는 그녀의 몸은 치열하게 질문되지도 않고 정밀하게 관찰되지도 않는다. 오히려 남성 판타지의 폐쇄 고리 안에서 수도 없이 세워지고 부서지면서 견고해진 거짓 리얼리티에 동원되고 있을 뿐이다. 돌봄의 현장은 화장(火葬)과 화장(化粧) 사이를 부유하는 유사 실존주의 태도에 동원되기에는 너무나 리얼하다. 너무나 치열하다. 돌봄을 통해 사회문화, 정치경제 전체를 바꿔야 한다는 대

전환이 논의될 정도로 중요하다.

〈화장〉은 또한 동물권을 훼손한다. 거의 유일하게 즐거움의 원천이었던 개 '보리'를 "어쩌겠어, 주인의 운명이 그러면 할 수 없이 따라 죽어야지."라며 안락사를 시키라고 유언으로 부탁하는 여자나, "개가 아주 건강한데요? 키우시기 힘들다면 분양시킬 곳을 알아봐드릴 수도 있는데요."라는 수의사의 말에도 아랑곳하지 않고 안락사를 시키고 '홀가분하게' 병원 문을 나서는 남자나 이해하기 힘든 건 마찬가지다. '보리'는 왜 등장해야 했을까. 여자와 남자가 부부로서 교감 없는 건조한 생활을 한 지 오래임을 강조하기 위해서? 여자의 절망을 좀 더 가시적으로 만들기 위해서? 집 안에 들인 동물을 생명체로서 책임지고 돌보는 것은 사람을 돌보는 것과 다르지 않은 생명 윤리의 과제다. '주인' 여자가 죽었고 그래서 그녀가 키우던 개를 안락사시킨 것이 이 영화 전체에서 뭐 그리 중요하냐고 묻는다면 같은 논리로 되물을 수밖에 없다. 그렇게 중요하지 않으면 왜 굳이 동물을 등장시켜 그런 방식으로 죽게 만드는가, 아니 죽이는가,라고. 상황 때문에 동물을 돌보거나 책임지는 게 불가능할 수도 있고 또 오랜 관습에 따라 동물을 이런저런 일관되지 않은 방식으로 대할 수도 있다. 그러나 이 영화에서 개 '보리'는 문화인류학이 보호해줄 수 있는 울타리 너머에서, 미학적으로 전혀 설득력 없는 이유와 태도로 죽임을 당한다. 이것 역시 '삶에 철들지 않은 사람들' 사이에서 일어나는 흔한 일인가.

삶에 철들지 않은 채 나이가 들고, 삶에 철들지 않았는데 '아는 사람'의 위치에서 삶과 죽음에 대해 발언하는 것은 문제적이다. 삶으로

선 절대적 타자인 죽음과 대면하면서 씨줄, 날줄로 뒤엉켜 하나의 이야기를 짓는 건 쉽지 않은 일이다. 그럴수록 타자성에 대한 근본적인 이해가 절대적 타자인 죽음에서 기원한다는 것을 기억하는 게 필요하지 않을까. 소설 〈화장〉을 읽으며, 영화 〈화장〉을 보며 삶에 철들지 않는 '작가'와 '거장'의 초상을 확인한다. 그리고 병들거나 늙거나 너무 어려서 또는 인간이 아니어서 스스로 생존하지 못하는 몸들을 돌보는 일이 삶에 철드는 일임을 어떻게 보편적 지식이나 지혜로 만들 수 있을까 질문한다. 돌봄 위기가 보편화되고 있는 이 시대에 돌봄의 가치를 어떻게 하면 시대 정신으로 세울 수 있을 것인가. 어떻게 하면 돌봄을 중심으로 대전환을 구상할 수 있을까.

모두에게 쾌락을 허하라
—
노년의 에로스

연애하는, 그러나 연애를 숨기고픈

일요일, 아직 이른 오후 시간이었다. 망원동에 있는 S 교회에서 예배를 드린 후 지하철 6호선을 타고 집으로 가던 길이었다. 상수역에서 한 '할아버지'가 한 '할머니'의 다정한 눈길을 뒤로하고 지하철에 올라탔다. 지하철이 움직일 때까지 '그'는 밖에 서 있는 '그녀'에게 애틋한 표정으로 고갯짓을 하며 손을 흔들었다. "잘 가요. 곧 또 봅시다."라는 따스한 말을, 입 밖으로 소리가 되어 나오진 않았지만, 들을 수 있었다. 두 사람이 서로 안타까워하며 헤어지는 모습이나 손을 흔드는 모습이 시종일관 부드럽고 살가웠다. 망설임과 어색함 또한 없지 않아 은연중에 지지하고픈 마음까지 들었다. 섹슈얼한 노년/기에 대해 탐구하던 시점이라, 두 사람 사이에 오가는 섹슈얼한 기류에 반가운 마음이 훅 일었다.

마침 옆자리에 앉은 그에게 나는 가능한 한 실례가 되지 않으려 조심하면서 미소를 띠고 가볍게 말을 걸어보았다. 상대방이 어떻게 받아들이는가에 따라 나의 말 걸기는 큰 실례가 될 수도, 허심탄회한 대화의 시작이 될 수도 있을 터였지만, 나는 막연하게 후자일 것이라 짐작했다. 누군가를 좋아할 때면 차오르는 명랑한 에너지를 믿었기 때문일 게다. "데이트하셨나 봐요?" "아, 뭐…… 네……." 긍정도 부정도 아닌 말이었지만 분명 자부심이 묻어 있는 목소리와 얼굴 표정이었다. 그러나 2, 3분도 채 지나지 않아 그는 정색을 하고 "교회에서 함께 예배를 드린 거예요. 같은 교회에 다니니까, 예배 끝나고 지하철 타러 같이 온 겁니다."라고 말을 덧붙였다. 조금 전까지 눈가에 머물던 부드러운 미소와 입술을 달싹이게 하던 행복의 여운은 이미 사라졌고 목소리 또한 완고하고 건조했다.

한 여성과 친밀한 관계를 꿈꾸던 한 특별한 남성에서 그는 '노년' 혹은 '실버'라고 불리는 집단의 평범한 한 사람으로 돌아와 있었다. 그의 태도는 사생활의 은밀한 비밀을 지키려는 사람의 것으로 보이지 않았다. 오히려 황당한 꿈의 세계에 잠시 발을 들여놓았다가 서둘러 관습적인 현실로 돌아온 듯한 모습이었다.

역시 내가 실례를 한 걸까? 시민적 무관심으로 타인의 익명성을 지켜주어야 한다는 걸 잊은 건가? 예배와 데이트는 공존할 수 없나? 영성과 친밀성에 대한 욕망은 서로 배치되는 걸까? 특히 나이가 든 사람들의 경우에는? 내 옆에 앉은 사람이 '그'가 아니고 '그녀'였다면 내 말 걸기의 결과는 달라졌을까? 그들의 데이트를 지지한다는 표현을 하고 싶었고, 또 가능하다면 몇 마디 이야기를 나누면서 그들의 느낌을 공유하고 싶었던 나의 위치는 어디인가? 주제넘게 타인의 사적 영역에 채워진 빗장에 손을 댄 것인가? 주름진 얼굴의 어떤 노년 남성 옆에 앉아서 나는 속으로 이런저런 질문을 계속 던지고 있었다.

젠더화된 욕망

사랑에도 자격이 있을까. 사랑에 빠진, 연애하는 노년은 제대로 잘 늙어 가지 못하는 걸까. 아니, 사랑에 빠지고 연애를 한다 해도 그 모양새는 젊은이들의 그것과는 달라야 하는 걸까. 예를 들어 꽤나 나이든 여성이나 남성이 섹스를 하고 오르가슴을 기뻐하는 그런 사랑을 하면 '역겨운' 것일까. 대답은 역사적 맥락과 문화에 따라, 특히 젠더 문화에 따라 달라질 것이다.

예를 하나 들어보자. 60대에 접어들어 보부아르는 자신을 스스로에게서 소외시키고 타자화시키는 '나이 듦'에 저항하기 위해, 혹은 적응하기 위해 《노년》이라는 책을 쓴다(근거는 없지만 책의 내용에 입각해 나는 그렇게 짐작해본다). 여기서 보부아르는 자본주의적 근대화가 일어나기 전 사회들에서 노년 일반의 위치는 거의 대부분 그 사회가 소유한 경제적 자원의 총합에 따른다는 사실을 인류학적·사회학적으로 보고한 후 생물학적 나이와 무관하게 '열정'에 사로잡히고 몰두했던 노년들을 집중적으로 소개한다. 작가나 시인, 화가 등 예술가들과 그들이 창조한 인물들의 집요하면서도 과잉으로 부푼 열정 스토리들이

방대하게 펼쳐진다. 그런데 그들은 모두 남자다. 현실의 남자건 재현된 남자건 그들은 모두 왕성한 성욕을 자랑하고 나이와 무관하게 거침없이 남성성을 '발사'하면서 행동과 활동, 창조의 무대 위를 경중경중 뛰어다닌다. 70, 80, 90이 되어서도 자신이 여전히 타자가 아닌 '자기'임을 증명하기 위해 끊임없이 사랑에 빠지고 섹스를 탐하고 발기하(려)는 남성들의 모습은 사실 너무나 흔하다. 그러나 《노년》의 문체가 남성성과 섹슈얼리티, 생산하는 능력, 사회적 평가와 지위 간의 등가적 관계를 비판적으로 드러내지 않는다는 건 의아하다. 자원과 계급에 따른 사회학적 분석은 있는데, 남성이 누리는 젠더 권력에 대한 여성주의적 해체는 느낄 수 없다. '여성의 탄생'을 젠더 관점에서 정초한 페미니스트 이론가의 글이기에, 역사적 리얼리즘보다는 입장을 분명히 밝히는 당파적 재구성을 원했던 나는 실망했다. 늙어 가는, 혹은 늙은 여성의 성적 욕망과 성 정체성은 다 어디로 사라졌는가. 틈새 찾아내기, 행간 읽기, 거슬러 읽기 등등 방법은 있지 않았을까. 사회적 나이와 생물학적 나이, 그리고 달력의 나이와 정신적 나이 사이의 분열이 가져오는 타자화가, 특히 성적 욕망의 측면에서, 철저하게 젠더화되어 있다는 사실을 다른 사람도 아니고 《제2의 성》을 쓴 보부아르가 왜 날카롭게 주목하지 않았을까.

나이 든 여성의 섹슈얼리티에 대해 보부아르의 사회문화사적 탐색이 제시하지 못한 당당하고 믿을 만한 견해와 실천을 나는 다른 곳에서 발견했다. 데이드레 피쉘 감독이 만든 다큐멘터리 〈여전히 사랑하고 있습니다(Still Doing It: The Intimate Lives of Women Over

65)〉(2004년)는 통쾌하게, '노골적'으로, 늙은 여성들의 성적 욕망을 드러낸다. 영화에 등장하는 아홉 명의 여자들은 모두 65세 이상의 '늙은 여자 내지는 할머니들'이다. 그러나 50여 분 동안 이들이 솔직하고 쾌활하게 들려주는 성적 욕망과 사랑하기의 즐거움을 따라가다 보면 이들을 특정 대명사로 부르는 것이 과연 적합한지 묻지 않을 수 없다. 실제로 등장인물들 중에는 와니타처럼 할머니이면서 동시에 증조할머니인 여성도 있다. 그러니까 이들에게 '할머니'라는 단어는 단순히 친족 안에서의 관계를 나타내는 기표일 뿐이다.

아들 딸 며느리 손주들에 둘러싸여 '소녀처럼' 순진하고 행복한 미소를 띠고 생일 케이크의 촛불을 끄는, 더는 섹시한 란제리를 입을 필요가 없는, 아니 아예 그런 욕구를 언급하는 것 자체가 창피하고 불경스럽게 여겨지는 '할머니.' 이렇게 사회문화적으로 '할머니'에 달라붙은 '비(非)성적'이고 가족 중심적인 의미는 평생을 재기발랄하게 자기 멋대로 살아 온 싱글 여성에게도 예외 없이 적용된다. 가부장제 사회에서 여자라면 일정 연령대에 누구나 '아줌마'가 되듯이 그렇게 일정 연령대가 되면 또 누구나 할머니가 된다. '할머니'라는, 이 매력도 향기도 반짝임도 없다고 예단되는 존재에게 가장 확실하게 없다고, 즉 있어서는 안 된다고 간주되는 것이 성적 욕망이다.

2000년대 들어서 미국에서 유행하게 된 '쿠거(Cougar, 표범)'라는 표현을 예로 들어보자. 쿠거는 '젊은' 남자들을 성적 파트너 내지는 연애 상대로 '찾아 나서는' '나이 든' 여성들을 부르는 말이다. 그런데 이때 '나이 든' 여성이라고 호명되는 이들은 '40대 이후의 여성들 모두'이다. 완경기/갱년기를 염두에 둔 분류임이 명백하다. '피를 흘리지 않는, 즉 임신과 무관한 여성'은 섹시하지 않다는 오래된 편견은 전적으로 남성을 단일 주인공으로 내세우는 연애와 성애 각본 탓이다. 그러나 현실 속 완경기 여성들은 꽤 다르게 산다. 여성들은 갱년기에 이르러 최고의 열정과 창의력을 펼친다는 페미니즘 연구와 증언도 나오고 있을 뿐더러,[16] 임신으로 이어질 위험이 없는 섹스는 여성들의 성적 욕망에 경쾌한 날개를 달아준다. 완경기 이후 여성의 친밀성 욕구를 이성애 중심 연애 규범의 경계 안에서만 설명하는 것 또한 현실을 비껴간다. 쿠거 앞에 붙는, 젊은 남자를 '찾아 나서는'이라는 형용어구도 이러한 이성애 규범적 섹슈얼리티 이해에서 나온 것으로, 도전과 전복의 의미보다는 의혹과 모멸의 시선을 담고 있다.

사회문화적으로도 그리고 여성들의 자기 이해에서도 쿠거라는 단어는 긍정과 부정 사이에서 동요하거나 협상된다. 20~60대의 여성들 84명을 인터뷰 한 연구에 따르면, 대부분의 여성들은 '공격적인 약탈자'로 묘사되는 쿠거들에 대해 부정적이거나 양가적인 감정을 느낀다. 신체적으로 건강하고, 그에 따라 성적으로도 활발한 '나이 든' 여성의 존재를 점점 더 많은 사람들이 인정한다. 그러나 완경기를 지난 이후'에도' 성적 욕망을 적극적으로 실현하려는 여성에 대해서는 여성들 스스로도 추하게 느끼거나 여성의 자존심을 떨어뜨린다고 생각한다.[17] 하물며 60대, 70대, 심지어 80대 여성들의 성적 욕망이야! 여성들에게 '고상하고 품위 있게' 늙는 것과 성적 욕망은 공존하기 어려운 일이(었)다. 그러나 오랜 시간 사회문화적 규범으로 입력되고 일상 속에서 반복된 수행으로 다져진 젠더화된 섹슈얼리티 지각도 변화하고 있다. 다큐 〈여전히 사랑하고 있습니다〉는 이 변화가 얼마나 급진적일 수 있는지 보여준다. 다큐 속 등장인물들은 각자 자신의 이름을 대고 자신의 경험에 기초해 가부장제와 가족 중심주의, 그리고 자본주의 뷰티 산업이 조작해낸 관념에 도전한다.

'여전히 사랑하고 있는 그녀들'에게 섹스는 우선 서로 필요하다는 느낌과 따뜻함, 그리고 사랑한다는 느낌, 더 나아가 생생하게 살아 있다는 느낌을 의미한다. 어렸을 때부터 우아하게 늙고 싶었던 와니타는 말한다. "내가 할머니, 아니 심지어 증조할머니라는 사실이 애인과의 만족스러운 섹스를 여전히 강하게 원하는 나의 욕망과 무슨 상관이 있는가, 할머니나 증조할머니라는 정체성은 나의 일부분일 뿐이다." 그녀에게 우아하게 늙는다는 것은 허리를 펴고 어깨를 뒤로 젖히고 살아 있다는 것에 대해 하느님께 감사하고 당당하게 자기로 살아가는 걸 뜻한다.

해리엇의 의견은 이렇다. "나쁜 섹스라도 섹스가 없는 것보다는 낫다. 나는 언제나 강한 성적 욕망을 느껴 왔다. 지금도 마찬가지다." 그녀는 늘 자신보다 나이가 어린 남자를 애인으로 두었다. 그러나 이제 현실적으로 그런 애인을 만날 가능성이 점점 희박해지는 상황에서 그녀는 자신의 꿈을 이루기 위해 《어느 누드 모델의 노트》라는 책을 쓴다. 서점 쇼윈도에 힐러리 클린턴의 자서전과 나란히 전시된 그녀의 책은 자랑스러움을 뽐낸다.

돌로레스를 만나 30대에 느꼈던 뜨거운 열정을 다시 불태우게 된

엘렌은 빛나는 얼굴로 "지하철에서 우리에게 자리를 양보하는 사람들은 우리가 지난밤 얼마나 뜨거운 시간을 누렸는지 모를 거예요."라고 말한다. 부엌에서 함께 음식을 만들 때나 침대에서 키스하며 포옹할 때나 서로를 열망하는 엘렌과 돌로레스의 눈빛은 달콤하기 그지없다. 음악에 맞춰 신나게 춤추는 둘의 모습은 과연 지하철에서 자리를 양보하는 사람들의 부러움과 질투를 사고도 남을 만하다.

베티는 47세 연하의 애인과 열애 중이다. 그녀는 73세, 그는 26세. "물론 멋진 젊은 몸 옆에 나이 든 내 몸을 세운다는 건 항상 긴장을 불러일으킨다. 그러나 이 편견을 뚫고 나가야 한다. 우리는 지금 서로 지극히 만족하고 있다." 자신감 가득한 그녀의 말이다. 1960년대 후반 뉴욕에서 들불처럼 일었던 제2의 페미니즘 물결 시절 여성들을 모아놓고 자위를 통한 오르가슴 맛보기 워크숍을 진행했던 그녀가 이렇게 끝까지 편견의 최전방에서 자신만만한 삶을 사는 게 나는 일단 기분 좋다. 한국에도 번역된 그녀의 도발적인 저서 《네 방에 아마존을 키워라》에서 자위는 파트너와 함께하는 여타의 성행위들과 동등한 지위를 차지할 뿐 아니라 온전한 성 정체성의 실천으로 소개된다.[18] 자위만의 독특한 성적 판타지를 비롯해 자위와 여성의 성적 권리, 하나이지 않은 자위의 다채로운 실천들로 안내하는 이 책을 기억하는 나로서는 〈여전히 사랑하고 있습니다〉에서 다시 만나는 70대 베티 도슨이 반가웠다.

60세에 남편과 사별하고, 70세에 함께 섹스를 나누는 애인을 만났던 프랜시스는, 80세에 '사랑하는' 남자를 만나 '인생의 절정기'를 누린다. 글 쓰는 일이 중요한 그녀에게 SF 저널리스트이자 노년 인권 지지자인 그와 나누는 사랑과 이해는 매우 소중하다. 고관절 수술을 받고 시력까지 심하게 나빠져 요양원에 들어와 살고 있지만 그녀는 그와 육체적 사랑을 멈추지 않는다. "다른 사람들은 신경 쓰지 않아요, 내게는 그를 사랑한다는 사실이 중요할 뿐이에요."

그렇다. 〈여전히 사랑하고 있습니다〉 주인공들의 공통점은 다른 사람들의 눈치를 보지 않는다는 것이다. 1960년대 페미니즘 운동과 히피 문화의 자유분방함을 세례받고 훈련한 그녀들이기에 가능한 일일까? 다큐를 만들고 이어서 30여 명의 여성들을 더 인터뷰해 책을 낸 감독은 "이런 여성들은 드문 경우일 거라구요? 아니요, 우리는 인터뷰 대상자를 찾는 데 전혀 어려움이 없었어요. 그녀들은 도처에 있습니다."라고 말한다. 이 여성들의 이야기는 수천수만의 토론과 논쟁을 불러일으킬 것이다. 그랬으면 좋겠다. 적어도 논쟁거리가 될 수 있다는 점에서 그녀들은 앞으로 100세까지 늙어 갈 후배 여성들에게 꽤나 쓸 만한 옷걸이가 되어줄 것이다.

여전히 하고 있어요, Still doing it!

노년의 섹슈얼리티는 정치적 의제다. 여성의 경우는 더욱더 그렇다. 박진표 감독의 〈죽어도 좋아〉(2002년)가 불러일으켰던 회오리바람 덕분에 한국에서도 노년의 성은 이제 완전히 기이하고 낯선 주제는 아니지만, 여전히 그냥 손잡고 다정한 배려와 온기를 나누는 정도의 친밀함이 아니라 키스하고 섹스까지 원하는 사랑의 관계는 그야말로 말 그대로 외설이고 미성숙이다. 주책이라고 손가락질당하기 십상이다.

나는 '생생하게 살아 있다는 느낌' 또는 '자기'로 남아 있다는 자존감이나 자신감이 특별히 성적 욕망과 실천을 통해서만 가장 확실하게 증명된다는 가설에는 동의할 수 없다. 이것은 나이 든 사람들의 경우뿐 아니라 어리거나 젊은 사람들의 경우에도 마찬가지다. 정체성을 이해하는 데 성적 욕망이나 섹슈얼리티에 특권적 위치를 부여하는 것은 다양한 친밀성의 흐름을 오히려 막는다. 그러나 삶의 단계를 성적 에너지와 실천에 연동하는 것, 그 결과 노년에게서 모든 열정적 '놀이'와 일탈적 행동을 박탈하는 것은 심각한 정치적 억압이다. 나이 든 여성들의 사랑과 섹슈얼리티 실천은, 임신과 출산이라는 '종/인구의 재생산' 과정과 무관하기에, 그야말로 '완전한 소비'고 놀이고 자유의 분출일 수 있다. 그래서 젠더화된 연령 차별주의에 맞서는 힘 있는 대항 실천이다.

65세 이상 여성의 수는 눈에 띄게 빨리 증가하는 추세고, 그 수는 남성의 경우보다 훨씬 많다. 그렇지 않아도 어린 여성을 선호하는 남성들 사이에서 여성들이 길어지는 노년의 시간을 '쾌락 없이' 지내야 한다면? 최근에 노년에 들어선 여성들의 섹슈얼리티와 '열정'을 다룬 극영화들이 늘고 있는 건 분명 이유가 있다. 징후적 독해랄 것도 없이 명백한 현실의 한 국면을 가리키고 있는 것이다.

칠레 영화인 〈글로리아〉(세바스티안 렐리오 감독, 2013년)를 보러 갔을 때 극장을 가득 메운 60대(로 보이는) 여성들을 보면서도 확인한 일이다. 낮에는 일하고 밤에는 한껏 섹시한 차림으로 싱글 바에 가서 춤추며 파트너를 찾는 60대 여성 글로리아에게서 이 한국 여성들은 무엇을 찾는 것일까. 적어도 한 가지는 분명하다. 처진 뱃살에 두꺼운 허리와 허벅지도 아랑곳 않고 완전 나체로 침대 위에 누워 있는 글로리아, 이렇게 '관리 안 된 몸'을 섹슈얼리티를 다루는 영화에서 적나라하게 보여준다는 사실에 영화를 보는 여성들은 통쾌함과 해방감을 누렸을 것이다. 글로리아가 한순간의 주저함도 없이 옷을 벗어 던지고 요염한 눈빛으로 남자에게 다가가 그를 침대에 쓰러뜨릴 때 60대 한국 여성 관객들은 순간적으로나마 자신들에게 쳐져 있던 금기의 선 하나가 끊어지는 소리를 듣지 않았을까?

남편과 사별한 뒤 젊었을 때의 꿈과 재능을 되살려 란제리 가게를 여는 80대 여성의 '반란 성공 사례'를 따스하고 유머러스하게 그리는 영화 〈할머니와 란제리〉(베티나 오벌리 감독, 2006년) 역시 시대적 요구를 반영한다. 영화의 원제목 'Die Herbstzeitlosen(늦게 핀 꽃)'이 암시하듯 늦게 자신의 열정에 따르는 여성들의 향기와 빛깔은 농도가 짙다. 영화는 제목 '늦게 핀 꽃'과 '란제리'라는 은유를 통해 마르타와 그녀의 친구들이 함께 빠져드는 이 몰입의 열정이 에로스에서 기원함을 은밀하고 향기롭게 알린다. 전체주의와 극도로 보수적인 가부장제로 똘똘 뭉친 마을 공동체에서 파리에서나 볼 수 있음직한 세련되고 고혹적인 실크 란제리로 쇼윈도를 장식한 마르타의 용기는 "I'm still doing it."의 또 다른 버전이다. 직접 재단을 하고 수를 놓는 마르타의 손과 눈은 에로스의 에너지로 충만하다.

〈여전히 사랑하고 있습니다〉의 원제목 'Still Doing It'에서 목적어가 무엇인지는 중요하지 않다. 나이와 무관하게, 아니 나이가 들었으므로, 그만큼 삶의 기술(techne)이 쌓였고 시간을 이해하게 되었으므로 무언가를 진정 열정적으로 하고 있다는 게 핵심이다. 그리고 모든 열정이 그렇듯이 그녀들의 열정은 깊은 에로스의 샘에서 솟아오르고 있다.

우리는 에로스의 작은 빛 화살을 심장에 박고 사는 사람들의 부드러움과 따스함, 관대함이 진정 고픈 시대를 살고 있다. 광포한 자본의 독재와 이기적이고 편협한 부족주의의 역습에 맞서 싸우기 위해서도 우리는 이 에너지가 필요하다. 나이 듦에 깃든 삶의 기술을 에로스의 생기가 감싸 안는다면 젊은이들에게도 큰 위로와 버팀목이 되지 않겠는가? 연애소설을 읽고 사랑에 빠지고 향기 좋은 비누로 목욕을 하는 '할머니' '할아버지'가 주변에 많으면 좋겠다.

점점 더 늘어나는 기대 수명에 점점 더 두꺼워지는 노년층은 이제 정치적으로 가장 중요한 의제다. '비판적인' 정체성의 정치학이나 문화 다양성의 차원에서도 노년 웨이브의 전개는 중요하다. 젠더와 나이, 섹슈얼리티에 걸려 있는 차별과 편견의 이데올로기를 해체할 수 있는, 해야만 하는 시점이 도래한 것이다.

마음껏 춤추는 몸
—
모든 몸은 리듬이다

'자유 부인'의 후예들

지인이 한 명 있었다. 나보다 서너 살 위니까 이미 60대 중반의 여성이다. 평소에 그에게서 특별한 느낌을 받아본 기억이 별로 없다. 특정 주제를 두고 조금쯤은 진지하게 토론할 때도, 일상사를 두고 힘 빼고 조잘조잘 이야기할 때도, 톡 쏘는 삶의 통찰력이 엿보인다거나 자기만의 독특한 취향이 있다고 느끼지 못했다. 그런데 그가 어떤 비밀 아닌 비밀 하나를 털어놓은 뒤로 그는 매우 흥미롭고 호기심을 자아내는 사람으로 변하기 시작했다. 그의 모든 평범함이 갑자기 범상치 않은 마법의 망토를 두른 듯 톡톡 쏘는 생기와 쾌락의 뽀얀 은가루로 빛났다. 자, 그 비밀 아닌 비밀이란? 그와 남편이 비슷한 연령대의 다른 커플들과 함께 매주 한 번씩 모여서 미러볼이 내쏘는 야한 총천연색 불빛 아래 거침없이 춤을 춘다는 것이다. 추고 웃고 또 추다

보면 두세 시간이 훌쩍 지나간다고, 오로지 춤을 추기 위해 만난다고 그는 말했다.

그룹 멤버 중 한 사람이 자기 집 거실을 개조해서 넓은 홀로 만들고 벽 하나를 전부 거울로 바꾼 다음 천장에 미러볼을 달았단다. 그 자신은 평생 춤을 배워본 적도 없고 리듬을 타는 몸도 아니어서 춤에 대한 욕망을 품어본 적도 없었으며, 책만 끼고 살아서 뻣뻣하기 그지 없는 몸이라 허리를 굽혀 손을 바닥에 대는 것조차 쉽지 않았단다. 그런데 은퇴를 몇 년 앞두고 누군가가 들려준 콜라텍 이야기가 '유치하고 저질 같아' 보이면서도 솔깃해서 현장 연구하는 심정으로 한번 들러보았는데 그곳에서 '절대 빼앗길 수 없는' 중장년의 권리인 양 행복에 겨워하며 춤추는 이들을 보았단다.[19] '샤방샤방한' 옷을 입은 여자들과 나름 정장을 차려입고 신사연하는 남자들이 서로 잘 보이려고 애쓰며 흥분과 땀에 번들거리는 얼굴로 춤을 추는 모습을 보고 그는 문득 어떤 깨달음 하나를 얻은 느낌이었단다. 그렇게 해서 춤 모임이 꾸려졌다. 새삼스럽게 정식으로 춤을 배울 필요가 뭐 있냐며 주위 젊은이들의 도움을 받아 준비한 '핫한' 음악들을 틀어놓고 '아무렇게나 몸이 원하는 대로' 막춤을 춘다는 것이다. 더할 나위 없는 자유와 해방과 '쾌락'을 선사받는 이날을 중심으로 해 일주일이 돌아간다고 했다. 미러볼 불빛 아래 총천연색으로 빛날 그들의 흥분과 땀으로 번들거리는 얼굴을 상상하노라니 나까지 심장이 붉게 뛰는 것 같았다.

그의 비밀 아닌 비밀을 들은 뒤로 노년기를 어떻게 준비할 것인가 생각할 때마다 '흥이 있는 노년' 이미지가 떠올랐고, 한동안 '춤바람'

을 준비 목록의 맨 위에 올려놓곤 했다. 일단 이쪽으로 감각이 생기고 나니 주위에 앞서거니 뒤서거니 춤바람 난 사람들이 속속 출현했다. 소리와 감정에 대한 몸의 미메시스(mimesis, 모방) 능력이 뛰어난 10대나 젊은이들에게는 춤이 당연히 일상이겠지만, 몸의 리듬감이 둔해지는 40~50대부터는 작정하고 춤바람에 합류하는 결단이 필요하다. 그렇게 춤바람 난 사람들은 일상의 곤경과 무관하게 자신만만하다. 나는 이들에게서 풍겨 나오는 여유작작한 도취의 느낌이 좋다. 살랑살랑 몸을 흔들어대는 재미에 시간 가는 줄 모른다던 40대 후반의 어떤 중학교 교사의 말도 귓가에 남는다. 영화 〈여전히 사랑하고 있습니다〉 시네토크에서 만난 그는 비슷한 연령대의 여성들과 일주일에 한 번씩 모여 춤을 춘다고 했다. 부럽지 아니한가! 어느 날 문 닫을 시간쯤 찾아간 한 콜라텍에서 떼로 쏟아져 나오던 장년, 노년들의 그 쾌락에 취한 얼굴도 잊히지 않는다. 좀 더 많은 중장년, 노년 여성들에게 '춤바람 나시라'고 권하고 싶다.

미메시스와 춤

춤바람 나는 것이 권장되지 않던 시절에 청년기와 중년기를 보내서인지 정작 이 글을 쓰는 나는 춤추는 재간도 습관도 없다. 그러나 춤 자체에 대한 호기심은 많아서 춤 공연은 즐겨 본다. 클럽을 다니지 않는 나로서는 춤추는 사람들을 가까이에서 볼 수 있는 기회가 공연 외에 별로 없기 때문이다. 내게 춤 공연을 보는 것은 망각하거나 상실한, 아니 더 정확히 말하자면 분명 내재해 있을 텐데 발현하지 못하는 몸의 언어를 막연하게나마 떠올리는 기억 여행 같은 것이다. 춤 공연을 보면서 나는 몸이 해부학적·문화사회학적 구조물이면서 동시에 무한한 의미를 품고 있는 잠재적 언어 저장소임을 깨닫곤 한다. 몸이 언어 저장소라는 사실을 전문적인 형태로 보여주는 것이 전문 무용수들의 춤이라면, '바디 랭귀지'는 비전문적인 형태로 그 사실을 환기한다. 특정한 언어 형식에 묶이지 않은 보편적 언어인 바디 랭귀지는 몸과 언어에 대해 흥미로운 시사점을 던져준다. 우선 몸이 얼마나 다채롭고 풍요로운 표현력을 품고 있는지 새삼 확인해주고, 더 나아가 언어는 '소통'과 '표현'을 가능케 하는 '매체'임을 알게 해준다. 매체라는 것은 단순한 도구 이상이라는 뜻이다. 전달 가능한 내용의 송신과 수신, 즉 소통의 관점에서 언어를 도구로 볼 수도 있겠지만, 표현의 관점에서 언어는 단연코 도구 이상이다. 언어가 '매체'로 작용할 때, 언어는 단어(기표)와 그 단어의 의미(기의)를 묶어놓는 관습의 영역을 벗어나 '수용과 자발성'이라는 이중적 성격을 띠는 새로운 표현의 장으로 들어선다.

소통 도구로서 언어와 관습

'책상다리'라는 단어를 예로 들어보자. '책상다리'는 '한쪽 다리를 오그리고 다른 쪽 다리는 그 위에 포개어 얹고 앉은 자세'를 뜻한다. 이 단어는 가구의 일종인 책상(좌식 책상)의 다리에서 유추한 것이다. 은유인 것이다. 그러나 '책상다리를 하고 앉다'라는 말을 하면서 실제

책상의 다리를 떠올리는 사람은 거의 없을 것이다. 이 단어는 그만큼 '자연화'되었다. 그렇다면 '책상 다리'라는 본래 단어는 어떤가. '책상 다리'에서 다리는 인간의 다리를 모방한 것이다. 인간처럼 책상도 다리가 있다고 비유적으로 말하는 것이다. 역시 은유다. 한 꺼풀 더 벗겨보자. '책상'이라는 글자/소리(기표)와 나무로 만들어진 가구(기의) 사이엔 아무런 본질적인 상응 관계가 없다. 그 가구에 책상이라는 이름을 붙인 것이고, 이후로 늘 책상이라고 불렀을 뿐이다. 둘 사이에 본질적인 혹은 자연스러운 관계는 없다. 관습일 따름이다. 언어를 익힌다는 것은 이 관습을 익힌다는 것, 이 관습을 '따른다는 것'을 의미한다. 이 관습을 익히고 따름으로써 사회 구성원이 된다는 것을 의미한다. 관습은 당연히 역사적 과정의 결과로서 그 역사적 과정에 개입한 권력 관계를 유지하고 재생산한다. '책상다리'처럼 별다른 권력 관계나 그로 인한 타자 배제나 혐오가 담기지 않은 단어도 있지만 '거리의 여자'처럼 매우 편협하고 성차별적인 이데올로기를 공공연하게 재생산하는 단어도 있다. 기표와 기의의 관계가 비본질적이고 관습적이라는 사실을 우리는 '거리의 여자'와 'street girl'이라는 두 개의 기표에서 확인할 수 있다. 이 두 단어의 사전적 의미는 같다. 그러나 구글에서 두 단어를 각각 검색해보면 상이한 이미지들이 뜬다. 전자의 경우 '타락한 여자'부터 '몸 파는 여자', 핫한 거리 패션을 뽐내는 여자, 도시의 라이프 스타일을 보여주는 여자 등 다양한 이미지들이 경합을 벌인다. 그런데 가장 먼저 등장하는 이미지들은 '타락한 여자'와 '몸 파는 여자'다. 'street girl'의 경우 여러 나라 도시들의 핫한 거리 패션과 유행하는 라이프 스타일을 보여주는 이미지들이 압도적이다. '거리 모퉁이에서 손님을 기다리는 소녀들' 이미지가 한두 개 뜨지만 그건 남미의 매우 빈곤한 지역 여성들을 특별히 지정해서 가리킬 때뿐이다. 이 두 단어가 현재 한국어권과 영어권이라는 두 문화권에서 각각 가리키고 있는 상이한 의미는 여성의 섹슈얼리티와 관련한 관습이 언어 속에서 어떤 역사적 변화의 과정을 거쳐 왔는지 또렷이 보여준다. '거리의 여자/street girl'은 근대 초기에 동서양을 막론하고 '타락한 여자', '거리에서 손님을 기다리는 몸 파는 여자'를 지칭했다가, 여성들의 사회 참여가 확장되고(그래서 여성들이 거리를 활보하는 게 당연해지고), 페미니즘 운동을 통해 다방면에서 여성들의 역량이 강화되면서 점차 '부정적인 성애'의 의미 대신 다른 의미를 지니게 되었다. '거리의 여자/street girl'은 가부장제와 자본주의가 결탁해 여성을 성적 대상화한 대표적인 사례임을 알 수 있다. 언어가 재/생산하는 이 관습의 이데올로기를 깨고, 그것의 역사적 과정을 추적함으로써 더 자유롭고 평등한 의미가 생성될 수 있는 틈새를 만드는 일은 언어 행위자인 우리 모두의 과제다.

이 과제를 가능케 하는 힘 또한 역설적이게도 언어 안에 내장되어 있다. 바로 표현으로서 언어가 지니는 힘이다.

표현 매체로서 언어와 미메시스

언어는 관습에 따른 소통의 국면 외에도 수용과 자발성을 특징으로 하는 표현의 국면을 지닌다. 어떤 사물이나 현상을 명명할 때, 명명하는 사람은 그 대상을 제대로 수용하고자 노력하는 한편, 자신의 주체적 자발성 또한 적극적으로 발휘한다. 수용과 자발성의 협업 속에서 기표/단어와 기의/의미의 관계는 관습적으로 굳어지지 않고 반성적 되새김질로, 더 급진적이고 새로운 의미를 창조해낸다. 그러나 앞서 예로 들었던 '거리의 여자'처럼, 현실에서 대상의 명명은 명명하는 '나'의 우월성을 강조하기 위해 대상을 수단으로 사용하는 '대상화'로 미끄러질 확률이 높다. 대상의 존재를 왜곡하거나 섣불리 넘겨짚지 않고 제대로 '수용하고', 동시에 '나'의 창조적 상상력과 견해를 반영해 부를 때, 관습의 껍질은 부서지고 새로운 지각이 출현한다. 물론 '수용'은 관습적 맥락의 영향을 받는다. 관습과 이데올로기가 강제하는 의미의 수용에 맞서, 대상 자체가 발화하는 본래적 의미를 수용하기 위해서는 대상과 상투적이고 표피적으로 관계 맺는 태도를 버려야 한다. '자발성'은 즉흥적으로 일어나는 주관적 이끌림이 아니라, 비판적 인식과 창조적 상상력의 발현이어야 한다. 비판적으로 깨어 있는 어떤 열림의 상태에서 대상 스스로 드러내는 대상의 속성과 '나'의 창조성이 만나 다른 의미, 새로운 의미를 만들어낸다. 수용과 자발성, 표현 매체로서 언어가 지닌 이 두 차원은 미메시스의 움직임에서도 핵심으로 작용한다. 미메시스는 생존을 위한 적응으로서의 따라하기/닮기와, 아직 표현되지 못한/않은 것의 표현 사이에서 진자 운동을 한다.

춤: 미메시스 활동

이제 다시 이 글의 본래 주제인 춤으로 돌아가 바디 랭귀지 이야기를 해보자. 바디 랭귀지로 소통할 수 있는 것은 몸들이 공유하는 미메시스 능력 때문이다. 인간학의 관점에서, 그리고 언어철학의 맥락에서 미메시스 이론을 펼친 벤야민에 의하면 미메시스는 살아남기 위해 "(외부 세계와) 유사해지고 또 유사하게 행동하지 않으면 안 되는 오래된 강제"와 상관이 있다.[20] 이러한 강제의 초기 단계를 우리는 알타미라 동굴 벽화나 라스코 동굴 벽화 등의 동물 그림들에서 확인할 수 있다. (주술적 의례, 유희, 혹은 실용성 등) 이 그림들의 성격을 무엇으로 규정하든, 이 그림들은 생존을 위해 필연적으로 관계 맺지 않으면 안 되는 외부 세계와 유사해지려는 첫 시도라고 할 수 있다. 인간이 외부 생명체나 사물과 관계 맺는 방식은 (화장이나 가면, 깃털 같은 장식을 통해) 자신의 몸을 가능한 한 그것들과 유사하게 변형하고 몸짓을 따라 하거나, (그림이나 조각 등을 통해) 그것들을 형상화하는 것이었다.

문명이 발달하면서 외부를 닮으려는 미메시스 활동의 감각적인 직접성은 점차 사라졌지만, 미메시스 능력은 비감각적이고 더 추상적인 형태로 언어 속에 남아 있다. 미메시스 활동이 '자연적 상응 관계'에서 언어 속으로 옮겨져 왔지만, 그래도 그 자연적 상응 관계를 잘 감지할 수 있게 해주는 언어 형태들이 있다. 전통적인 서정시가 좋은 예다. 사람들은 특별한 지식이나 훈련 없이도 자연을 노래하고 사랑의 감정을 노래하는 서정시에 쉽게 감정 이입한다. 바디 랭귀지에 가까운 언어라고 할까. 역사 속에서 계통발생적으로 전개된 미메시스 활동은 개체발생적으로 한 개인의 생애에서 반복된다. 아이들은 공원의 나무로, 매미나 나무늘보로, 기차로, 집 안의 가구로, 심지어 작은 곤충들로 변신하는 재능이 뛰어나다. 음악이 나오면 즉흥적으로 몸을 흔들며 춤을 추는 것 역시 리듬을 모방하는 행위다. 어른이 되면서 이 몸의 미메시스 능력은 차츰차츰 언어 행위 속으로 철수한다.

어른이 되어서도 비언어적 미메시스 능력을 꽤나 풍요롭게 발휘하는 사람들이 예술가라면, 그중에서도 춤추는 사람들이야말로 단연코 미메시스의 달인이다. 그들은 적어도 무대 위에서는 '모든 것'을 몸으로 전하고 표현한다. 그들의 몸은 그야말로 소통과 표현의 매체(Medium)다. 특히 현대 무용 이후로 춤, 혹은 춤추는 몸은 표현 매체로서 자신을 성찰하고, 고전 발레의 관습적인 언어 체계가 알지 못하던 '범속하면서도 비밀스러운' 의미를 감각케 하는 놀라운 장면들을 펼치고 있다. 이 장면들은 기호들의 약속 체계가 강제하는 규범적 내용을 '따라하면서 해체'하고, 이와 함께 자발적이고 창의적인 의미의 세계를 연다. 드물게는 미메시스의 혁명적 표현력이 터져 나오는 순간도 있다. 모방하면서 해체하고, 해체하면서 새로운 감각과 의미를 탄생시키는 이 나선형 움직임이야말로 미메시스가 은밀히 파종하는 혁명적 전언이다. 어린아이들의 놀이가 공포의 대상을 닮음으로써 원초적 경험의 공포를 극복하는 뛰어난 방식인 것처럼 미메시스는 미메시스의 주체를 미메시스에의 강압에서 해방한다. '아첨하면서 닮아가면서', 닮음을 강요하는 그 규범이나 체제를 해체하는 것이 바로 이 미메시스의 내재적 목표다. 미메시스는 또한 이미 표현된 것을 단순히 모방하거나 재현하는 게 아니라, 표현할 수 없는 것의 표현을 읽어내는 것이기도 하다.[21] 강요된 표현을 해체하고 억압된 표현을 드러내는 것, 춤에서 우리는 미메시스의 이 두 가지 측면을 다 감지하고 기대할 수 있다.

모방하고 재현하고 전복하다

춤 공연을 보면서 거듭 품어보는 소망, 즉 제대로 서고 앉고 눕고 걷는 몸의 단단한 존재감을 넘어서, 둘레 세계와 관계 맺고 상응하며 산다는 것의 의미를 몸으로 구현해보자는 다짐은 단순히 건강을 위해 꾸준히 몸을 단련하자거나 몸의 표현력을 기르자는 소망을 넘어서는 미메시스적 욕망이다. 안무가나 무용수들이 강조하는 속도, 호흡, 에너지의 흐름, 리듬 등의 조합이 만들어내는 춤은 기호들의 약속 체계로서 언어가 도달하기 힘든 곳으로 우리를 데려간다. 춤 공연을 볼 때마다 나도 '그곳'에 가고 싶다는 열망, 무용수들의 몸이 지금 수행하며 맛보고 있는 그 통합적 몰입과 향락에 동참하고 싶다는 열망에 사로잡힌다. '그곳'은 규범과 통제, 관리의 전달 체계로서 기능하는 기존 언어가 더는 전권을 휘두르지 못하는 곳이다. 물론 춤의 언어도 사회문화가 강제하는 소통의 규칙에서 완전히 자유로울 수 없다. 아니 종종 미세한 동작들과 큰 움직임들을 지배하고 조종하는 상투적 관습과 이데올로기 때문에 심하게 당혹스럽기도 하다. 그중에서 가장 심한 고정관념과 피상적인 감정, 생각의 덩어리를 들라면 역시 젠더 관습일 것이다.

고전 발레에서 현대 무용에 이르기까지 단연코 '무용'을 구현하는 건 여성인데, '무용'이 무엇인지, 무엇을 지향하는지, 무엇이 '무용'의 아름다움을 구성하는지 등을 판단하는 데 젠더 관점이 과연 얼마큼 유효한지 질문하게 되는 경우가 빈번하다. (특히 여성 무용수의) '아름다운 몸'과 여성성, 섹슈얼리티에 대한 주류 가부장제 사회문화의 지배적 표상이 여전히 집요하게 똬리를 틀고 있는데 그것을 구현하는 훈련된 몸의 기예가 더할 나위 없이 뛰어날 때, 그 모순은 안타까움을 넘어 슬플 지경이다.

춤 공연 〈11분〉

파울로 코엘료의 소설 《11분》을 몸의 언어로 전환한 국립현대무용단의 공연이 그러했다. 2013년 대중의 큰 호응을 받은 〈11분〉은 2014년 무용수들을 바꿔 재연되었다. 파울로 코엘료라는 원작자의 명성도, '섹스가 진행되는 시간 11분'이라는 제목의 배경도, '매춘'을 다룬다는 것도 대중의 호기심을 자극했을 것이다. 2014년 이 공연을 보며 나는 여성 무용수들을 무겁게 누르고 있는 불평등한 젠더 관습 때문에 꽤 불편했다. 뛰어난 기술로 큰돈을 벌 뿐 아니라 도서관을 드나들며 섹스에 관한 '학문적 지식'도 만만찮게 쌓은 '창녀' 마리아를 춤으로 보여준다는 것은 여성 무용수에게는 단단한 뱃심과 잘 벼려진 젠더 의식을 요구하는 도전이 아닐 수 없다.

마리아는 손님의 취향에 따라 순진한 아가씨와 팜 파탈, 그리고 너

그러운 어머니를 '연기'하는 '전문가'다. 전문가로서 그는 자신이 두 명의 여자임을, 즉 하나의 몸 안에 살면서 서로 갈등하고 싸우는 주부이자 창녀임을 알고 있다. 작가 코엘료가 설정한 바에 따르면, 마리아는 섹스를 "자기 자신과의 만남이며, 동시에 심각한 위험을 안고 있는 하나의 게임"으로 이해한다. 그것은 "신성한 춤"이다. "두 개의 신적 에너지, 서로 충돌하는 두 개의 우주"가 이 춤에서 만난다. 이 만남에서 서로에 대한 경의가 부족하면, 한 우주는 다른 우주를 파괴한다.[22] 수많은 실전과 공부를 통해 마리아가 파악한 섹스에 대해 좀 더 자세히 들어보자.

내 손님들이 생각하는 것과는 달리 섹스는 아무 때나 이루어질 수 있는 것이 아니다. 우리에게는 각자 내적인 시계가 있어서, 두 사람이 사랑을 나누기 위해서는 각자의 시곗바늘이 동시에 같은 시각을 가리켜야 한다. ······ 사랑에 빠진 사람은 성적 행위에 의존하지 않고도 쾌감을 느낄 수 있다. 서로 사랑하고 함께 있는 두 사람은 놀이와 '연극'을 통해 그들의 시곗바늘을 맞추어야 하고, 사랑을 나누는 것이 단순한 만남 이상이라는 것을, 생식기의 '포옹'이라는 것을 이해해야 한다.[23]

돈을 받고 손님과 섹스를 할 때 '몸으로 말하는 시간 11분'을 허용하는 '창녀' 마리아의 섹스 이해는 이토록 고유하고 시적이다.
두 개의 우주가 만나는 것이 섹스라면 과연 '시곗바늘'이 중요하지 않을 수 없다. 그러나 매매 관계에서 시곗바늘은 중요하지 않다. 그저 11분이 허용될 뿐이다. 섹스에 대해 이처럼 자기만의 철학이 분명한 '전문가 창녀'가 11분으로 설정된 '일'을 할 때 감당해야 하는 모순과 분열에 대해 소설은 아무런 설명을 하지 않는다. 소설이니까. 현실속 성매매 여성의 노동 기록이 아니니까. 코엘료는 이 소설의 근간이성매매 여성이 직접 쓴 텍스트와 성매매 여성들과 나눈 인터뷰라고 말하지만 《11분》은 남성 작가의 창작물이다. 그리고 11분이라는 설정 자체가 남성의 성욕 해소에 토대를 두고 있다. 발기해서 사정하기까지의 시간은 나름 측량 가능하기 때문에 7분[24]이니 11분이니 하는이야기가 가능한 것이다. 여성의 성적 쾌락을 다루는 장면에서 '11분'같은 명명은 도무지 가능하지 않다. 여성의 성욕과 남성의 성욕 사이에 가로놓인 심연을 들여다본다는 것은 현기증 나는 일이다. 그런데 (작가 코엘료가 소설의 남자 주인공을 경유해 독자들을 설득하려는 바에 따르면) 마리아의 섹스 행위는 바빌로니아의 여신이었던 '매춘부의 어머니' 이슈타르가 구현한 '성스러운 매춘'의 현대적 회복이다. 한국의여성 무용수는 이것을 무대 위에서 도대체 어떻게 표현할 것인가. 여성 무용수는 한 '전문가 창녀'의 다양한 섹스 모험과 실험을 '자유의행위'로 이해하기 어려운 듯 옷을 벗는 것도, 성적 행위와 그 안에 깃든 고통과 넘침으로서의 향락(jouissance)을 마음껏 드러내는 것도 힘겨워했다(고 나는 느꼈다). 작고 여린, 그리고 '겁먹은' 새의 날갯짓 같은 그의 망설임과 머뭇거림은 완벽에 가까울 정도로 정교하게 훈련된몸의 움직임 때문에 더 깊은 모순과 당혹을 자아냈다. 저 뛰어난 몸의기예를 온전히 누리며 감동하지 못한다니, 춤추는 그를 위해서나 관람석에 앉아 있는 나를 위해서나 끌탕하지 않을 수 없었다.

공연이 끝나고 나서 마리아를 연기한 무용수와 대화를 나누었는데, 그는 내가 '마치 자기 안에 들어갔다 나온 것 같다'고 말했다. 스스로 안무를 하고 춤을 추면서 그는 자신이 결정하고 주장할 수 있는 입장에 대해 분명한 믿음이 없었다. 아니, 어떤 입장을 선택하고 주장할 수 있는지 몰랐다고 할 수 있다. 한국 가부장제 사회에서 살아가는 여성 무용수가 《11분》이 주장하는 '어느 전문가 창녀'의 섹스 지식이나 실천을 무대 위에서 자신의 몸으로 구현/표현하려면 많은 것들이 준비되어 있어야 한다. 그랬다면 여성의 섹슈얼리티를 (남성들이 '이성적 계몽의 빛'으로 밝혀야 하는) '검은 대륙'으로 간주하는 프로이트식 정신분석 해석도, '창녀'의 섹스에서 (특히 남성 영혼의) 구원이라는 성스러운 초월적 차원을 보려는 관점도 당당하게 되받아치고 해체하며, 혹은 반어법적으로 대담하게 전유하고 수정하며 다층적인 논쟁의 장을 펼칠 수도 있었을 것이다. 그러나 그러기에는 한국 사회에서 여성의 섹슈얼리티를 표현하는 한국 여성 무용수의 몸은, 아무리 무대 위라 해도 여전히 주류 사회의 관습을 떨치고 주권적으로 나서기 어렵다.

춤, 그래도 미메시스의 능력이다

그럼에도 다른 어떤 예술 장르보다 무용/춤에서 전복적인 자기 성찰을, 그리고 미학이 위치해 있는 규범들의 틀, 상징계의 균열을 기대해볼 수 있지 않을까. 무용/춤은 춤추는 그 사람의 몸 이외에 다른 매개체나 도구, 수단이 필요 없는 예술 행위이며, 몸 정체성의 관점에서 인간을 이해할 수 있는 가장 직접적이고 파격적인 자기 표현이니 말이다. 물론 컨템퍼러리 무용은 음악뿐 아니라 무대 건축물, 조명, 영상, 오브제 등 다양한 매개물을 이용한 탈경계적 형식에 익숙하지만 무용/춤의 본질은 춤추는 몸이다. 춤추는 몸은 세상과 몸으로 만나는, 세상살이를 몸으로 살아내는 인간의 고뇌와 갈등, 희로애락을 미메시스적으로 드러내고, 어렴풋이나마 그 너머를 상상하게 돕는다. 무용수들이 상체를 벗고 혹은 전라로 무대 위에 등장하는 이유도 여기에 있다. 삶을 살아내는 주체가 바로 이 몸이라는 사실을 알리는 것이다. 이 춤추는 몸은 유한한 몸의 존재로서 인간을 질문하게 만들고, 젠더화된 사회적 제스처나 기호 체계의 규범성과 한계를 초월할 수 있는 가능성을 암시한다. 아무리 잘 계산된 동작 연결이나 움직임의 흐름이라도 지금 여기에서 춤추는 무용수의 몸은 늘 어떤 과잉, 경계 넘기, 예기치 않았던 발화로 이끌린다. 완벽한 미의 정형성을 추구했던 고전 발레의 경계/한계를 넘어 당대에 몸이 실험하는 다양한 표현과 발화는 몸과 몸 정체성의 구성적 성격을 일깨운다. 이는 규칙들의 체계로 완벽하게 수렴될 수 없는, 몸 언어의 비체계적 속성 때문이다. 몸 언어가 지닌 이러한 열린 구조는 문학이나 미술에 비해 (좀 더 전문적인) '무용'이나 (인류학적으로 좀 더 보편적인) '춤'이 미학 내에서 덜 중요하게 다루어지는 요인이기도 했지만, 이 '취약점'이야말로 무용-춤이 크고 작은 인식론적 파장이나 심지어 혁명의 전위가 될 수 있는 출발점이기도 하다. 이런 관점에서 규범적 전문성을 강조하는, 다분히 서구의 '아름다운 무용/수'를 전범으로 삼는 '무용'이 문화인류학적 맥락에서 집단적 놀이 문화와 흥, 그리고 개인의 자기 표현에 주목하는 (광의의) '춤'으로 걸음을 옮기는 것이 정치적으로 중요하다. 한국에서도 안은미 등 이미 적지 않은 사람들이 인류학적 삶의 맥락에서 '춤'을 만들고 추고 전파하면서 춤의 해방적이고 전복적인 경계 넘기를 적극적으로 실현하고 있다.

안은미의 〈조상님께 바치는 댄스〉

현대 무용가 안은미의 공연 〈조상님께 바치는 댄스〉를 보고 온 날 나는 집에서 막춤을 추며 내 몸이 말하게 했다. 며칠 동안 내내 혼자 막춤을 추며 흥겨워했다. 안은미는 2010년부터 세 대의 카메라를 들고, 네 명의 젊은 무용수들과 함께 자전거로 전국을 돌며 밭에서, 경로당에서, 버스 정류장에서, 구멍가게 안에서 마주친 할매들에게 즉흥적으로 '춤 좀 춰보시라' 권했다. 그들과 함께 어울려 춤춘 결과로 탄생한 것이 〈조상님께 바치는 댄스〉다. 이 공연은 춤과 몸의 관계를 더할 나위 없이 통쾌하게 해방적으로 가르친다. 몸에 '이미' 리듬이 있다는 것, 그 리듬은 걷고 일하고 사랑하고 누군가를 돌본 모든 움직임의 기본 에너지라는 것, 그래서 삶은 이미 춤이고, 춤은 이미 삶이라는 것을 증언한다. '빡빡머리' 여성 무용수이며 안무가인 안은미가 무용계라는 틀 안에서 스스로 추고, 또 무용수들에게 추게 하는 춤이 막춤이고 '뻔뻔 댄스'인 것은 주목할 만하다. 그것은 주류의 규범이 가르는 삶과 춤의 구별, 정교하게 훈련된 몸 언어로서의 전문 무용과 몸 안의 리듬과 흥에 따라 들썩이는 춤의 구별을 매우 문제적인 차별이라 폭로하면서 시간 속에서 살아낸 몸의 물결을 삶-춤의 과정으로 통합한다. 특히 〈조상님께 바치는 댄스〉에서 '막춤' 추는 할머니들을 춤 '공연'의 주요 행위자로 등장시키면서 안은미가 강조하는 것들, 예컨대 인간의 몸이 지닌 물성이나 질감, 시간성, 살아온 만큼 추는 춤, 그 살아낸 삶이 내뿜는 에너지 등은 무용의 한계를 춤의 무한한 가능성으로 치고 나갈 때 꼭 필요한 인식론적 지점들이다.

"주름진 몸은 100년 가까운 시간 동안 삶이 체험한 책이었고, 춤은 대하소설 같은 역사책이 한순간에 응축해서 펼쳐지는 생명의 아름다운 리듬이었다."[25]라는 안은미의 말은 노년들의 생애 구술사를 그 어떤 역사보다 소중히 여기는 기록 작가들의 태도와 연결되고, 삶을 살아낸 모든 몸은 수많은 시간과 장소, 경험을 보관하고 있는 아카이브라고 말하는 몸 정체성 이해와 연결된다. 구어든 문자든 말이 아닌 몸의 표현 언어에 주목하는 무용-춤에서 이러한 태도는 정치적 해방의 효과를 낳는다.

〈조상님께 바치는 댄스〉를 본 나의 반응은 이전에 안무가 라시드 우람단의 〈스푸마토(Sfumato)〉에서 단련된 여성 무용수가 보여준 몸의 능력을 보며 감탄했던 것과는 완전히 다르다. 〈스푸마토〉에서 나는 쏟아지는 폭우 아래서 빠른 속도로 끊임없이 돌고 또 돌던 젊은 여성 무용수의 몸과 속도, 힘에 압도당했다. '훈련과 자신에 대한 믿음'의 거의 완벽에 가까운 증언에 경탄을 아끼지 않았다. 그러나 이 경탄은 '결코 따라하지 못하리'라는 분명한 자각이기도 했다. 공연장을 나서는 나는 한껏 위축되어 있었다. 〈스푸마토〉에서 그 젊은 무용수가 보여준 '능력'은 아마도 전문 무용수로 나이 들어 가는 사람들, 이미 꽤나 나이 든 무용수들에게도 위축감과 소외감을 안겼을 것이다. 그것은 아무리 훈련해도, 자신을 믿어도, 통찰력이 있어도 일정 나이가 되면 '더는' 가능하지 않은 몸의 능력이니까. 뛰어난 무용수를 언급할 때 흔히 등장하는 '40대까지도 무대에서 춤을 춘'이라는 말은 이러한 몸의 시간적 정황을 잘 보여준다. 그러니까 다시 한번 환기해야 할 것은 몸의 시간성을 품는 춤의 이해다. 삶의 굽이굽이를 품고 있는 몸이 스스로 말하게 하는 것은 나이 들어 가는 몸, 죽음을 '향해' 가면서 현재의 삶을 충만하게 살아내는 몸을 편견 없이 바라보는 관점을 요청한다. 늙어 가는/늙은 사람에게 '여전히' 젊고 아름다울 것, '아직도' 늙지 않은 몸과 삶을 요구하는 자본주의-연령주의-미 산업의 음험한 책략은 여성들의 삶을 왜곡하고, 자기 흥에 몸을 싣고 마음껏 늙어 갈 기회를 박탈한다. 이러한 사회문화 환경에서 늙어 가는 몸으로 '자신에 대한 믿음' 위에서 춤을 추는 여성/무용수들은 몸이 품고 있는 시간성과 역사성의 주름들을 한껏 펼쳐서 새로운 의미를 낳는 전위가 되기에 가장 적합한 사람들이다.

늙어 가는 여성 무용수들의 춤이야말로 여성성이나 여성성의 신비주의적 실체화, 또는 젠더화된 '아름다운 무용/무용수' 이미지에 맞서 춤 자체를 새롭게 만들 수 있다. 이것이야말로 고전 발레에서 현대 무용으로 혁명적 도약을 이룬 여성 무용수들을 기다리고 있는 또 하나의 정치적 혁명이다. 제발 노년으로, 뚱뚱하고 처진 몸으로 '분장하는 게' 아니라 뚱뚱하고 처진 몸'으로' 무대에 등장하여 맘껏 춤추시라!

무용수야말로 춤바람 든 사람들 아닌가. 내놓고 '자유 부인'의 후예인 사람들 아닌가. 제대로 난 춤바람이야말로 사회-젠더-개혁의 바람몰이임을 전문적으로 아는 사람들 아닌가. 전문적인 춤꾼들이여, 늙어 가는 여성들이여, 모두 함께 춤바람 나서 해방의 삶-춤을 추자. 여성의 몸을 가두고 관리했던 규범과 관습의 코르셋을 여유만만 해학으로 부수며 몸이 품고 있는 미메시스의 변형적 힘을 통쾌하게 분출하자. 이제 강제된 '따라 하기'가 아닌 창조적 '서로 닮기'로 해방적 의미들을 탄생시키자.

치매라는 공포
—
치매 환자에게도 '언어'와 '삶'이 있다

어둠 속의 항해

세포막 외부에서는 끈적거리는 플라크가 뉴런들을 뒤덮고, 세포막 내부에서는 복잡하게 뒤엉킨 것들이 마이크로 튜브의 전달을 짓뭉갠다. 수천만 개의 신경 접합부들이 사라지고, 이러한 사라짐이 어디에서 발생하는가에 따라 특정 인지 기능이 사라진다. 기억력이나 언어 능력, 혹은 시공간 파악 능력이나 추상적 사고력, 판단력 등. 그것은 마치 거대한 집의 회로 차단기가 하나씩 하나씩 차례로 내려지는 것과 같다.

이것은 영화 〈어웨이 프롬 허(Away from Her)〉(2006년)에서 알츠하이머를 앓는 아내 피오나를 어쩔 수 없이 요양원에 보내고 난 뒤 남편 그랜트가 관련 서적에서 습득한 '뇌신경과학 지식'이다. 그는 눈으로 뒤덮인 광활한 벌판을 스키 신발을 신고 걷고 또 걸으며 이 지식을 어떻게든 몸으로 이해하고 받아들이려 애쓴다. 마지막 문장의 비유는 언어의 표현력을 잔인할 만큼 선명하게 보여준다. 지금 어떤 일이 벌어지고 있는지, 군더더기 하나 없이 명료하게 알려준다. 나는 이 비유를 토대 삼아 피오나의 뇌를 상상해본다. 수많은 뉴런들, 작고 아름다운 별처럼 빛나는 이 뉴런들을 입체적으로 연결하는 무수한 회로들, 그 회로들이 정거장처럼 서로 만나는 지점에 세워진 접합 차단기들. 뇌는 작은 우주처럼 깊고 신비스럽다. 그런데 갑자기 이 우주의 질서를 책임지던 접합부의 차단기가 하나씩 아래로 내려지고 그만큼 콜타르처럼 막무가내인 검은 어둠이 들어서기 시작한다. 한번 내려진 차단기는 돌이킬 수 없다. 다시는 끌어올릴 수 없다. 그리고 도미노 게임을 하듯이 차례차례 차단기들이 내려간다. 점점 더 빛을 잃어 가는 우주. 황량한 어둠만 짙어 간다. 그리고? 그 다음엔? 인간을 가장 인간답게 만드는 상상력의 힘이란 이런 경우 저 비유에 담긴 차가운 절망을 더욱더 극단으로 밀어붙이는 데에는 적합하지만, 어떤 따스한 극적 전환점을 만들어내기에는 그저 나약할 뿐임을 실감하게 된다. 상상력 또한 상투성과 관습에서 충분히 자유롭지 못하기 때문이다. 이럴 때는 세밀하게 오래 관찰한 실제의 디테일과 예외적이지만 분명 존재하는 '다른 이야기들'을 모아 상상력에 자양분을 마련해주는 게 필요하다.

영국이 사랑하고 자랑스러워했던 작가 아이리스 머독은 알츠하이머에 걸려 5년 동안 남편 존 베일리의 돌봄을 받다 1999년 사망했다. 그녀가 죽고 2년 후에 만들어진 영화 〈아이리스〉(리처드 에어 감독,

2001년)는 이 5년 동안 아이리스 머독이 어떻게 변해 갔는지, 존 베일리는 그녀의 변화를 어떻게 이해했는지, 아니 이해할 수 없었는지를 '언어'에 집중해서 그려낸다. 이 글을 쓰기 위해 다시 영화를 보면서 나는 '10년도 더 전에 이 영화를 보던, 지금에 비해 상대적으로 꽤 젊었던 나는 어떤 위치에 있었지?' 질문해본다. 당시 영화를 보고 나서 뭔가 밍밍하다고 느끼며 아쉬워했던 기억이 떠올랐기 때문이다. (그때 나는 도대체 뭘 기대했던 걸까.) 그런데 한 장면만은 10년이 넘도록 내 머릿속에 또렷이 새겨져 있었다. 아이리스가 텅 빈 시선으로 해변 모래밭에 앉아 활자가 아직 기입되지 않은 노트를 한 장 한 장 찢어 자기 둘레에 죽 늘어놓고 바람에 날아가지 않게 돌멩이로 눌러놓던 장면이다. 결국 바람에 날아가버렸지만, 그 흰 종이 한 장 한 장에는 무엇이 기록되어 있던 걸까? 미메시스 능력의 일환으로 언어를 이해했던 벤야민은 "쓰이지 않은 것을 읽는 것, 그것이 진정한 읽기"라고 말한 적이 있다. 미메시스는 주변의 물리적·사회문화적 환경에 자신을 적응시키는 측면과, 그 환경에 자기만의 내밀한 욕망을 은밀하게 새겨 넣음으로써 틈새를 내고 전환을 이뤄내는 측면을 지닌다. "쓰이지 않은 것"은 현재 환경이 용납하지 않기에 표현 가능성의 외부에 있는 저 내밀한 욕망을 가리킬 것이다. 언어 능력을 완전히 상실했다고 판정받은 '알츠하이머 환자'가 손에 꼭 쥐고 있던 그 노트에는, 그 흰 여백에는 우리가 읽어야 할 무엇이 쓰여 있던 걸까?

단어들이 떠오르지 않고 단어의 모음이나 자음이 지워지기 시작하면서 아이리스는 명민하고 독창적인 작가에서 언어 능력이 현저하게 떨어지는 '치매 환자'가 된다. '퍼즐'이라는 평범하고 일상적인 단어 하나를 떠올리기 위해서도 까다로운 퍼즐 게임을 하듯이 머리를 쥐어짜야 하는 상황이 반복된다. p. u. z. z. l. e. 퍼즐이라는 단어를 몇 번이고 종이 위에 쓰던 아이리스는 남편 존에게 말한다. "마치 어둠 속에서 항해를 하는 것 같아." 어둠은 점점 더 짙어지고 항해는 점점 더 어려워진다. 아이리스가 얼마나 '언어'를 중요하게 여기고 '단어'를 사랑하는 사람인지 40년이 넘도록 곁에서 지켜보고 경탄했던 존은 이 사실을 믿을 수가 없다. 어떻게 다른 사람도 아니고 아이리스가 단어를, 문장을 잊어버릴 수 있다는 말인가. 그는 신음하고 저항한다. 의사의 판단과 포기를 참을 수가 없다. 아이리스의 뇌 상태는 단지 '닫힌 책'일 뿐인데, 그 책을 열기만 하면 되는데, 열쇠를 발견하기만 하면 되는데, 그러면 그 안에 무궁무진한 단어와 문장들이 최고의 윤무를 추고 있을 텐데 왜 그 열쇠를 발견하지 못한다는 말인가. 왜 그 열쇠를 발견하려고 노력하지 않는단 말인가. 그러나 아이리스의 '책'은 끝내 다시 열리지 않는다. 5년을 사랑과 신뢰와 여전한 경탄으로 돌봤지만 아이리스는 어둠 속의 항해에서 돌아오지 않았다.

〈어웨이 프롬 허〉에서나 〈아이리스〉에서나 수포처럼 계속해서 떠오르는 질문은 이런 것이다. 뇌에서 신경 접합부들이 사라지면, 그래서 특정 인지 기능이 사라지면 과연 이 '사람'은 어떤 '삶'을 살게 되는 걸까?

41개 언어로 번역되어 전 세계 독자들을 감동시켰던 미치 앨봄의 에세이 《모리와 함께한 화요일》에서 모리 슈워츠는 '삶'에 대한 자신의 견해를 들려준다.[26] 모리는 루게릭병을 앓고 있다. 그는 지금 '천천히 죽어 가는' 중이다. 혹은 '그 어느 때보다 꽉 찬 삶을 사는' 중이다. 삶과 죽음의 경계 지대에 있는 모리의 현재 삶을 어떻게 부를지는 기호를 다루는 언어학의 문제가 아니라, 존재의 현 실존 상태를 질문하고 성찰하는 인간학의 문제다. 그러니 모리의 목소리를 듣는 독자들 각자가 자신의 관점에 따라 상이하게 답할 것이다. 답이 어떤 식으로 내려지든 사람들은 경계 지대에 있는 이 사람의 견해를 소중히 여겼다. 미치 앨봄이 모리 슈워츠에게 던진 질문들은 산다고 하면서도 계속 죽음도 삶도 아닌 미혹에만 빠져 허우적거리고 있는 건 아닌지 불안한 사람들의 마음을 대변한다. 모리는 말한다. "사람들은 나를 다리로 생각해. 난 예전처럼 살아 있는 것도 아니고, 그렇다고 완벽하게 죽은 것도 아니야. 뭐랄까, …… 그래, 난 일종의 …… 그 중간쯤에 있는 존재라고 할 수 있어." "난 지금 마지막 여행을 하고 있고, 사람들은 내게 어떤 짐을 챙겨야 하는지 듣고 싶어 하지." 미치 앨봄이 던진 질문 중에는 이런 것도 있었다. "사후의 완벽한 삶을 위한 시나리오가 있는가." 모리는 대답한다. "내 의식이 계속되는 한 …… 나는 우주의 일부라네." 나는 모리의 이 말에서 "의식이 계속되는 한"이라는 조건이 마음에 걸린다. 의식이 계속되지 않으면, 그/녀는 더는 우주의 일부가 아닌가. 의식이 계속된다는 것은 무엇을 의미하는가. 우주의 일부다, 혹은 우주의 일부가 아니다라는 것은 무엇을 의미하는가. '치매'에 걸려서 특정 인지 기능이 사라지는 사람들은 그럼 어떻게 되는 거지? '치매'에 걸린 사람들의 존재태를 고민하기 전에 읽었다면 나는 이 조건부 문장에서 멈추지 않았을지 모른다. 몸은 '멀쩡'한데 의식이 작동하지 않는 사람과, 의식은 '멀쩡'한데 몸이 작동하지 않는 사람 사이에 금을 긋는 거 아니냐, 육체와 정신에 대한 이분법적 사고 방식 아니냐는 식으로 따지자는 게 아니다. '사람'이나 '삶'의 기준치 혹은 가치나 위엄, 존엄을 묻는 질문은 훨씬 더 어렵고 복잡하다는 사실에 당혹스럽다는 것이다. 《모리와 함께한 화요일》을 계속해서 읽다 보면 이 당혹감을 조금은 해소해줄 수 있는 모리의 또 다른 견해와 만난다. "우리가 궁극적으로 죽어 가면서 평화로울 수 있다면, 마침내 진짜 어려운 것, 즉 살아가는 것과 화해하는 일을 할 수 있다." 루게릭병에 걸린 사람도, 알츠하이머에 걸린 사람도 몸이 사라지든, 의식이 사라지든 궁극적으로 평화롭게 죽어 갈 수 있다면 그것으로 족한 것이다. "그게 다예요."라고 말할 수 있을 것이다. 그런데 어떻게 평화롭게 죽어 갈 수 있지?

'저곳'에 사는 사람들

'치매'는 (특정 연령대에 있는 사회문화적 · 정치경제적 정체성으로서) '노년'이라는 '존재'가 기이하게, 즉 도무지 이해할 수 없는 방식으로 멈추는 지점이다. 노년의 사회적 자아와 관련해 사회노년학은 유리(遊離) 이론이나 활동 이론, 하위문화 이론, 지속 이론, 사회적 교환 이론 등을 펼치지만 이 모든 이론들에 치매는 포함되지 않는다. 치매 이후의 삶은 보건복지학이나 간호학으로 인수인계된다. 사회로부터의 윤리를 정상적이고 필연적인 것으로 보든, 그 반대로 사회 활동의 유지를 통한 긍정적 자아 이미지의 유지를 강조하든, 혹은 동년배 노년들 간의 상호 관계가 만들어내는 하위문화의 의미에 주목하든, 기본적으로 개인의 생애는 단절이 아니라 지속으로 봐야 한다고 주장하든, 긍정적 자아 이미지를 사회적 자본의 교환과 관련한 협상의 결과로 보든,[27] 노년은 '치매'에서 멈춘다. 치매에 잠식되면 자아의 자리에 비-자아, 즉 '그것'만이 남는다고 간주되기 때문이다. 치매라는 경계 이후의 삶에는 이름이 없다. 그냥 '치매에 걸린' 삶일 뿐이다. 사회노년학의 인식론적 출발점은 '자아 이미지', 더 자세하게 말하자면 '훼손되기 쉬운 노년의 자아 이미지'다. 자신에게 익숙한 자아 이미지와는 너무도 다르게 자신을 바라보는 저 타인의 시선으로 자신을 응시해야 한다는 점에서 노년은 가장 상처받기 쉬운 주체다.

노년은 언제부터 시작되는가. 답은 여러 개가 있을 수 있지만, 어떤 답변이든 노년의 시작에는 '훼손된 자아 이미지', 즉 '타자화된 자아'가 있다. 그렇다면 치매에 걸린 노년은 '이중적으로 타자화된 자아'라고 할 수 있다. 다른 문화인류학적 관심의 영역과 마찬가지로 노년의 삶에서도 각각의 행위나 선택이 남기는 외형적 자취와 여기에 행위자 자신이 부여하는 의미가 가장 중요하다면, '치매'는 치명적 영역이다. '행위자 자신'이라는 부분에 커다란 의문 부호가 들어서기 때문이다. 경계를 넘어간 '저곳'에 거주하는 치매 '환자'들의 삶은 '이곳'에 사는 사람들에게 공포와 불안, 측은지심을 불러일으킨다. 언제부터인가 치매는 모든 사람들의 암묵적인 공포, 금기 지대가 되어 가고 있다. 즉,

노화의 의료화를 넘어선 생의료화(Biomedicalization of Ageing)는 '치매'에서 절정에 이른다고 볼 수 있다. 이제 노화는 자연스럽게 도달하는 생의 단계가 아니다. 생명공학과 기술과학의 적극적 활용과 개입을 통해 강화되는 생의료화의 흐름 속에서 노화는 저지되고 극복되어야 할 '질병'으로 간주된다.[28] '환자' 역시 적극적이고 능동적인 소비자-주체의 자리에서 생의료 상품들을 구매하고 건강을 관리하며 노화가 노정하는 한계를 넘어서기를 시도한다. 노화가 저지되고 극복되어야 할 '질병'이라면 치매는 더욱더 발생해서는 안 되는 질병이다. 이러한 흐름은 특히 노년에 관한 논의가 근대적 개인 이해와 연결되어 있는 서구에서 더욱 강화된다. 독립적이고 생산적이며 고유한 자아로서 사회 환경에 영향을 끼칠 수 있는 개인의 능력을 강조하는 가치 체계에서, 더는 독립적이거나 생산적이지 못한 노년은 긍정적 이미지를 유지하기 힘들다. 소비자본주의 사회에서 생산과 소비의 적극적 주체가 아닌 개인은 궁극적으로 그 고유성마저 박탈당하고 기생적 존재로 추락한다. 여기에 '의식'마저 갖추지 못한다면 사태는 더 극단으로 치닫는다. 치매 상태에 있는 사람은 어디에서도 '그 공포스런 모습'을 드러내면 안 된다.

친한 친구가 우리 집에 오고 싶다. 그래서 오지 말라고 했죠. 우리 집에 오면 병원 냄새 나거든요. 노인네가 풍기는 오줌 냄새가 나거든요. …… 그게 싫어서 오지 말아라, 그랬는데, 근데 굳이 온다고 해서 (친구가) 왔어요.(양현미)

얼마나 힘들어. 서로 고통이지. 자식도 고통이고. 나도 고통이고. 어머니는 아주 건강하셨지, 그 정도면. 근데 돌아가시기 1년 전에 우리 집에 오셨는데 팬티에 똥 묻은 걸 모르시더라고, 전혀. 근데 항상 자기가 빨려고 그래요. 그 정도가 되면 그렇게 오래 살 필요가 없어. 전혀 뭘 모르셨어. 사람이 몸에서 냄새가 나잖아. 그 냄새를 전혀 못 맡으시더라고. 동생이 팬티를 많이 보냈어. 왜 그런가 싶었는데 그걸 알고 팬티를 많이 산 거야. 어머니가 똥 싼 팬티를 감추시더라고. 어머니가 팬티를 벗어놓으면 내가 빨고 그랬지.(송진경)[29]

치매에 걸린다는 것은 인지 능력이 사라질 뿐 아니라 생리적 신체 행위를 통제할 수 없다는 것을 의미한다. 치매가 어떤 식으로 시작되는지, 돌보는 사람들에게 어떤 고통을 가져다주는지에 대해 그동안 적지 않은 연구와 이야기들이 축적되었다. 치매는 앞의 인용에서처럼 숨기고 인내해야만 하는 일에서, 드러내 이야기하고, 더 다양하고 나은 대응 방식들을 함께 의논하고 모색해야 하는 일로 바뀌어 가고 있다. 치매 환자를 돌본 사람들의 경험 서술 또한 다면성을 띠기 시작했다. 특히 2008년부터 시행된 노인장기요양보험 제도는 치매 환자의 돌봄을 탈가족화/사회화하려는 중요한 시도로서 돌봄 '가족'들의 돌봄 독박 문제를 어느 정도 해결해주고 있다.

'흥'이 많으신 우리 엄마는 센터의 프로그램 중 '노래 치료' 시간을 최고로 좋아하신다. 젊은 시절에 〈섬마을 선생님〉, 〈소양강 처녀〉 등 트로트를 아주 좋아하시고 잘 부르셨던 우리 엄마다. 치매가 왔지만 지금도 가사 하나 틀리지 않고 너무나 흥겹게 잘 부르신다. 그 시간만큼은 '짱!'으로 인기가 많다고 선생님들께서 자주 말씀해주신다.(이영미)[30]

시어머니는 2014년 8월, 92세에 치매 5등급 판정을 받으셨다. …… 집에서 가까운 데이케어센터에 주간 보호를 신청했다. 어머니께는 노인대학이라고 했다. 센터에는 나무 책상과 의자가 둥글게 배치되어 있고 수면실과 치료실도 따로 있었다. 원장님은 두 팔을 벌려 환영해주었고 어머니는 덩실덩실 춤을 췄다. …… 어깨 너머로 한글은 깨쳤지만 학교를 다니고 싶었던 어머니는 한을 풀었다고 했다.

시어머니의 일생에서 이때 3년이 가장 좋은 시절이었다. 센터의 돌봄 일정은 다양했다. 일주일 주간 계획표에는 매일 다른 인지 활동과 체험 수업 안내, 간식과 식단까지 나와 있었다. 밴드에는 어머니가 낮 시간에 그림을 그리고 만들기를 하는 사진이 올라왔다. 어머니는 자원봉사자들이 오는 노래와 춤 공연을 좋아했다. 철따라 현장학습으로 나들이도 갔다. 고깔모자를 쓰고 생일 파티도 했다. 우리 가족도 유치원에 보낸 학부모처럼 안심이 되었다. 저녁까지 드시고 통학 버스를 타고 온 어머니를 마중만 하면 됐다.(김정순)[31]

데이케어센터는 식사와 다양한 프로그램으로 치매 경증 환자들의 낮 시간 돌봄을 책임지고, 인지·신체 활동 능력의 유지나 향상을 돕는다. 복지 정책은 국가의 당연한 임무라는 생각에 익숙하지 않은 돌봄 가족들은 데이케어센터나 방문요양 제도[32]에 '감동'한다. 김정순 씨의 글이 묘사하고 있는 시어머니처럼 평생 바깥 활동도, 친구와의 나들이도 없이 고생만 하던 노년에게 데이케어센터는 심지어 '한을 푸는' 계기가 되기도 한다.

그러나 이런 변화에도 불구하고 치매에 대한 공포는 점점 더 확산되고 있다. 더 많이 알려지면 알려질수록 치매 이야기는 빠른 속도로 그리고 노골적으로 공포 바이러스를 전파한다. '치매의 날'이 만들어지고, 2017년부터 시행된 '치매국가책임제'[33]에 따라 2019년 현재 전국 256개 보건소에 치매안심센터가 설립되어 예방, 검진, 관리 서비스와 치매가족휴가제[34]를 제공하고 있지만, 대중의 마음은 불안이나 두려움, 심지어 공포에서 해방될 기미가 별로 보이지 않는다. 국가가 나서서 치매 예방·관리를 '선포'하고 나선 것인데, 바로 그 '선포'에서부터 계속 불안의 바이러스가 퍼져 나간다. 있어서는 안 될 것이니 없애야 한다는 태도로는 결코 완전히 없애지지 않는 질병에 대한 공포를 누그러뜨릴 수 없다. 선포가 세면 셀수록 공포는 커진다.

인체의 신비가 밝혀졌다고 의학계는 말한다. 몸은 이제 유리된 부분들의 상호 관계뿐 아니라 탄생에서 죽음에 이르기까지의 시간대 전체를 아우르는 총체적 관점에서 관찰되고, 관리되고, 치료된다는 것이다. 그러나 의료과학이 늘려놓은 인간의 수명은 역설적이게도 축복이나 희망이 아니라 두려움과 과제로 다가온다. 개인이나 사회, 국가 모두 이 힘겨운 과제 앞에서 당황하고 있다. 생각으로든 느낌으로든 '100년 삶'이라는 것과 아직 친숙해지지 않았는데 생명과학이나 의료

기술이 저 혼자 앞서간 것이기도 하고, 또한 100세 수명이 모두의 구체적 현실이 되기 전에 두려움이 먼저 모두의 뒷덜미를 낚아채기 시작했다고도 볼 수 있다. 이 불일치의 한가운데 치매라는 '질병'이 있다. 뇌신경의 지속적인 퇴행이라는 의료화된 선형적 서사는 치매 환자와의 동고동락(同苦同樂)에 대한 이야기들과 나란히 영향력을 확장해 나가고 있다. 그런 만큼 공동체 사회 차원에서나 대안적인 의료–복지 운동 차원에서나 절실하게 요청되는 것은 '선포'가 아닌 '반응/감응(re-spond)'이다. 적절하게 윤리적인 반응, 즉 감응 능력을 키움으로써 '정상적이지 않은 것'에 대한 자기 내면의 감정, 즉 두려움과 대면할 수 있다.[35]

치매에 걸릴 준비를 하는 것, 혹은 내 주위의 누군가가 치매 환자가 된 후에도 관계를 지속하기 위해 준비한다는 것은 치매가 예방되고 대비되어야 하는 불운이 아니라 함께 살아가야 하는 삶이라고 상상할 때에만 가능하다. …… 치매 환자의 삶을 앗아 가는 것은 치매 그 자체가 아니라 삶, 돌봄, 관계에 대한 협소한 이해일지도 모른다. 감응 가능성을 윤리적인 관계의 근본적인 조건으로 사유하는 것은 돌봄과 의존이 삶의 근본적인 조건임을 인정하는 데서 출발한다.[36]

치매 환자는 자기를 잃어버린 '비정상적인 사람' 혹은 '비–사람'이 아니라, 다른 형태로 '자기'인 사람이다. 그는 다른 방식의 '자아'로 '삶'을 살고 있으며, 이 자아는 그 어느 때보다 관계 속의 자아(self-inrelation)다. 이 깨달음이 있어야 선포가 아닌 반응/감응을 할 수 있다.

치매에 걸린 '사람'들의 언어

뇌에 '나쁜, 쓰레기' 단백질, 즉 베타 아밀로이드나 타우 단백질이 쌓이고 신경 접합부들이 사라지면, 그래서 특정 인지 기능이 사라지면 과연 이 '사람'은 어떤 '삶'을 살게 되는 걸까? 이 답을 모자이크로, 퀼트로 만드는 데 필요한 관심 어린 관찰과 이야기들은 너무나 희귀하지만 그렇다고 전혀 없는 것은 아니다. 우선 재현된 이야기들로 시작해보자. 이 글 초반에 소개한 영화 〈어웨이 프롬 허〉는 치매 환자의 삶을 세심하게 다룬 몇 안 되는 영화 중 하나다. 세라 폴리 감독의 이 영화는 (82세가 되던 2013년 노벨문학상을 받은) 캐나다 여성 작가 앨리스 먼로의 단편 〈곰이 산을 넘어 오다〉를 토대로 해 만들어졌다. 먼로가 이것을 책으로 묶어 낸 게 2001년, 70세 정도 되었을 때니 자신의 생애 단계적 경험과 감각에 이끌려 쓴 글이라고 할 수 있다. 감독인 세라 폴리가 이 단편을 영화로 제작했을 때 그녀는 겨우 20대 후반이었다. 20대란 '치매'에 걸린 '노년'을 이해하거나 상상하기에는 꽤나 젊은 나이다. 그러나 영화는 시종일관 성숙한 시선으로 알츠하이머에 걸린 사람의 '변화한' 모습과, 그럼에도 '단절이나 멈춤이 아닌 지속으로 남아 있을 수 있는' 정체성을 설득력 있게 그려낸다. 알츠하이머로 자신과 주변 사람을 더는 기억하거나 식별하지 못하는 사람이 단절되지 않고 지속적인 정체성을 지니는 것은 그/녀 자신의 노력이 아니라, 그/녀와 함께 같은 시공간을 살았던 사람이 건네는 지속적인 인정과 관계 맺기를 통해서 가능하지 않겠냐고 영화는 조용히 묻는다.

피오나는 요양원에 들어간 뒤 자신이 누구인지 망각한 상태에서 요양원의 남자 환자인 오브리에게 사랑의 감정을 느낀다. 그녀가 오브리에게 보내는 시선은 애틋하고 부드러우며, 그를 돌보는 손길에는 정성과 진심이 가득하다. 밥 먹을 때나 카드 게임을 할 때나 늘 오브리 곁에 머물며 그의 평온을 지킨다. 남편(이었던) 그랜트는 날마다 요양원에 가서 이 모습을 지켜본다. 피오나와 이야기를 나누는 시간은 짧고 내용도 교양 있는 사람들 사이의 친절한 호의 정도에 머문다. 피오나에게 특별한 사람은 새로 사랑에 빠진 오브리지 그랜트가 아닌 것이다. 그래도 날마다 자신을 보러 오는 그랜트를 두고 피오나는 "당신 참 고집스럽네요(persistent)."라고 말한다. 주의 깊은 관객이라면 피오나가 얼마나 여러 번 그랜트에게 이 형용사를 사용하는지 알아차릴 것이다. 그렇다. 그랜트는 고집스럽게 멈추지 않는다. 무엇을? 자신과 44년을 함께 보낸 피오나를 바로 그 피오나로 계속 대하는 것을. 즉 '피오나'라는, 그가 알고 있던 한 사람의 존재(Being)를 계속 존중하는 것을. 현재의 그녀를 있는 그대로 받아들이고 존중하지 않으면, 자신의 기억 속에서 그녀와 함께 숨 쉬고 있는 자기 자신도 존재하지 않게 된다는 걸 그는 느끼고 있다. 44년이라는 시간 속에 녹아 있는 일상과 감정과 취향, 배신과 후회와 용서, 망설임과 뛰어듦, 성격…… 이 모든 이야기의 주인공은 단수가 아니라 그와 그녀'를', 그리고 그와 그녀'가' 만든 복수임을, 알츠하이머에 걸린 피오나의 존재

됨에 자신의 존재 됨이 빚지고 있고 기대고 있다는 것을 느끼고 또 아는 그는 얼마나 현명한 남자인가. 그렇게 그랜트는 피오나의 뇌 속 접합 차단기가 여기저기 내려져 있어도, 그 작은 우주가 어둠 속에 잠겨 있어도 피오나가 계속 '의미 있는' 삶을 지속할 수 있게 돕는다. 그렇게 그는 그녀를 돌보며, 그녀와 함께 노년기를 보낸다.

이제 꼼꼼하게 관찰한 현실을 소개해보자. 나는 거의 20년이 넘게 치매 상태에서 사는 엄마를 곁에서 지켜보았다. 누군가가 귀중품을 훔쳐 갔다고 의심하고, 끊임없이 물건을 쌌다가 풀었다 반복하며, 길을 잃고 배회하는 등 치매 초기 증상부터, 단기 기억을 상실하고 똑같은 질문을 계속해서 반복하고 서서히 친지들 얼굴을 알아보지 못하는 중기 증상을 거쳐, 자식들 이름을 떠듬떠듬 불완전하게 떠올리는 것 외에는 어떤 것도 더 기억하지 못하는 말기 증상까지 엄마는 모든 치매 단계를 거쳤다. 대소변 같은 생리 현상을 자율적으로 통제할 수 없어진 건 이미 아주 오래전 이야기. 엄마는 아프다고 이마를 찡그리며 주위 사람들을 의심하고 화내는 '미운 치매'에서 모든 사람들에게 모든 기회에 '이쁘다, 고맙다, 감사하다, 사랑한다' 칭찬하고 미소 짓는 '이쁜 치매'로 옮겨갔다. 막내인 나는 엄마가 가장 오랫동안 유일하게 알아보고 기억하는 사람으로 남는 기쁨을 누렸다. 내가 막내딸이라는 것도 알고 이름도 기억했지만 다른 모든 기억은 사라진 상태에서 엄마는 묻고 또 물었다. 결혼은 했니? 아이를 낳았니? 몇을 낳았니? 어디에서 사니? 남편 밥은 해주고 왔니? 나는 그때그때 상황에 따라서 결혼을 했다고 말하기도 하고 혼자 산다고 말하기도 했다. 그러나 자식이 있느냐는 질문에는 항상, 셋이 있다,고 말하며 핸드폰에 저장되어 있는 나의 가족들, 즉 요꼬(강아지)와 토비, 꼬맹2(고양이) 사진을 보여주었다. 내가, 이쁘지? 물어보면, 엄마는, 잘생겼다, 말하며 웃었다. 아들 둘에 딸 하나라고 말하면, 똑 맞춰 잘 낳았네,라고 좋아했다. 강아지와 고양이가 인간과 다른 종임을 엄마가 아는지 모르는지 나는 모른다. 꼬치꼬치 묻지 않았다. 인간 중심으로 생명체를 이해하는 편협함에서 벗어나 '내 자식들'을 좋아하고 만족해하는 엄마가 매우 마음에 들 뿐이었다. 인간과 다른 종뿐 아니라 가끔은 남자와 여자의 구별도 엄마에게서 사라졌다. 누가 뭐래도 천오백 퍼센트 여자라고 할 수 있는 며느리를 보면서 "너가 여자냐? 남자냐?" 물었다. 그러면 나는 생물학적 성도 젠더의 효과라고 한 주디스 버틀러의 말을 떠올리며 웃었다. 이렇게 근본적인 지식이 사라져도 호기심은 사라지지 않는다. 그녀는 삶의 마지막 순간까지 방 밖 거실에서 노래 배우기 같은 공동 프로그램이 진행되면 열린 문 쪽으로 고개를 돌리고 귀를 세웠다. 나는 그런 엄마를 보며 호기심이 생명 일반의 특성임을 확인하곤 했다. 그럴 때면 가끔 요양보호사들이 엄마를 휠체어에 태워 거실로 나가 프로그램을 구경할 수 있게 해주었다. 그 모습을 찍은 사진이 한 장 있다. 나는 그 사진을 엄마에게 보여주며, 엄마, 마음에 들어? 물어보았다. 이게 누구냐? 엄마가 물었다. 엄마잖아. 엄마? 응, 엄마야. 이게 내 엄마야? 이렇게 해서 나는 한국어의 한계를 경험하기도 했다. 영어라면 It's you, 독일어라면 Du bist es,라고 하면 될 텐데, 한국어로 '이거 너잖아'라고 말할 수는 없지 않은가? '당신이에요, 어머니.' 이 말은 그녀에겐 너무 어려운 말이 되어버렸고 그래서 그녀는 자신의 사진 속 얼굴과 영원히 만나지 못하는 시간을 살았다. 그러나 그런들 어떤가?

매번 엄마를 만날 때마다 '그날의 문장'이 있었다. 몇 시간이고 그 문장이 반복된다. "내 딸이라서가 아니라 정말 이쁘네. 코도 눈도 눈썹도 이도 다 너무 이뻐."라거나 "오늘 나랑 같이 자고 내일 우리 집 가자. 내가 바닥에서 잘 테니 여기 침대에서 자."라거나 "내가 죽기 전에 너희 집 가서 살다가 죽으면 소원이 없겠는데."라거나. 나와 그녀가 등장인물인 그 시간 그곳에서의 드라마는 이렇게 반복되는 그녀의 문장과 그에 대한 나의 답 문장들로 이루어지곤 했다. 엄마의 문장은 동일하게 반복되지만 나의 대답은 여러 갈래로 변주될 수 있었다, 내가 지치지만 않으면. 대부분 나는 한 시간 정도 엄마의 문장을 토대로 삼아 엄마와 나름 다양한 대화를 나누었다. 적어도 두 번 정도는 나의 대답과 질문에 엄마가 응답하고 다시 본래의 문장으로 돌아가는 식으로 대화는 이어졌다. 언어 능력이 완전히 사라졌다고 해서 더는 언어적 존재가 아니라고 할 수 없는 것이다. 고양이나 개가 언어적 존재가 아니라고 할 수 없는 것처럼 치매가 극단적 상태에까지 이른 사람도 언어적 존재가 아니라고 할 수 없다고, 나는 엄마와 함께 한 시간씩 이야기를 나눌 때마다 느꼈다. 언어 능력, 혹은 언어적 존재에 대한 '비-치매인들 중심'의 정의나 생각 자체를 바꿀 필요가 있는 것이다.

실제로 나만 이런 생각을 하는 게 아니다. 2006년 밀워키와 뉴욕의 요양 센터에서 치매 노년들과 함께하는 스토리텔링 프로젝트가 진행되었다.[37] 치매 노년들이 둥근 원을 그리며 앉아 있고 이들에게 몇몇 단어나 문장이 적힌 카드가 제시된다. 한 사람이 느낌이나 아이디어를 전하면 다른 사람들이 그것을 잇는다. 이 조각보 이야기를 짜는 데 중요하지 않은 것은 아무것도 없다. "바바바바" 같은 의성어, 반복되지만 연결성은 없는 단어나 문장, 눈의 깜빡임까지 모두 구성 요소가 된다. 등장인물의 동질성도 기승전결도 일관성도 없다. 그러나 한 편의 텍스트가 짜인다. 이 프로젝트는 언어/능력, 텍스트 등에 대한 기존의 관념을 진지하게 다시 생각하게 만든다. 문법에 맞고 목적이 있는 읽기와 쓰기, 듣기로서의 언어/능력에서, 표현과 '함께하기(doing together)' 행위로서 언어 '활동'으로 관심의 초점을 이동해보자. 치매 환자들은 누구 못지않은 언어적 주체다. 언어가 기본적으로 표현이라는 한 축과, 메시지의 송신-수신으로 이루어지는 소통이라는 또 다른 축으로 이루어진다면 적어도 표현의 차원에서 우리는 치매 노년의 언어 행위에 동참할 수 있을 것이다.

치매에 걸린 상태에서 어떤 경계적 삶을 산다는 것은 혼자 힘으로는 넘어설 수 없는, 여기저기 널린 미세한 덫들과 매 순간 대결한다는 것을 의미한다. 주변 사람들이 치매 상태의 삶 또한 '저곳'이 아닌 '이곳'의 삶이라고 인정하고 치매 환자와 적절하게 관계를 맺는다면 그 대결은 그렇게 어려운 것만은 아닐 수도 있을 것이다. 치매 걸린 엄마와 함께 20여 년의 시간을 보내며, 엄마가 사는 요양원의 치매 걸린 다른 노년들을 보며 나는 자주 생각했다. 탄생에서 죽음까지 지속적으로 변화하며 존재하는 생명체와, 그 모든 변화를 일으키는 시간에 대해 각성할 수 있다면, 우리는 치매 걸린 사람들이 시간적 존재로서 살아내고 있는 삶의 지점에 대해 더 깊이 느끼고 교감하게 될 것이다. 치매에 대한 공포는 사실 사람과 사람 사이의 사심 없고 진정한 교류가, 모멸감과 치욕을 걷어내줄 그 관계가 사라진 지금의 우리네 삶에 기인하는 것일 수도 있다. 정상성과 시장, 사회적 이해관계를 매개로 하지 않는 교류가 얼마나 불가능한지, 그것을 너무나 잘 알기에 품게 된 두려움과 공포일 수도 있다.

　　2002년 일본에서 만들어진 영화 〈소중한 사람〉은 10년 동안 공동체 상영을 통해 200만 관객을 동원하고, 지금도 한 달에 두세 번은 상영된다고 한다. 치매에 걸린 사람에 대한 실질적 관심이 그만큼 크기 때문일 것이다. 알츠하이머병을 앓는 시어머니와 그녀를 돌보는 며느리가 겪는 갈등과 화해의 과정을 담고 있는 〈소중한 사람〉은 며느리가 실제 경험을 기록한 간호 일지에 토대를 둔 것이다. 마쓰이 히사코 감독은 "마치 아이에게 말하듯 연신 웃으면서 부드럽게 리드하는 며느리와 그 며느리에게 절대적인 신뢰를 보내는 시어머니, 그런 두 사람의 모습이 내게는 너무나 아름답게 느껴져 스크린으로 옮길 것을 결심했다."고 한국 상영회 때 말했다. 영화는 이런 신뢰 관계가 형성되기까지 시어머니와 며느리가 어떤 불신과 불안, 오인을 지나왔는지 촘촘한 묘사로 성찰한다. 〈소중한 사람〉은 여성주의 관점에서, 특히 '며느리'의 위치에서 봤을 때 '자기 어머니'를 돌보는 일에 무관심할 뿐 아니라, 어머니와의 갈등 때문에 심신이 완전히 지쳐버린 아내를 이해하기는커녕 짜증으로 반발하는 아들/남편 때문에 몹시 언짢은 영화이기도 하다. 그러나 서로에게 신뢰와 교감이 형성되기까지 시어머니의 치매와, 또는 치매에 걸린 시어머니와 치열하게 대면하는 며느리의 모습은 '치매와 함께 사는' 것이 어떻게 가능해지는지에 대한 하나의 교본이다.

82세 생일 날, "엄마 요즘은 장수하는 시대야. 나는 엄마가 좋으니까 90까지 살아봅시다."라는 내 말에 "아이고 끔찍하다, 그런 말 하지도 마라, 자식들 고생시키게 그 무슨……."이라고 말했던 엄마는 2014년 어느 날 "나, 조금 더 살아도 될까? 여기서[38] 사는 게 참 좋은데."라며 수줍게 양해를 구하듯 물었다. "엄마 행복해?"라는 나의 물음에 "응, 좋아. 다 좋아."라는 대답과 함께. 일제 식민지 시절 만주에서, 한국전쟁 전 북한에서, 그리고 1·4 후퇴 이후 남한에서 실향 이주민으로 온갖 고생을 다 겪으며 살아왔던 엄마는 2017년 94세로 돌아가시기 전까지 요양원에서 보낸 몇 년간 가장 행복하고 평화로운 시간을 보내신 게 아닐까. "우리가 궁극적으로 죽어 가면서 평화로울 수 있다면, 마침내 진짜 어려운 것, 즉 살아가는 것과 화해하는 일을 할 수 있다."던 모리의 말을 떠올린다. '의식' 있는 모리가 한 말을 '치매'에 걸린 나의 엄마는 나날의 삶으로 살아내며 보여주었다. 이들이 함께 전하는 지혜는 치매에 대한 공포에 해독제가 될 수 있지 않을까.

(노인요양시설과 요양원에서, 그리고 방문한 가정에서 '최선을 다해', 아니 '최선을 넘어서' 치매 노년들을 돌보는 모든 돌봄 노동자분들께 깊이 감사드린다.)

그곳에 노년이 '살고' 있다
—
누구를 위한 노인요양시설인가

시간이 멈춘 자리에서 묻다

2020년 코로나바이러스 '재난'의 시기를 보내며 늘 마음 한구석에서 떠나지 않던 장소가 있었다. 노인요양시설이다. 노인요양시설은 고령자들의 감염 위험 때문에 그동안 내내 '봉쇄' 상태에 있었다. 예방적 코호트 격리나 코호트 격리를 하지 않을 때에도 면회와 외출, 그리고 문화 프로그램을 진행하던 자원 활동가들의 방문이 금지되었다. 이 모든 관계가 금지된 '그곳'에선 어떤 '삶'이 지속되고 있을까. 싫든 좋든, 유치하든 고상하든 일주일에 한두 번씩 진행되는 문화 프로그램은 외부인들과 흥겨운 교제가 일어나는 유일한 시간인데, 그 모든 방문이 멈춘 그곳의 시간은 어떻게 흐르고 있을까. 하루하루 최선을 다해 '존엄한 생'을 살려는, 살게 하려는 어떤 시도들이 있을까. 막연한 걱정은 8월과 9월에 코호트/예방적 코호트 격리를 실행한 노인요양시설들의 실태 조사를 하고 나서 더욱 구체적인 불안과 염려로 굳어졌다. 인터뷰를 했던 경북의 한 요양원 원장은 비접촉의 시간이 '어르신들'에게 무엇을 의미했는지 다음과 같이 설명했다.

일단은 어떻게 됐든 어르신들하고 면회는 차단이 되는 상태가 됐고, 그러면 저희들이 할 수 있는 게 뭡니까? 통신으로밖에 할 수 있는 부분밖에 없는데 그것도 나중에 태블릿 PC인가 시설마다 하나씩 주는 그걸 갖고 어르신들이 해야 되는데 그쪽에 연세 드신 분은 그걸 제대로 못 하는 입장이에요. 그런데 일단 그걸 하라고 하니까 결국은 해야 되는 부분이니까 보면 그래도 어느 정도 인지가 되는 사람은 내 딸을 알아보는데 인지가 전혀 안 되는 이분들한테는 손 한번 잡아줘야 되는 가족분들한테는 저희들은 완전 죄인인데, 국가가 할 수 있는 역량은 뭐냐면 '잠잠할 때까지는 안 된다'는 이야기예요. 지금도 똑같아요. 지금도 면회는 사절이고 비접촉, 그러니까 유리를 하나 놔두고 만나는 거거든요. …… 어르신들은 표현을 못 하는 것이지 이거는 말할 수가 없죠. …… 인지가 조금 떨어져도 그 가족들과 눈을 마주칠 줄 알아요. 그런데 눈을 마주칠 때 손을 잡아주는 것하고 손을 잡지 못하는 것하고 차이가 있죠. 왜냐하면 누워 있는데 그분은 못 일어나잖아요.[39]

일상적으로 반복되던 '자가 격리'라는 말을 들을 때마다 침묵과 고립 속에 무겁게 가라앉은 요양시설의 복도와 방들이 떠올랐고, 상상만으로도 그 우울한 분위기에 압도되었다. 할머니, 할아버지를 또는 어머니, 아버지를 계속 만나지 못하다가 결국 '끝내 손 한번 잡아보지 못한 채' 이별을 했다는 사람들 이야기를 여기저기서 들었다. 요양시설에서 오래 지내다 돌아가신 엄마의 꿈을 꾸기도 했다. '손 한번 잡아보지 못한 채.' 그게 뭐 그리 대단하다고? 이렇게 생각할 수도 있다. 초고령화 시대에 늙어 가며 죽음을 맞이하는 과정은 길고, 이별 역시 매번 가능할 때마다 해 두는 것이 좋다는 것은 고령자를 곁에 둔 사람들의 기본 지혜가 되고 있지 않은가. 그러나 '마음의 일'은 그렇게 간단하지 않으니, 내게 이 '손 한번 잡기'는 매우 강렬한 전율을 불러일으키는 사건이기도 하다.

정기적으로 노인요양시설을 방문하던 시기가 있었다. 엄마가 '중증 치매'를 앓았기 때문이다. 엄마를 만나러 가면 머리를 빗기고 손톱과 발톱을 깎아드리면서 엄마가 반복해서 묻는 질문에 답하거나, 엄마가 즐겨 부르던 찬송가를 함께 들었다. 간식 시간에 맞춰 가면 가져간 과일이나 케이크를 같이 먹었다. 마음이 너덜너덜한 날에는 잠시 그 품에 안겨 있기도 했다. 그리고 언제나 같이 있는 내내 손을 잡고 있었다. 아주 가끔 엄마와 한방을 쓰시는 다른 할머니들의 손도 잡곤 했는데, 그것은 용기가 필요한 일이었다. 내 손을 너무나 꽉 잡고 놓지 않으려 해서 결국에는 강제로 그분들 손가락을 하나하나 떼어내다시피 해서 손을 빼내야 했기 때문이다. 그럴 때마다 죄책감에 사로잡혔다. 바스라질 것처럼 마른 몸, 말 그대로 뼈만 남은 앙상한 손 어디에 그런 힘이 숨어 있는 걸까. 매번 심리적으로 감당하기 어려웠던 그 '손아귀' 힘의 감각을 지금도 잊지 못한다. 무엇을 그렇게 놓지 않고 싶었던 것일까. 손 한번 잡는 것의 의미는 그렇게, 한두 문장으로 설명되지 않는 어떤 근본적이며 비밀스런 무엇이 되었다. 고령자는 서서히 죽음을 향해 가고, 이별 또한 늘 준비된다고 해도 '손 한번 잡는' 행위는 언제나 깊은 갈망으로 남아 있다.

'예방'과 '보호'를 위한 가장 손쉬운 방식이 격리다. 그런데 이 격리가 무엇을 얼마나 더 악화시키는지, 어떤 고통을 더 만들어내는지, 그렇지 않아도 '붙잡을 무엇이 없어' 불안한 몸들의 삶은 얼마나 더 불안해졌는지 깊이 생각한다면, 가장 손쉬운 방식 말고 다른 방식을 찾아냈어야 하는 것 아닐까. 한두 달이면 끝나겠지, 생각할 땐 그럴 수도 있었겠지만 재난이 장기화된다는 것을 알아차렸을 때부터는 다른 방도를 고민했어야 하지 않았을까.

노인요양시설은 어떤 곳이며, 이곳에 입소해 있는 노인들은 누구인가, '일반 시민들'은 이들을 어떻게 느끼고 생각하고 이해하는가. 코로나 재난이 사회에 던진 근본적인 질문 중에는 이 질문도 묵직하게 자리 잡고 있다.

대안은 없다?

빠른 속도로 초고령화가 진행 중인 한국 사회에서 나이 들어 가는 사람들이 가장 두려워하는 것은 '치매'에 걸리는 것과 '노인요양시설'에 들어가는 것이다. 지금은 체념이 주요 정조가 되고, 그만큼 '이 불행이 제발 나에게만은 닥치지 않기'를 염원하는 마음도 깊어지고 있지만, 불과 20여 년 전만 해도 일반인들의 의식 속에서 요양시설 입소는 '고려장'과 다르지 않았다.[40] 속으로는 어떻게 생각하는지 몰라도 남들 앞에서 고려장이라는 단어를 입에 올리는 사람은 이제 드물다. 그만큼 '원하지는 않지만 어쩔 수 없는' 일이라는 합의가 마련된 셈이다. 자발적이라기보다는 강제적인 면이 훨씬 더 크지만 합의는 합의다. 이것은 달리 말하면, 의존적인 상태에 있는 사람의 돌봄을 가족 내 한두 사람이, 특히 여성이 전적으로 책임질 수는 없다는 사실에 대한 합의라고 할 수 있다. 노인장기요양보험과 노인요양시설은 노인이 아니라 노인을 돌보는 사람들을 위한 것임을 잊지 말자. 사회나 국가는 기회가 있을 때마다 여전히 효(孝)를 강조하지만, 이 제도는 돌봄의 탈가족화를 목표로 삼는 것이다. 그럼에도 가족이 있는 사람들은 '의존이 필수가 되는 그 상태'를 자신의 일로 적극적으로 상상하는 일을 계속 유예한다. 반면에 비혼을 선택한 사람들, 혈연을 앞세워 돌봄을 요청할 마음이 없는 사람들은 '요양시설이 나의 마지막 생의 처소가 된다면'이라는 질문과 마주서는 훈련을 더 자주 하려고 노력한다. 나 역시 '내가 갈 곳으로 요양시설 상상하기'라는 화두를 곁에 두고 산다. 그런데 2008년 노인장기요양보험 제도가 실시된 이래로 요양시설의 상업화/산업화는 점점 더 노골적으로 심해지고, 지자체들이 실천할 의지도 없으면서 큰소리로 선전하는 '정든 마을에서 늙다 죽기'라는 슬로건은 그만큼 더 유사 매력을 뿜낸다. 코로나 재난 시기는 요양시설에 걸었던 최소한의 희망조차 배신 외에는 돌려받을 게 없음을 확인하는 절망의 시간이기도 했다.

사람이 나이 들어 '노인'이 되는 건 21세기에 갑자기 생긴 일이 아니다. 탄생에는 성장과 소멸이 자동적으로 이어진다. '노인이 된다'는 것은 고대에서부터 현재에 이르기까지 언제나 마음을 단단히 먹고 직면해야 하는 일이었다.[41] 그러나 길어진 수명 '덕분'에 이 직면은 더욱 복잡하고 어려운 것이 되었다. 질환으로 인한 고통을 감내해야 하는 시간도 길어질 뿐 아니라, 그 시간 동안 서로 알아보는 사람들이 점차 사라져 자신의 정체성조차 희미해지는 문제도 있다. '여윳돈'이 전혀 없는 채 노년기를 맞으면 빈곤과 무기력의 악순환에 빨려 들어가기 십상이다. 빈곤하면 고립과 그에 따른 외로움도 커지고, 생을 포기하게 만드는 무기력증 또한 심해진다.[42] 여기에 인지장애가 온다면 상황은 더욱 곤란해진다. '노망'으로 불리던 정신의 상태가 1~2년, 길어봤자 3~4년 지속되던 과거와 누구든 대략 십여 년을 의존적인 상태로 살 각오를 해야 하는 지금은 상황이 매우 다르다. '자연사' 과정의 일부로 여겨졌던 '노망'이 뇌세포의 손상 때문에 생기는 '질병', 게다가 완치가 불가능한 '질병'임이 밝혀지면서 이 병에 대한 두려움과 공포는 집요하고 항상적이 되었다. 늙으면 '어린아이'가 되기도 한다고 생각할 때는 번거롭고 힘들지언정 끌어안고 견딜 수 있는, 본질상 예사로운 일이었던 것이 이제는 호시탐탐 마음의 안녕을 휘젓는 악몽이 된 것이다.

100세 시대에 '노인이 된다'는 것과 결부된 이 모든 문제들은 서로 조율되지 않은 채 지속적으로 당사자뿐 아니라 가족을 포함한 주변 사람, 혹은 사회나 국가의 '부담'으로 명명된다. 사회에서 '부담'으로 간주되는 사람들은 통상 '취약 계층'이라는 미화된 온정주의의 호칭으로 불리며 이름도 얼굴도 서사도 없이 숫자로 '다뤄'지곤 한다. 노인도 취약 계층으로 분류된 지 이미 오래다. 전 세계 코로나 사망자 통계가 가리키듯이 노인요양시설의 노인들은 코로나 재난을 가장 '치명적으로' 겪는 사람들이지만, 이들은 늘 숫자로만 등장한다. 생애사를 구성하는 생의 굽이들과 거기에 깃든 이야기들은 다 사라진 채 감염자 수, 사망자 수의 숫자로만 기록되어 '보도'된다. '그곳에서 죽은 사람'은 있는데, '그곳에서 살던 사람'은 없다. 요양'시설', 즉 특정 제도 안에서 존재 양태가 삶에서 죽음으로 바뀌었는데, 그 바뀐 과정에 대해 어떤 책임 있는 혹은 진심 어린 해명도 없다. 납득하기 힘든 모순이다. 그런데 이 모순은 별다른 아우성 없이 통과된다. 재난 시작 후 10개월이 지난 2021년 1월 6일, 청와대 국민청원 게시판에 올라온 글, "정부는 왜! 코호트 격리하고 방치하고 사망하게 했는지! 해명과 책임을 촉구합니다."는 거의 예외에 속한다. 코호트 격리된 서울 구로 미소들 요양병원에서 사망한 환자의 유족이 작성한 청원문은 이러한 사태를 정확하게 지적하고 있다.

K방역이 우수하다고 선전하고 있을 때, 누워만 계셨던 어머니는 코로나19에 걸려 방치됐다. 제대로 된 케어 한번, 치료 한번 못 받았다. …… 노인들을 손 한번 쓰지도 못하게 코호트 격리로 방치한 채 그렇게 돌아가시게 한 이유가 무엇인지 해명해주시지요. 장비와 치료약도 전해주지 않은 채 갇혀서 알아서 하라니요.

이런 상황에서 의견을 낼 책임이 있는 사람들이 정동적 동요 없이 한두 마디 논평으로 제 할 일을 다했다고 생각한다면, 그것은 사회 전체가 일종의 최면 상태에 빠져 있다는 증거이거나, 오피니언 리더를 포함해 대중 모두가 의식하지 못한 채 '노인 방치'의 공모에 가담하고 있다는 증거 아닐까.

치매 노인은 세 가지 망상에 시달린다. 전문가인 정지향 이대 서울 병원 신경과 교수의 설명이다. 누군가 내 물건을 훔친다는 착각, 배우 자가 부정(不貞)을 저지른다는 오해, 그리고 가족이 자신을 팽개쳤다 는 '버림 망상'이다. 지금 우리나라 요양병원 1657곳에 있는 치매 환자 들은 배우자와 자식에게 고려장을 당했다는 망상에 고통받는다. 코로 나19 확산을 우려해 요양병원 환자는 가족조차 면회를 금지한 결과다. …… 정부 관계자는 '가족 간병인의 외출을 금지한 적 없다'고 말했다. 요양병원들은 '물정 모르는 얘기'라며 답답해한다. 보건복지부·질병관 리청이 공문에 '요양병원 치매 노인은 고려장을 지내라'고 적진 않았다. '병문안 등 금지' 지침을 내리고 이를 위반해 감염이 발생하면 '추가 방 역 조치에 따른 손해배상 책임'이라고 경고했을 뿐이다. 현장에선 이를 '혈육도 차단하라'는 지시로 해석한다. '미필적 고의에 의한 고려장'인 셈이다.[43]

'예방'과 '보호'를 위해 가장 손쉽게 채택할 수 있는 '격리'를 멈추 고 접촉과 관계 맺기가 가능한 다른 대안을 마련하라고, 요양병원에 책임을 다 떠맡기지 말고 정부야말로 제대로 책임을 좀 지라고 촉구하는 논설이다. 정말 필요한 촉구다. 그러나 이 칼럼에도 치매 노인에 대한 사회의 편견, 혹은 거리 두기가 드러난다. 3대 망상 등으로 치매 환자들의 삶을 요약하고 정리해버리는 것도, '고려장'이라는 용어를 맥락 없이 사용하는 것도 의아하다. '치매 환자'의 증상에도 서사가 있고 감정과 생각, 구조가 있다. 살아온 이력이나 취미 생활에 따라, 인성에 따라, 치매 걸리기 이전의 몸 단련 상태에 따라 치매 환자가 둘레 세계와 관계 맺는 방식이나 일상 수행의 양상은 달라진다. 치매 환자도 자기만의 고유한 '삶'을 산다. '치매 노인'을 몇몇 대표적인 증상 유형으로 묶어 '취약 계층'으로 호명하는 방식은 이들이 살아온 삶과 현재적 삶을 지워버리고, 이들을 삶으로 분주한 '비치매 노인들'과 분리한다. '미필적 고의에 의한 배제와 차별'인 셈이다.

치매 걸린 상태에서 '사는' 사람들에 대한 구체적 묘사와 기록이 적지 않다. 치매 증상이 나타나기 시작한 당사자의 기록뿐 아니라, 치매 환자를 곁에서 돌본 사람의 기록들은 특별한 '상황적 지식'으로서,[44] 추상적으로 막연히 치매를 두려워하는 사람들에게 좀 더 밀착된 이해와 상상, 감응의 기회를 준다. 프랑스 소설가 아니 에르노가 요양원에서 치매를 앓다 돌아가신 어머니의 2년을 기록한 글도 사려 깊은 관찰의 예시다.

나는 손을 씻기고, 얼굴에 난 털을 제거하고, 향수를 뿌려줬다. 하루는 머리카락에 솔질을 해주기 시작했다가 중단했다. 어머니가 말했다.

'난 네가 내 머리를 만져주면 아주 좋아.' 그 뒤로 늘 머리 솔로 머리카락을 빗겨줬다. 나는 그녀의 방에서는 그녀와 마주 보고 앉았다. 종종, 그녀는 내 치맛자락을 쥐고 고급 천인지 아닌지를 알아보려는 듯 만지작거렸다. 그녀는 턱에 힘을 주고 과자 포장지를 힘차게 찢어발겼다. 돈과 고객 이야기를 했고, 머리를 뒤로 젖히면서 웃어댔다. 그것은 그녀가 항상 보여줬던 몸짓들이었다. 그녀의 인생 전체로부터 흘러나오는 말들이었다. 나는 그녀가 죽기를 바라지 않았다. 나는 그녀를 먹이고, 만지고, 그녀의 이야기를 듣고 싶었다.[45]

아니 에르노는 사적 성장의 매우 내밀한 경험을 사회문화자본 등 계급 구조 속에 배태된 집단적인 것으로서 기록하는 소설을 써 왔다. 《남자의 자리》, 《한 여자》에서 그는 노동자에서 소상인으로 계층 이동을 해 카페-식료품점을 운영한 아버지와 어머니의 생애를 민속지학의 방식으로 꼼꼼히 기록했다. 앞에 인용한 글은 그의 어머니가 중증 치매를 앓고 있을 때에도 소상인의 자리에서 평생 분투하며 살아온 생의 구체적인 면모들을 체화된 감각으로 표현하고 있음을 보여준다. 치매로 고통받는 지금의 어머니는 노르망디의 소읍 이브토에서 카페-식료품점을 운영하며 엄격하게 자신과 딸을 지키려 했던 그 여성과 같은 자아(selfhood)인 것이다. 치매 환자이건 비치매인이건 자아는 독립된 개별자의 내적 인지 능력이나 자율적인 행동이 아닌 상호 인정과 상호 지지 속에서 형성되고 유지된다. 상호 인정과 상호 지지의 기초가 되는 것은 접촉이다. 치매를 앓는 어머니를 돌보면서 에르노가 거듭 확인하는 것 역시 "살아 있다는 건 어루만지는 손길을 받는다는 것, 즉 접촉을 한다는 것"이라는 사실이다.[46]

치매 노인 인구가 늘고, '치매 노인임'이 모든 사람의 '어쩌면 이미 와 있는 미래'일 수 있는 현재, 우리 모두에게 필요한 것은 차이에 대한 올바른 질문과 이해, 그리고 돌봄에 대한 시민적 각성이다. 우리 모두는 시민으로서 각자의 자리에서 돌봄의 책임을 느끼고, 돌봄의 역량을 키우고, 돌봄을 수행해야 한다. 그냥 한번 해보는 것이 아니라, 삶 전체를 돌보고 돌봄받는 실천 행위들의 이어짐으로 살아야 한다. (돌보는 것뿐만 아니라 돌봄받는 것 또한 연습과 상호 배려, 권력 관계의 이해 등이 필요한 행위임을 잊지 말자.) 안전하고 안녕한 자리에서 손쉽게 꺼낸 비유로 비평을 하는 게 아니라 동료 시민인 '나의 일'로 느끼고 고민하고 해결책을 함께 모색하는 행동이 시급하다. 이 해결책 모색에는 요양시설에서 생의 마지막 시간을 '사는' 것이 과연 가능할까라는 짙은 의혹과 함께 하루라도 빨리 탈시설 운동을 시작해야 하는 것 아닐까라는 질문도 포함되어야 한다. 의혹이든 질문이든, 나태한 타협을 경계하고 급진성으로 추진하는 행동주의의 일환이어야 한다. 요양시설의 존재 자체가 '노인 학대'를 의미하지는 않는다. 그러나 요양시설을 '누군가는 기꺼이 가고 싶은 곳'으로 만들어내야 한다는 사회적 다짐이나 의지가 단지 말뿐인 당위론에 머문다면? 그리고 그것이 사회 구성원인 시민들이 타자화된 취약 계층 만들기에 공모하고 있거나 혹은 아예 관심이 없어서라면? 요양시설의 존재 자체가 '대안은 없다'는 주문에 꼼짝없이 걸려든 결과라면? 그렇다면 요양시설은 노년 '인권 침해'의 구조 속에 갇히게 된다. 지금 어떤 전환을 기획해야 하는가? 질문이 날카롭게 깊어진다. 허위의식에 빠지지 않고 이 질문에 답할 수 있으려면, 노년 문제는 바로 권력의 문제이며 계급의 문제이고, 또 오랫동안 남자의 문제였다는 사실을 잊지 말아야 한다.

노년 문제는 돌봄 분배의 문제다

보부아르의 《노년》에 따르면, 기록의 역사가 시작된 이후로 노년에 '관한' 생각들은 주로 언어/권력을 소유한 계층에서 전개되었으므로, 담론으로서 그리고 정치경제 의제로서 노년의 문제는 현대에 이르기까지 권력을 지닌 지배 계급 내부의 남자들 문제였다. 더 정확히 말하자면, 나이가 서로 다른 남자들 간의 권력 배분, 혹은 다툼의 문제였다. 남자보다 오래 살고, (아이를 돌보고 살림을 함으로써) 가족을 비롯해 공동체에 더 쓸모 있는 여자들은 사생활 영역이나 개인의 경험 관점에서는 명실상부한 노년이었지만, 담론 차원에서 이들은 고찰이나 사색의 대상이 될 수 없었다.[47]

노쇠가 시작되는 나이는 언제나 그 사람이 속한 계급에 따라 다르다. 여자들, 그리고 소외되고 착취당한 계층의 남자들은 힘겨운 노동 때문에 몸의 손상이나 기능 저하를 빨리 경험하기도 하지만 사회적 영향력이나 소속이라는 관점에서도 서둘러 무가치한 잉여 존재로 퇴출된다. 보부아르가 보기에 노년 문제에서 "가장 중요한 사실은 노인들의 지위는 스스로 '획득되지' 않고 '부여된다'는 것이다."[48] 한 인간이 노년에도 존중받는 인간으로, "고립된 미립자로 무력화"되지 않고 사회 구성원으로 남아 있으려면 사회를 바꿔야 한다는 말로 보부아르는 '노년 (담론) 연구'를 마무리 짓는다. 침묵의 공모 속에서 개인의 사회적 지위를 생산성과 권력에 따라 결정짓는 체제 전체를 바꿔야 한다는 것이다. 그러나 담론 중심으로 수행된 보부아르의 '노년 문제' 탐색이 결정적으로 놓친 것이 있다. 바로 돌봄이다. 노년 문제를 돌봄의 문제로 보면, 노년 문제는 남자의 문제가 아니라 여자의 문제가 된다. 역사 속에서 돌봄을 수행한 사람들은 언제나 여자였기 때문이다.

취약한 몸, 돌봄이 필요한 의존적 몸, 그리고 돌보는 몸이 노년(의 삶과 정체성) 이해나 연구에 필수라는 것은 지금으로선 어느 정도 상식으로 받아들여지기도 하지만, 이 관점은 여전히 부분적으로만 채택되고 있다. 코로나 재난 시기에 '돌봄 노동'이 필수 노동으로 조명되면서 새로운 가치와 의미를 부여받고 있지만, 충분히 급진적으로 사유되지는 못하고 있다. 요양시설을 노인들이 격리되고 고립된 상태에서 단지 죽음을 기다리는 곳이 아니라, 존엄한 삶을 치열하게 사는 곳으로 만드는 것은 돌봄 종사자들의 마음 씀, 알아차림, 돌보는 손길 덕분이다. 이들은 노인들과 가족 친지들, 그리고 노인들과 의료진 사이를 연결하며 최소한으로 축소된 노인들의 몸 움직임과 기능, 그리고 말을 소통 가능하고 의미 있는 '삶의 활동'으로 만든다.

요양시설을 입소자 노인의 관점에서 점검하려면 '돌봄 자원'의 부족 현상과 분배 현황을 곰곰이 살펴야 한다. 코로나 재난 시기에 요양시설 거주가 '고려장'이 되고 있다면, 그것은 돌봄을 받는 노인, 돌보는 노동자들, 그리고 요양시설을 정기적으로 방문하며 조/부모를 돌보는 가족, 돌봄 노동자를 돌보는 사회와 국가가 서로 연결되어 있는 '돌봄 체계'가 제대로 작동하지 않기 때문이다. 그러나 이 체계 안에서 각각의 당사자들이 주체성을 지니고 책임을 조율하면서 삶이 가능한 생태계를 만드는 일은 지금으로선 너무나 아득하고 먼 이상인 것 같다. 노인들은 격리되고 고립되고 방치되고 있으며, 돌봄 종사자들은 허울 좋은 찬사 뒤에서 착취당하고 있고, 가족들은 사회 전체에 걸려 있는 '어쩔 수 없잖아, 조금만 기다려'라는 방역 시민 규율의 덫에 걸려 있다. 생산성 논리와 화폐 권력의 지배에 늘 지는 사회는 상호 의존, 공동 책임의 연대로 나아가지 못하고, 국가는 '살게 만들고 죽게 내버려 두는' 근대 권력의 통치성에 충실하다. 누구를 살리고, 누구를 죽게 내버려 두는지는 이제 다들 알 만큼 안다. 그런데 '왜?'라는 질문은 터져 나오지 않는다. 치매 노인은 누구인가? 요양시설은 어떤 곳인가? 치매 노인은 시설이 아닌 '집'에서 살다 죽음을 맞이할 수는 없는가? 이런 질문들이 반복해서 제기되고, 지속적으로 토론거리가 되고, 시민 모두가 지켜내는 '심오한' 세계관과 포기할 수 없는 인권의 의제가 되길 희망한다.

2부

나이 듦에 대한
다른 상상

사모곡

—

딸이 어머니에게 바칩니다

엄마-영혼(없이)-홀로[1]

밤마다 나는 엄마의 수면 양말을 신고 자리에 눕는다. 양말 속에서 발가락을 꼼지락거린다. 꼼지락거리면서 그녀의 발과 접촉하려 한다. 그녀가 마지막까지 신고 있던 이 양말 속에서 나는 그녀의 체온을 느끼려 한다. 그녀의 손을, 얼굴을, 어깨를, 가슴을 만나려 한다. 어떻게든 다시 한번 그녀의 몸에 가닿으려 한다. 뼈만 앙상하게 남았지만 따스한 작은 새처럼 내 손에 폭 깃들던 그녀의 손. 점점 작아져 타원형의 검은 점이 되었지만 감사와 호기심으로 빛나기를 멈추지 않던 그녀의 두 눈. 조금만 힘을 줘도 바스라질 것처럼 앙상하던 그녀의 어깨. 그리고 공기 빠진 풍선처럼 가볍게 처져 내리던 그녀의 가슴. 보라색 줄무늬가 있는 수면 양말에 두 발을 집어넣고 이렇게 나는 이제더는 내 곁에 있지 않은 그녀의 몸을 만지려 한다.

엄마,라고 불러본다. 그러나 '엄마'는 깊은 동굴 속에 갇힌 신호처럼 머릿속에서 맴돌 뿐 소리가 되어 나오지 않는다. 엄마,라고 부를 때 고개를 돌리며 낯선 손님을 의혹 없이 반기듯 미소로 화답하던 그녀가 부재하기에 이제부터 나는 영원히 '엄마'라는 부름말의 결핍을 견뎌야 한다. 이제 다시는 부를 수 없는 이름. 엄마라는 명사. 명사이면서 그 어떤 다른 언어로 대체할 수 없는 가장 고유하고 내밀한 고유명사인 이 언어. 이 고유/명사를 소리 내어 말할 때 나는 그 어떤 중간항의 매개 없이 곧바로 '엄마'의 의미를 이해할 수 있어 행복했다. 어떤 소외도 용납하지 않는, 어쩌면 몸이 된 말이라고 부를 수 있을 고유/명사였다. 그 '엄마'를 부르며 나는 기꺼이 존재의 태곳적 자궁 안으로 퇴행해 들어갔다. 이제 내게서 이 고유/명사는 영원히 상실되었다. 엄마,라고 소리 내어 부를 때의 그 따뜻하고 달큰하고 아삭아삭한 맛. 소외되지 않고 온전했던 그 의미의 맛. 사과를 씹는 것 같았고, 푹 빠지고 싶은 깃털 웅덩이 같았다. 이제 엄마는 어느 곳에 있는가. 그 엄연하던 현존과 이 엄연한 부재의 간극. '엄마'의 '존재'를 빼앗기지 않으려 나는 이 냉정한 경계선을 어떻게든 이해하려 안간힘을 쓴다.

죽음 앞에 깨어 있으라

마지막 몇 번의 만남에서 내 손에 맡겨진 엄마의 손은 차갑고, 그래서 안쓰럽고 애처로웠다. 혈액 순환이 안 돼서 늘 손발이 찬 내가 왜 엄마의 손이 그토록 찬 것을 의아해하지 않았을까. 왜 나는 그 차가

움이 전하는 메시지를 제대로 수신하지 못했을까. 찰나에 빈틈이 생겼고, 그 틈새로는 무엇이든 스며들 수 있었다. 마지막 따스한 사랑의 인사든, 결정적인 실수의 검은 그림자든. 충분히 '깨어 있지' 못했던 나는 그 틈새로 마지막 따스한 사랑의 인사가 아니라 결정적인 실수의 검은 그림자가 미끄러져 들어오는 것을 막지 못했다. 여러 번 위기의 순간이 있었고, 그때마다 엄마는 회복했다. "구정을 못 넘기실 것 같으니 어디 가지 말고 서울에 계세요." 그래서 아무 데도 가지 않고 서울에 있던 그해 엄마는 구정을 넘기고 봄을 맞이했다. 작년의 일이다.[2] 엄마가 입 안에 든 죽 한 스푼을 거의 한 시간이 넘도록 삼키지 못한 적이 있었다. "뇌가 음식 삼키는 것을 잊어버려서 그래요." 그러나 엄마는 다시 죽을 삼킬 수 있게 되었다. 재작년인가의 일이다. 음식 싫다는 일이 드문 엄마가 자꾸 식판을 밀어냈다. 평소에 몹시 좋아하던 막대 사탕을 너무 쓰다고 도리질을 치며 내치고 단것 좀 줘보라고 했다. 그러나 다음날 단백 영양죽을 입에 갖다 대니 조금씩이지만 받아 삼켰다. "독감만 걸리지 않으시면 올 겨울도 잘 넘기실 거예요. 다녀오세요." 올 겨울, 엄마가 돌아가시기 한 달 전의 일이다. 지난 8년간 요양원은 수용 인원 9인 규모에서 20인 규모로, 그러다 갑자기 100인 규모로 바뀌었다. 그러면서 요양원 원장이 입소 노년들을 한 명 한 명 꼼꼼히 관찰하고 챙기는 일을 더는 하지 못한다는/안 한다는 것을 계속 불안해하며 확인하던 나였지만 원장의 말을 부적처럼 덥석 받고 짐을 싸기 시작했다. 요양원은 환자와 가족과 원장, 그리고 돌봄 종사자 등 세 당사자가 서로 얼굴을 알아보고 이야기를 나누는 유사 가족에서 점점 더 먼 대 면 접촉이 사라지고 불가능해지는 '시설'이 되어 갔다. 가족이 오면 그동안 입소 환자의 몸 상태가 어떠했는지 알려주던 원장은 100인 규모 '시설'에서는 만나기 힘든 사람이 되어버렸다. 원장은 엄마의 손발이 차가워지는 것을 감지하지 못했다. 나는 감지했지만 그 이유를 질문할 만큼 깨어 있지 못했다.

여행 전 해야 할 일 목록 맨 위에는 '엄마 방문'이 있었다. 그러나 그 아래 줄줄이 적혀 있던 다른 의무들에 가까스로 X표를 치는 동안 제일 위에 있던 엄마 방문은 계속 X표 없이 남아 있었다. 학생들 졸업 전시회 가기, 도서관에 가서 책 빌리기, 마감을 넘긴 원고 마무리하기, 책 원고 교정쇄 읽기, 세탁물 찾아 짐에 넣기, 번역 원고 챙기기 등등. 새벽에라도 엄마를 만나고 공항으로 가겠다고 별렀지만 결국 실행하지 못했다. 공항으로 가면서, 비행기 좌석에 앉으면서 계속 불안했다. 목록에 덩그러니 남아 있는 '엄마 방문'에 어떻게든 X표를 치고 싶어 안절부절못하면서도 주문처럼 요양원 원장의 말을 되새겼다. 몇 번이나 위기를 넘기셨으니까……. 스스로를 달래며 '내가 다녀올 때까지 꼭 이 세상에 계셔주시는 거다, 엄마.' 다짐하던 내게 손가락 걸고 약속하던 엄마의 '마음'을 믿었다. 아니, 믿고 싶었고 믿으려 애썼다. '치매'가 심해 시간이 흐르는 동시에 앞선 것을 잊어버리는 엄마지만 그럼에도 긴 시간 '교감의 신비'를 맛보게 해준 엄마였기에 가능할 것 같았다. 찰나에 빈틈이 벌어졌고, 그 안으로 이미 결정적인 실수의 검은 그림자가 미끄러져 들어간 것을 알아채지 못한 어리석은 신비주의자의 알리바이. 엄마가 응급실로 실려 갔다는 소식을 듣자마자 나를 강타한 게 바로 그 실패의 느낌이었다. 검게 두근거리던 심장에 정확하게 화살이 꽂혔다는 느낌이었다. 아, 삶이란 이렇게 봐주는 법이 없구나. 탄식이 뒤따랐다.

끝내 지워지지 못한 채 목록에 남아 있던 '엄마 방문'은 거의 두 달이 가까워 오는 지금까지 시시때때로 나를 불러 세운다. 저 목록의 의무들을 다 하지 않았던들 뭐가 그리 대수였을까. 일정이 조금 틀어지고, 의무를 다하지 못한 데서 느끼는 약간의 아쉬움 정도? 그것들 모두 안전한 삶의 영토 내부에 속하는 것들 아닌가. 그러나 엄마는 이미 삶과 죽음의 경계에 머문 지 오래되었다. 나는 엄마를 방문할 때마다 거의 매번 이번이 마지막일 수도 있다는 심정으로 고마웠다 사랑한다 엄마의 딸이어서 행복했다고 고백했고, 헤어질 때도 등을 보인 채 병실을 나서지 않으려 주의했다. (결국 등을 보일 수밖에 없었다.) "걱정하지 마세요. 나가시면 5분도 안 돼서 오셨던 것도 기억 못 하시는걸요, 뭐." 요양보호사의 이 말에 불안하고 미안한 마음을 얹어 안위하지 않으려 애썼다. (결국 안위했다.) 요양원에 방문할 때마다 엄마는 거의 한 번도 거르지 않고 "너희 집에 가서 살면 안 되니?"라고 물었고, 기억력이나 인지력이 죽음 쪽으로 더 기울었을 때 이 물음은 "자고 가면 안 되니?"로 바뀌었다. 몇 번이고 반복되는 그 물음 앞에서 '한 번쯤은, 그래, 꼭 한 번쯤은 엄마 곁에 몇십 분이라도 누워 있다 가리라.' 실행하지 못한 다짐 뒤로 이어지고 또 이어지던 다짐들.

아흔을 넘긴 엄마의 발에는 양말을 벗길 때마다 수북이 쏟아져 내리던 비듬조차 더는 일지 않았다. 잘 마른 양가죽처럼 습기도 살도 비듬도 없던 엄마의 손과 발에 깃들어 있던 죽음은 그러나 늘 따스하고 관대했다. 살이 죽음을 품고 있으며, 죽음의 말 없는 인도 속에 살이 마지막 순간까지 길을 잃지 않는다는 것을 나는 그 손과 발에서 배우곤 했다. (결국 나는 죽음을 기억하라는 경고, '메멘토 모리' 앞에서 깨어 있지 못하고 일상의 의무에 허우적거리다 엄마에게 가는 길을 잃었다.) 죽음은 늘 거기 엄마 곁에 있었지만, 죽음의 최종 순간은 도적 떼처럼 쳐들어왔다.

엄마, 요양원 침대에서 홀로 의식을 놓으실 때 외롭지 않으셨나요? 혹시 저를 찾지 않으셨나요?

페미니스트가 되어 비로소 어머니의 딸이 되다

30대 중반, 페미니스트가 되어서야 비로소 엄마를 이해하기 시작했고 50대에 들어서면서 엄마와 사랑에 빠졌다. 엄마의 '치매'가 심해지기 시작하면서였다. 엄마는 1923년 평안북도 선천에서 태어나 만주에서 피난민으로 결혼 생활을 했고, 해방과 함께 귀향했다가 1·4 후퇴 때 월남해 서울에서 다시 또 생존을 다투는 피난민의 삶을 살아내야 했다. 평생 거칠고 드셨던 억척 엄마를 나는 늘 낯설어했다. 이것은 막내인 내가 20대, 30대의 엄마 모습을 전혀 알지 못하기 때문이기도 했다. '엄마의 딸'이라는 자아 정체감은 페미니즘 인식론에 힘입어 싹트기 시작했다. 엄마를 한국의 근현대사를 온몸으로 살아낸 한 명의 민중 여성으로 볼 수 있게 되면서 역설적으로 나는 그녀를 '나의 엄마'로 느낄 수 있었다. 그러다 그녀가 인지적으로, 신체적으로 취약해지면서 나는 그녀를 좋아하고 사랑하게 되었다. 단지 그녀의 의존성이 나의 돌봄 지각과 의지를 각성시켜서가 아니라, 그녀가 자신의 취약함 속에서 마냥 부드럽고 다정해지기 시작했기 때문이다. 마치 백조로 변신한 미운 오리 새끼처럼, 또는 껍질을 벗고 나방으로 변태한 애벌레처럼 그녀는 사랑스럽고 온유해졌다.

뒤늦게 싹튼 한 '치매 할매'와의 친밀한 관계는 의혹에서 완전히 자유롭고 부족함 없는 '사랑받고 있다는 느낌'을 주었다. 더할 나위 없이 풍요로웠다. 사는 게 너무 힘들다고 통증을 호소할 때면 사는 게 그렇다고, 괜찮아질 거라고, 그녀는 나를 위로하고 어루만져주었다. 그녀와의 평화로운 만남은 나를 깊고 올바른 인성으로 이끌었다. 그녀를 통해 생각이나 인지에 대한 기존 관념의 편협함을 깨달았고, 생산도 소비도 움직임도 없이 누워 지내는 노인의 하루살이도 의미 있고 가치 있음을 확인할 수 있었다. 그녀와의 만남은 나를 합리성의 미망에서 끌어내어 노년의 존재에 대한 사유로 이끄는 아리아드네의 실이었다. 80대 '치매 할매'와 더불어 보낸 나의 50대는 나이 들고 병들어 죽는 생의 범속한 여정에 대한 범속한 눈뜸의 시간이었다.

이야기가 되는 삶

엄마의 마지막 모습이 담긴 동영상에는 12월 11일이라는 날짜가 찍혀 있다. 막대 사탕을 입에 문 엄마는 "할머니 이름이 뭐예요?"라고 묻는 요양보호사에게 당신의 이름이 아닌 막내딸인 나의 이름을 댄다. 요양보호사와 손뼉 마주치기를 하는 엄마는 "누가 제일 보고 싶어요?"라는 요양보호사의 질문에 "당신"이라고 답한다. "누가 제일 보고 싶다고요?" 한 번 더 묻는 그에게 엄마는 "자기"라고 말한다. 이에 "내가 제일 보고 싶어요? 난 매일 보는데? 아이구, 감사합니다."라고 요양보호사가 웃으며 말한다. 사이사이로 "짠 짠 짠……." 하는 보호사의 박자 맞춤 추임새가 들린다. 내가 여행 준비로 엄마를 방문하지 못한 주에 그가 나를 위해 핸드폰으로 찍어 보낸 2분 23초짜리 이 동영상 속 엄마의 모습이 내가 마지막으로 본/보는 엄마다. 엄마, 라는 음성 부름말을 상실한 자리에서 활자 기호로만 남겨진 엄마를 기억하고 이해하고 나의 삶 텍스트 속에 짜 넣는 작업은 이렇게 시작된다.

이야기를 짓고 전수해 온 전통을 이해하는 데는 다양한 설명이 있지만, 이야기와 죽음-삶, 또는 시간과의 관계야말로 이야기 이해의 핵심이다. 개인이나 공동체가 '어쩌다'라는 우연성의 차원을 넘어 '반드시 절대적으로'라는 필연성의 차원에서 존재할 수 있으려면 개인의 삶이든 공동체의 삶이든 이야기가 되어야 한다는, 즉 이야기로 전승되어야 한다는, 어떻게 보면 평범한 진실. 여기서 과거, 현재, 미래라는 시간의 세 단위는 회상된 현재, 현재, 기대된 현재라는 현재적 지각의 세 층위로 이야기의 시간 구조를 형성한다. 누구도 시간이 '무엇'인지 정의내릴 수 없다. 그러나 우리는 시간을 자기만의 방식으로 '느끼고 경험'함으로써 비로소 삶을 이해한다. 보통 과거, 현재, 미래는 시제라는 문법을 통해 표현되지만, 우리가 시간을 자기만의 방식으로 느끼고 경험할 때 과거는 회상의 형태로, 그리고 미래는 기대와 약속의 형태로 '지금 여기'에서 현재화된다. 청자를 앞에 두고, 혹은 청자들에 둘러싸여 자신의 삶을 이야기할 때 이것은 가장 분명하게 드러난다. 그렇다면 우리는 무엇을 이야기하는가? 이야기꾼이든 청중이든 자신들이 참되다고 여기는 것에 몸과 마음을 집중한다. 이 몰입을 가능케 하는 에로스, 즉 생성의 에너지를 구태여 강조할 필요가 있을까. 발터 벤야민이 이야기/꾼의 전통을 설명하면서 모든 죽음이야 말로 이야기될 가치를 지녔다고 말할 때나,[3] 리베카 솔닛이 어머니의 죽음이라는 사건을 두고 기억들, 장소들, 정동들, 이미지들로 퀼트 이야기 여행 또는 여행 이야기를 짤 때나[4] 바탕에 놓인 믿음은 동일하다. 유한한 삶을 사는 모든 역사적 존재는 죽음 속에서 그 삶의 유일무이한 가치를 증언하며, 바로 그 가치를 참된 것으로 전승하는 것에 이야기의 의미가 있다는 믿음이다. 이야기가 되지 않은 삶이야말로 버림받은 삶이다. 그 쓸쓸함을 어디에 비견하랴. 그러나 이야기가 되어 전승되는 삶은 사랑의 축복 속에서 우주적 차원의 삶을 지속한다.

모든 것이 끊임없이 변화하지만, 어떤 것도 이 우주에서 사라지지 않는다. 모든 것은 인과율의 흔들리지 않는 법칙 속에서 다른 모든 것과 이어진다. 죄가 있다면, 사랑의 축복에서 떨어져 나가는 것, 아마도 그 것이리라. 나는 삶이 하나의 통일체로서, 일단 한번 생겨난 사랑은 여전히 존재한다고 느낀다. …… 사랑의 그물이 지구를 가로지른다. 미묘하게 빛나는 선들이 세상의 한쪽 끝에서 다른 쪽 끝까지 가는 망을 만든다. 세상에는 너무나 많은 사랑의 끈들이 있고, 너무나 많은 사람들 사이에 사랑이 진행되고 있다. 사랑에 참여하고 사랑을 주는 것은 인생의 가장 위대한 보답이다. 사랑에는 끝이 없으며 영원히 언제까지나 계속되는 것처럼 보인다. 사랑과 떠남은 삶의 일부이다."[5]

헬렌 니어링의 이 말은 사후 세계를 믿는지 안 믿는지의 문제나, '죽음 이후'라는 것이 논리-철학적으로 사유 가능한지 아닌지의 문제가 아니다. 죽은 이의 삶을 나의/우리의 삶 속에 통합해 전승과 순환의 텍스트를 짜는 것의 문제이자 애도의 문제, "슬픔을 멈추지 않을 권리"의 문제다.[6] 세월호 참사로 희생된 단원고 2학년 2반 길채원 학생의 어머니 허영무 씨는 "천국이라는 희망"을 말한다.

암 환자는 마음을 좋게 먹어야 한다고 하는데, 살아간다는 걸 감사하라는데, 아이가 없는 세상을 어떻게 감사하라는 건지……. 하느님의 존재에 대해서도 어떻게 평가해야 하는지 모르겠어요. 하느님의 자비가 느껴지지 않는 상황이 벌어진 거니까 처음에는 하느님을 부정하게 되잖아요. 저는 갈 데가 없어서 결국 하느님한테 다시 돌아갔어요. 천국이라는 희망조차 없으면 우리 채원이는 그저 암흑일 뿐이니까.[7]

사랑하기를 멈출 수 없는 딸 채원이가 영원한 암흑의 무저갱에 떨어지지 않도록 '천국'이라는 희망을 꽉 붙잡고 있어야 한다는 (암 투병 중인) 어머니의 말에는 누구도 부인할 수 없는 논리가 있다. '사랑과 애도와 이어짐, 그리고 의미'라는 이 문화 논리는 그 어떤 철학 논리보다 죽음과 상실의 고통을 껴안아야 하는 이들에게 필요하며 적합한 논리다. '엄마'라는 목소리 대상을 상실하고 활자로만 엄마를 만나야 하는 내게 이 논리는 주름이 풍부한 천/텍스트의 논리다. 투명하게 평화로우며 슬픈 다큐멘터리 〈치즈와 구더기〉(카토 하루요 감독, 2005년)는 이 논리가 자양분으로 삼는 유물론의 토대를 보여주기도 한다. 〈치즈와 구더기〉는 어머니를 떠나보내는 딸의 이야기, 혹은 '떠나는 중인' 어머니의 이야기다. 암 진단을 받은 어머니가 1~2년밖에 살지 못할 것이라는 이야기를 듣고 딸은 '기적 같은 회복'을 막연히 기대하며 카메라를 잡는다.[8] 그러나 딸이 발견한 기적은 궁극적으로 회복이 아닌, 이야기의 전승에 있었다. 영화는 밥하고 먹고 텃밭을 가꾸고 병원에서 항암 치료를 받고 샤미센을 연습하고 그림을 그리고 전시회에 그림을 출품하는 어머니의 '평온하고 소소한 일상'을 보여준다. 머리카락이 뭉텅뭉텅 빠지는 모습도 있지만 다큐 속의 어머니는 그 어떤 '격하거나 강도 높은' 감정을 보이지 않는다. 영화의 마지막 부분에서 감독의 91세 할머니는 먼저 세상을 떠난 딸의 마지막 모습을 비스듬히 모로 누워 바라보고 있다. 화면 속에서 딸은 웃으며 샤미센을 연습하고 있다. 딸을 향한 노모의 그리움에는 더함이나 덜함의 감정이 없다. 노모의 모습에서 읽을 수 있는 것은 '함께 살았으나 이제 더는 곁에 없다'는 단절의 감정이 아니라, '함께 살았으며 이제 곁에 없으며 함께 살았던 때의 흔적을 품으며'라는 삶의 지각이다. 이것은 현재적 현존으로 지속되는 과거, 현재, 미래의 이야기다. 91세인 할머니도 이제 함께 살았던 손녀를 두고 죽음의 길에 들어설 것이다. '이 나이가 되면 죽는 것이 두렵지 않다'는 말은 할머니가 손녀에게 남길 수 있는 가장 큰 유산이다.

영화 제목인 '치즈와 구더기'는 이 영화가 믿고 지향하는 '우주관'이 무엇인지 암시한다. "제가 생각하고 믿는 바에 따르면, 흙 공기 물 그리고 불, 이 모든 것은 혼돈 그 자체입니다. 이 모든 것이 함께 하나의 큰 덩어리를 형성하는데 이는 마치 우유에서 치즈가 만들어지고 그 속에서 구더기가 생겨나는 것과 같습니다. 이 구더기들은 천사들입니다." 영화의 초입에 안내 표지처럼 등장하는 이 말은 카를로 긴츠부르그의 책《치즈와 구더기—16세기 한 방앗간 주인이 품은 우주관》에서 방앗간 주인인 메노키오가 한 말이다. 미시사를 제안하는 역사학자 카를로 긴츠부르그가 재구성한 역사-이야기(hi-story) 속 주인공인 방앗간 주인 메노키오는 이어서 이렇게 말한다. "한 지고지선한 존재는 아들이 하느님과 천사이기를 원하였고, 그 수많은 천사들 중에는 같은 시간대에 그 큰 덩어리에서 만들어진 신도 있었지요."[9] 이렇게 치즈-구더기-천사-아들-하느님(천사와 인간들 중에서 가장 강력한 권력자)으로 이어지는 계열체를 만들어낸 메노키오는 "세상에 존재하는 모든 것이 하느님"이며 "우리의 영혼은 세상에 존재하는 모든 것으로 되돌아"간다고도 말한다.[10] 메노키오의 이 말은 뿌리고 키우고 거두는 일에서 신에 대한 믿음의 근거를 확보했던 농부들의 종교, 철저한 유물론, 그리고 중세 기독교의 추상적 교리와 철학적 사념을 접합하고 있다.

나는 이 말을 신학적 논쟁으로 받아들이고 싶은 마음이 추호도 없다. 그저 함께 웃고 산책하고 음식을 나누고 서로 머리를 감겨주고 고통을 염려하며 돌봐주었던 사람의 존재가 한순간에 현존에서 부재로 바뀌는 충격적인 사건을 설명할 언어가 필요할 뿐이다. 다시 영화 〈치즈와 구더기〉에서 어머니는 달걀 껍질을 비롯한 음식물 찌꺼기를 쌀겨와 함께 커다란 플라스틱 통에 담는다. 나중에 그 통 안에는 무수히 많은 구더기들이 꿈틀거리고 있다. 필요한 만큼 시간이 지났을 때 구더기라는 분명한 '생명체'가 태어난 것이다. 중세에 농부들은 치즈에서 구더기가 나오는 것을 보았고, 지금 우리는 음식물 찌꺼기에서 구더기가 만들어지는 것을 본다. 생명체의 부재와 현존 사이에 '전환(trans-formation)'으로서 놓여 있는 바로 이 연결을 이해하기 위해 우리는 유물론적 관점이 필요하다. 치즈 혹은 음식물 '찌꺼기'에서 만들어지는 구더기를 천사, 더 나아가 신으로 볼 수 있는 관점은 용기와 도약을 필요로 한다. 그런데 이 용기와 도약이 그처럼 불가능한 것일까. 생태계를 피부의 감각으로 느끼는 사람이라면 이 용기가, 도약이 그렇게 거창한 것이 아니라고 말할 것이다. 할머니와 어머니, 그리고 '나', 이렇게 공존하며 '이어지는' 삶의 계승은 삶과 죽음의 단순 반복과는 다른 시간 감각을 요구하거나 제공한다. 죽음이 절대적 단절이 아니라 다른 생명이 움트는 계기라는 것을 인정하는 것은 그러한 삶의 거대한 순환적 움직임에 대한 인식론적 각성과 그 순환이 '헐벗은' 단순 반복이 되지 않도록 적극적으로 참여하겠다는 의지를 표방하는 것이다.

슬픔이 우리를 데려가는 곳

우울은 사랑이 지닌 결함이다. …… 사랑 없는 상태에 유일하게 남아 있는 감정은 무의미함이다. …… 슬픔은 상황에 걸맞은 우울함이지만 우울증은 상황에 걸맞지 않은 슬픔이다. …… 슬픔은 우리에게 강하고 분명한 생각들과 자신의 깊이에 대한 이해를 남기는 허름한 옷차림의 천사다. 그리고 우울증은 우리를 겁에 질리도록 만드는 악마다.[11]

아들을
도보훈련에 데려간
운하를 따라 난   산책 코스에서,
작은 간질 발작의 징조가 있다.
울적하여,
그 자신의 밖이나
깊은 안쪽에 있다.
쉬었다가
천천히 걷는 일의 되풀이로,
고지대의 집에 도착했다.
성취감에   소파에 드러누워,
《나그네 돌아오지 않고》를 읽고 있으니
분발한 아내가,
아들이 속옷에 싸놓은 것을 뭉쳐

손에 들고 달려갔다.

이층 화장실에서 처리하는 모양이다.

욕실로 가다가,

어슴푸레한 복도에

분홍빛이 도는 하얀 엉덩이를

굵직한 허벅지로 지탱하며

……

엎드려 있는   아들이,

처치를 기다리고 있었다.

일요일이라 사람이 많았던 산책 코스에서

이렇게 되었다면

노인은 움직일 수도 없다.

공포와, 잘 참아주었구나

하는 안도에   슬픔,

기시감이 있는   인생의 오묘함.[12]

나는 우울증 덕분에 형이상학적인 최상의 명석함을 얻었다. …… 슬픔이나 애도 속의 정화는 의기양양하지는 않지만 정교하고, 싸울 준비가 되어 있고, 창의적인 인간의 모습이다.[13]

나는 이 글을 쓰는 데 필요한 문체를 찾지 못해 고통스럽게 절망하고 방황하는 날들을 보냈다. 거의 두 달여가 지나가지만 모친을 여원 슬픔과 안타까움, 후회와 미안함을 '적절하게' 표현할 수 있는 문체를 찾는 것은 여전히 묘연하다. 이것이 단순히 언어에 국한되는 문제가 아니라 일상의 노선을 벗어난 정체성 전체에 해당하는 문제임을 확인할 때마다 나는 죽음과의 만남이 요구하는 엄혹함이나 절대 고독을 깨닫는다. 실재하는 몸으로서 구체적으로 지각했던 몸-존재에서 일말의 여지도 남기지 않는 절대 부재로 넘어간 엄마를 영원히 상실하지 않게 돕는 언어는 무엇일까. 나는 허구에서든 현실에서든 어머니와 사별한 딸들의 이야기를 듣고 싶었다. 어머니가 돌아가신 후 어떻게 그 상실의 터널을 지나가야 할지 몰라 같은 경험을 한 사람들을 만나서 그들의 슬픔과 애도를 듣곤 했다는 어떤 선배 동료의 이야기도 떠올랐다. 타는 목마름 속에서 언어를, 의례를, 표현을 갈망했다. 찾아 나선 길에서 만난 언어, 의례, 표현은 서로 무관한 듯 연결되어 있었다. 위 인용문들은 그중 몇 개다. 첫 번째 인용문(앤드류 솔로몬)과 세 번째 인용문(줄리아 크리스테바)은 상실의 고통과 슬픔, 애도, 그리고 우울/증에 관한 말들이다. 솔로몬은 슬픔과 우울증을 구별한 프로이트를 따라 슬픔을 바람직한 애도의 과정으로, 우울증을 병적이고 자기 상해적인 고착 상태로 묘사하지만, 크리스테바는 상실과 슬픔, 애도의 전 과정을 우울증이라는 개념으로 통합해서 그 의미를 살핀다. 상실을 견뎌내는 사람들의 현실 속에서 슬픔과 우울은 명확히 구별될 수 없다. 상실의 고통이 치명적인 늪이 되는가, 아니면 명징한 통찰의 발원지가 되는가 하는 것은 많은 경우 상실의 강을 건너는 사람의 주변 환경에 달려 있다.

두 번째 인용문(시)은 상실의 고통이나 애도에서 가장 멀리 떨어져 있는 것처럼 보이지만 나는 늙은 오에 겐자부로의 어눌하면서도 정직한 문장들을 읽으며 큰 위로를 받았다. 장애가 있는 아들을 키우며 여든을 넘긴 남자가 자신의 사생활과 국가 정책, 세계 정의, 인류의 미래를 밥상보 만들 듯이 엮어낸 길지 않은 글들은 애도의 산책길에 만나 몇 구간인가를 함께 걷는 길동무 같았다. 되돌아가는 지점이 보이고, 여러 번 매만지는 손길이 느껴지고, 제대로 숨 쉬기 위해 숨을 멈추거나, 제대로 말하기 위해 말을 멈추는 쉼이 느껴지는 그 글들은 애도의 형식과 문체를 찾아 헤매는 내게 도움을 주었다. 뇌에 장애가 있는 장남 히카리와 함께 걷는 연습을 하고 돌아온 뒤에 쓴 이 시는 깊은 슬픔을 단순함 속에 무던하게 담아낸다. 여든을 넘긴 늙은 아버지는 아들이 사람 많은 산책 코스에서 속옷에 용변을 보았다면 어쩔 뻔했는가, 아들이 잘 참아주었구나, 고마워하고 안도한다. 인생이란 이토록 오묘하구나, 감탄한다. 제삼자들에게는 하찮을 수 있는 이 일에서 그는 "기시감이 있는 인생의 오묘함"을 느낀다. 일요일 아들 걷기 훈련에서 '일어난' 이 일은 비장애인 중심으로 구축된 세상에서 아들과 함께 살아온 공포와 슬픔의 긴 시간들을 잇고 있기 때문이리라. 이제 그는 늙은 '노인'이다. 장성한 아들이 사람 많은 산책로에서 속옷에 용변을 보았다면 늙은 그는 대책 없이 어정쩡한 자세로 아들의 팔만 잡고 있었을 것이다. 그 당혹스런 '파국'을 모면하고, 늙은 아비는 처치를 기다리는 '분홍빛 도는 하얀 엉덩이'를 보며 '인생의 오묘함'을 말한다.

어떤 장소나 장면, 혹은 대상이나 사건에서 '기시감'을 느낄 때 꿈에서인 듯 떠오르는 그 무의식적 내용의 한가운데에는 무엇이 있을까. 그 무엇조차 일종의 기시감으로만 감지된다고 말할까. 가까운 이의 상실에는 이 "기시감이 있는 인생의 오묘함"을 전면적으로 대면할 수 있는 기회가 따라온다. 고요한 각성의 세계가 열리고, 기시감의 내용이 또렷해진다. 이 세계에서 자신의 삶과 타인의 삶은 동시에 유일무이하고 보편적인 것으로 감각된다. 이 세계 속에서 타인을 향한 윤리적 연대의 감각이 트이고 애도의 공동체적 지평이 열린다. '미안하다'는 말이 '사랑한다'는 말과 샴쌍둥이처럼 붙어 동시에 숨 쉬고 움직이는 상태, 상실이 가져온 이 슬픔 속에서 나는 '우리'가 된다. 어떤 죽음도 단지 사적이거나, 단지 우연한 사고거나, 단지 운명이지만은 않다. 슬픔과 애도가 사적-공적 구분이나 대립을 허용하지 않는 이유다. 죽음이 평등한, 평등해야 할 이유다. '내' 어머니의 죽음에서든, 세월호 참사 희생자들의 죽음에서든, 하청 노동자의 죽음에서든 슬픔을 멈추라고 강요할 수 없는 이유다. 애도는 형태를 바꾸며 전승되고, 전승 속에서 새로운 의미를 획득하는 정화의 과정이기 때문이다. 슬퍼하는 이들, 죽음으로 삶의 의미를 되짚는 이들에게 손을 내민다.

사랑하는 사람이 죽어 갈 때

—

영화 〈아무르〉가 묻는 것들

아무르, 서로의 상실을 보듬는 일

사랑(amour/amor). '젖가슴을 찾는다'는 고어에서 유래함. 탯줄을 끊고 태어나는 포유동물의 특징적 속성임. 젖꼭지(amma), 유방(mamma), 유방의(mammaire), 유두(mamilla) 등의 단어와 친족 관계에 놓여 있음. 이 단어들의 한가운데에는 어머니의 입(사랑의 젖꼭지) 'amma de l'amor'가 있음. 아무르는 '말하는 입'보다는, 배가 고파 입술을 뾰족하게 앞으로 내밀고 '본능적으로 젖을 빠는 입' 모양에 더 가까움. 사랑을 이해하기 위해서는 사랑할 때 빠져드는 황홀경(ekstasis)이라는 단어가 라틴어의 존재(existentia)라는 단어와 동일한 기원을 가진다는 사실을 상기하는 게 필요함.

이것은 파스칼 키냐르가 《은밀한 생》에서 가르쳐주는 지식이다. 정리하자면 앞으로 뾰족하게 돌출된 입술과 황홀경에 빠진 눈은 탯줄을 끊고 자궁 밖으로 빠져나온 존재들의 출생 기원을 가리킨다. 사랑은 어머니가 혼신의 힘을 기울였던 저 '내던짐'을 환기한다. 이 (자궁 속 아이를) 내던짐, 떼어놓기는 상실의 공포를 존재에 새겨 넣지만 그 대가로 언어를 준다. 우리는 만지고 느끼고 그 안에 포근히 깃들 수 있는 최초의 어머니는 잃었지만 언제든 '어머니'라는 기호를 쓰고 말할 수 있다. 사랑은 어머니와의 최초의 융합이 귀환하는, 그러나 또한 머물지 않고 사라지기에 그 융합의 불가능성을 환기하는 시공간이다. 우리 모두는 아랫배에 이 융합의 귀환과 불가능성을 동시에 품고 있는 작은 흔적, 배꼽을 갖고 있다. 아무르, 사랑은 서로의 배꼽을 같이 기억해주는 것, '내던져진' 존재로서 '고파하는 것'을 향해 서로 입술을 내미는 행위다. 그러면서 서로에게 어머니의 입, 사랑의 젖꼭지가 되어주는 행위다. 그래서 "이 같은 입술의 돌출은 하나의 작은 젖가슴과도 같다." 아무르, 어머니의 탯줄을 끊고 태어난 우리가, 반드시 죽어야만 하는 우리가 상실을 부인하지 않으면서도 결핍으로 쪼그라들거나 불안에 먹혀버린 삶을 살지 않을 수 있게 하는 힘. 열정과 평화와 기쁨으로 살게 하는 상호 작용. 나는 하나의 실제 사례와 한 편의 영화가 들려준 사랑 이야기에서 이러한 아무르의 모습을 보았다. 늙음과 함께이기에 더 오래 들여다보고 더 오래 듣게 된 네 사람의 이야기다.

함께 춤을 추며 살아낸 시간

오랫동안 책상 앞 유리창에 붙여놓고 지내던 사진이 한 장 있다. 책에서 발견한 사진을 복사한 거라 흑백 입자가 거칠다. 복사한 사진 위에는 오랜 시간 허공을 떠돌던 공기와 먼지, 온도와 습도가 가라앉아 있다. 그리고 늘 새롭던 나의 감탄도. 생태정치 운동가인 앙드레 고르스와 그의 아내 도린 키어의 사진이다. 많이 늙은 고르스가 역시 많이 늙은 아내 D의 어깨를 감싸 안고 있다. 두 사람의 주름진 얼굴은 부드럽고 지혜로운 미소로 은은하게 빛난다. 아, 평화다! 처음 사진을 보았을 때 가슴을 물들이던 이 느낌은 거의 십 년 동안 조금도 시들지 않고 늘 동일한 밀도로 남아 있다. 이 사진을 나는 고르스가 쓴 《D에게 보낸 편지》에서 발견했다. 20년이 넘게 거의 불가능에 가까운 투병 생활을 해 온 아내 도린이 생을 마감할 날이 얼마 남지 않았을 때 고르스는 긴 한 편의 시 같은 이 편지를 썼다. 두 사람 모두 80대에 들어서 있었다. 편지는 도린과 함께한 그의 생을 빛바래지 않은 생생한 가슴 뜀으로 회상한다. "저와 함께 춤추러 가시겠어요?" 고르스가 도린에게 한 첫 말이다. "좋죠!" 도린이 고르스에게 한 첫 말이다. 춤추는 두 사람의 모습은 책의 표지를 밝고 명랑한 열정으로 채운다. 젊고 아름답다. 그러나 내게는 저 늙은 고르스와 도린의 사진이 더 깊고 풍부한 아름다움으로 다가온다. 두 사람은 평생을 이념의 동지로, 일상의 도반으로 함께했다. 기쁨과 슬픔, 희열과 절망 속에서, 그리고 불치병을 앓던 도린의 형용할 수 없는 통증과 고통 속에서 함께 나이 들어 갔다. 80쪽 넘게 이어지는 고르스의 연서는 두 사람이 함께 살아낸 시간이 늘 함께 춘 춤이었음을 고백한다. 내가 좋아하는 저 사진 속 두 사람의 모습은 고르스의 고백이 결코 거짓이 아님을 증명한다. 서로 사랑하며 온유하게 지혜롭게 함께 늙어 간 두 사람. 두 장의 사진 사이에서 아름다운 춤이 따스한 불꽃처럼 일렁인다.

도린은 20년 넘게 불치병인 거미막염을 앓고 있었다. 고르스는 서둘러 은퇴하고 자신의 활동 영역인 파리를 떠나 시골 마을에 집을 짓는다. 동반 자살로 생을 마감할 때까지 고르스는 이곳에서 도린을 돌보는 일에 전념한다. 사람의 뇌에는 골수의 띠와 뇌를 감싸고 있는 가느다란 섬유들이 있다. 이 섬유들에 이상이 생기면 상처 난 섬유가 만들어지고, 이 상처 난 섬유는 골수의 띠를 누르고 그 띠 속으로 들어가 신경 뿌리까지 압박하게 된다. 이것이 거미막염이다. 거미막염은 다양한 형태의 마비와 극심한 통증을 유발한다. 모든 것을 함께하자고 약속하고 실천한 고르스와 도린 사이에 이 통증은 넘어설 수 없는 타자성의 간극으로 존재했다. 또한 통증에 대한 의학적 조처는 도린을 그녀 자신의 몸에서 소외시켰다. 진통제를 계속 복용하지만 통증은 반복되고 진통제에 대한 의존만 커진다. 이른바 전문가라는 사람들은 환자에 대한 인격적 이해나 공감은 없이 환자를 수동적인 의약품 소비자로 바꾸어놓을 뿐이다. 의학에서 더는 기대할 바가 없음이 분명해졌을 때 도린은 의료기술과학이 자기의 몸과 자기의 관계를 마음대로 휘두르게 하는 대신, 자신의 생명에 대해 스스로 권한을 갖기로 결심한다. 도린은 같은 병을 앓는 환자들의 국제 네트워크와 접촉하여 정보와 조언을 나누는 한편 요가를 시작한다. 자신의 병을 이해하고 스스로를 감당할 힘을 기르는 것만이 그 병의 지배를 받지 않는 유일한 방법이라고 생각했기 때문이다. 고르스는 "당신의 병 때문에 우리는 생태주의와 기술 비판이라는 영역으로 되돌아오게 되었습니다."라고 쓴다. 도린과 고르스는 의료기술과학이야말로 푸코가 '생명권력(biopower)'이라 부른 것, 즉 각 개인이 자신과 맺는 내밀한 관계조차 기술적 장치의 지배를 받게 만드는 권력의 가장 공격적인 형태 중 하나임을 확인한다. 통증이 너무나 심해 밤에도 앉아 있거나 서 있어야 했던, 그러나 아픈 몸과 어떻게든 자율적인 관계를 맺으려 애쓴 도린. 그런 그녀를 보며 "당신은 내가 모르는 곳을 다녀온 사람입니다."라고 통렬히 절망한 고르스. 이 두 사람이 도달한 생태주의는 "삶의 양식이 되고 매일의 실천이면서 끊임없이 또 다른 문명을 요구하는 것"이다. 나는 가능한 한 매개되지 않은 상태로 도린의 통증과 고르스의 절망을 느끼고 싶다. 감염되고 싶다. 나뿐 아니라 그들이 들려주는 이 이야기를 듣는 다른 사람들도 이 통증과 절망에 감염되길 원한다. 그 감염을 통해서 '다른 문명을 요구하는 생태주의'에 매일의 실천으로, 구조의 변화를 촉구하는 운동으로 가담하길 원한다.

편지 전체가 다 고백이지만 그래도 더 마음을 잡아끄는 두 개의 고백이 있다. "당신은 내 부족함을 채워주는 타자성의 차원으로 나를 이끌었습니다." 아마도 사랑하는 남자가 여자에게 할 수 있는 가장 성찰적이고 진지한 고백 중 하나가 바로 이런 것 아닐까. 타자성의 차원이야말로 남자에게는 너무나 낯선 지대이니 말이다. 성차(sexual difference)는 자아와 타자 간의 절대적 간극을 가장 극명하게 드러낸다. '내'가 상호성에 도달하기 위해서는 타자를 타자로 존중해야 한다. 이것은 '내'가 나 자신 안에 있으며 개별적 몸으로서 나의 한계/경계를, 그리고 마찬가지로 개별적 몸으로서 자신 안에 있는 타자의 한계/경계를 인식하는 것을 전제로 한다. '나'와 '타자' 사이에는 개별화된 몸-존재의 한계/경계가 만들어내는 간극이 있다. 촉각적 접촉과 교감을 통해 각자는 자신의 한계/경계를 넘어, 즉 자신을 초월해 타자에게로 나아갈 수 있지만,[14] 그렇게 이루어진 상호성이 타자의 존재적 속성인 타자성을 완전히 사라지게 하지는 않는다. 타자성의 차원에 남자들은 여자들보다 더욱 무감각하다. 남자들은 언제나 타자인 여자를 알려고 하지 않았으며, 그럼에도 여자보다 더 여자를 잘 안다고 주장해 왔기 때문이다. 타인의 고통이나 통증은 자아가 결코 도달할 수 없는 타자성의 영역이다. 도린의 통증을 이해하고자 혼신의 힘을 다 쏟으며, 자신의 개별화된 몸-존재의 한계/경계를 초월해 고통받는 도린에게 가 닿으려 한 고르스는 그래서 "당신은 내 부족함을 채워주는 타자성의 차원으로 나를 이끌었습니다."라고 고백한다.

그리고 마지막 이 고백. "당신은 이제 막 여든두 살이 되었습니다. …… 그래도 당신은 여전히 탐스럽고 우아하고 아름답습니다." 죽기 얼마 전 찍은 저 사진 속 두 사람의 얼굴은 고르스의 고백에 순진함과 존엄함의 아우라를 덧붙인다. 1년 후, 그러니까 도린이 여든세 살이 되었을 때, 두 사람은 동반 자살을 한다. 고르스는 여든네 살이었다. 두 사람을 태우고 남은 재는 유언대로 두 사람이 손수 가꾼 정원에 뿌려졌다.

모두에게 허락된, 그러나 불가능해진 '자기만의 죽음'

　매일 말하는 연습을 하거나 노래를 함께 불러. …… 나는 5시에 일어
나. 안느는 낮에 주로 자고 밤에는 거의 깨어 있지. 5시에서 7시 사이에
기저귀를 갈고 욕창 방지를 위한 마사지를 해. 7시에 뭣 좀 먹으라고 설
득을 하지. 효과가 있을 때도 있고 없을 때도 있어. …… 가끔 어릴 적
이야길 하기도 해. 몇 시간을 (사람을) 불러대기도 하고 갑자기 킬킬거
리기도 해. 울기도 하고. **다 남에게 보이기엔 안 좋은 모습**이지.(강조는 필
자가 한 것)

　두 번 뇌졸중을 겪고 심한 마비와 망각 증세를 앓고 있는 엄마 안
느를 보기 위해 찾아온 딸에게 아버지 조르주가 들려주는 이야기다.
조르주는 딸에게 현관문을 열어주기 전 안느가 누워 있는 방의 문을
잠근다. 어머니를 만나지 못하게 할 수는 없다는 딸의 주장에 결국 잠
근 방문을 열지만, 딸 역시 안느를 보이고 싶지 않은 그 '남'이 아닌
건 아니다. 영화 〈아무르〉(2012년)는 조용하고 냉정한 표면 아래에서
아프게 성찰한다. 아픈 몸을, 돌봄을, 아픈 몸과 돌보는 몸의 소외와
고독을, 살아 있음과 이미 도래한 죽음을.
　미하엘 하네케 감독이 70대에 들어선 것은 지구촌 곳곳의 나이 든
사람들을 위해 좋은 일이었다. 〈아무르〉 같은 영화를 만드니 말이다.

그가 일흔이 되었을 때 이 영화를 만들었으니 지금은 거의 여든을 바라본다. 〈아무르〉는 아직 나이 듦이 뭔지 전혀 알지 못하는, 아예 상상조차 하고 싶지 않은 젊은 사람들과 나이 든 사람들 사이에 교감의 다리를 놓는다. 모든 사람들에게 좋은 일이다. 나이 든 감독이 '나이 듦'을 성찰하는 영화를 만들 때 그것은 사회에 대한 큰 공헌이다. 85세의 에마뉘엘 리바와 82세의 장루이 트랭티냥이 (연기한다기보다) 그냥 살아내는 안느와 조르주의 모습은 감동이라는 말 너머에 있는 삶의 어떤 국면 그 자체를 드러낸다. 삶의 여정 끝부분 어느 언저리, 우리가 시간이라고 부르는 것의 어떤 불가사의한, 물론 무섭고 두려운 국면. 그곳에서 빤히 이쪽을 쳐다보며 기다리고 있는 죽음을 어떤 방식으로든 응대해야 하는 숙명. 유한한 삶을 살 수밖에 없는 인간이기에 그 대면은 필연적이다. 삶이라 부르기에도 죽음이라 부르기에도 적합하지 않은 이 상태, '죽어 가는' 이 상태에서 사람은 어떻게 해야 끝까지 사람으로 남(을 수 있)는가?

기쁜 마음으로 함께 제자의 피아노 연주회를 다녀온 다음 날 첫 '이상 증세'를 보이기 시작한 이후 안느의 육체는 점점 더 치명적인 소멸의 길을 간다. 쉬울 줄 알았던 경동맥 수술이 잘못되어 반신불수가 된다. 오지 않길 희망한 뇌졸중이 두 번 온 이후 언어와 식사와 배변 등 모든 자율적 활동 능력은 사라진다. 이런 안느를 두고, 이런 안느와 함께, 조르주는 "어떻게 하면 '안느'는 '안느'로 죽을 수 있는가?"라는 질문에 답해야 한다.

안느를 사랑하기에, 연인으로서, 음악 동료로서, 서로의 습관을 존중하는 파트너로서의 삶을 포기할 수 없기에, 안느가 어떤 사람이었는지 여전히 너무나 생생히 알고 있(다고 믿)기에, 저 철저한 파괴와 괴멸의 순간에도 안느의 지기 이해가 어떠할 것인지를 너무나 잘 짐작할 수 있(다고 믿)기에 조르주가 선택하는 마지막 가능성. 베개를 집어다 안느의 숨을 멎게 하는 조르주의 행동은 '그에게' 남겨진 마지막 가능성이었던 것으로 보인다. (안느에게 남겨진 마지막 가능성은 무엇이었을까?) 물론 그는 이 마지막 가능성을 향해 손을 뻗는 용기를 내야 한다. 어느 누가 그 힘든 역할을 기꺼이 맡으려 하겠는가? 안느가 마비와 망각의 유형지에서 되돌아오지 못할 것이라는 사실은 명백하다. 지쳐 쓰러질 때까지, 미움과 혐오가 사랑과 따스함에 대한 기억이나 감정을 모조리 파괴해버릴 때까지 환자를 돌보는 것도, 환자를 마비와 망각의 유형지에서 벗어나게 해주는 것도 돌봄을 책임지는 사람이 선택할 수 있는, 선택하고 싶은 가능성의 영역이 아니다. '이것만이 최상의 선택이거나 가장 인격적인 선택'이라고 말할 수는 없다. 조르주는 자신의 이해에 입각해 불가능한 것을, 선택지가 아닌 것을 선택했다. 어떤 논문이 고발하듯이 이 선택은 돌봄을 떠맡은 남자 배우자가 전적으로 의존적인 여자 배우자를 '죽인' 사건이다. 전적으로 자신에게 의존하고 있는 남자 배우자를 돌보다가 죽이는 여자 배우자는 없다고, 그러니까 이 사건은 남성 중심성 사회에서 일어난 '살해' 사건으로 봐야 한다고 그 논문은 말한다.

　나 자신의 판단은 어떤가. 나는 영화를 보면서 안느와 조르주 두 사람 모두와 동일시했다. 두 사람 모두의 내면을 감지하려 했고, 두 사람 모두의 내면이 이해되고 감지되는 것같이 느꼈다. 〈아무르〉는 노화와 질병이라는, 불가항력적으로 전개되는 어떤 보편적 변화의 과정과 도적 떼처럼 쳐들어 온 그 변화의 과정 앞에서 놀라고 무너지는 개별 인간 사이의 간극을 감정의 파고 없이 침착하게 주시한다. 단순히 '경동맥 수술이 잘못되어 반신불수가 되었다, 첫 번째 두 번째 뇌졸중이 왔다, 점점 나빠지다가 마지막 날을 맞게 될 것이다'라는 식의 의료 보고 동사만으로는 결코 '표현'할 수 없는 다른 진행형 동사가 있음을 느껴보자고 영화는 제안한다. '안느'에게 이런 일이 생겼고, 그녀를 사랑하고 존중하는 '조르주'는 평생을 반려로 살면서 지키려 애쓴 믿음과 신뢰 속에서 베개를 집어 든다. 안느가 원하는 것이 바로 그것이라고 조르주 안에 깃들어 있는 안느가 알려주었기 때문이다. 이렇게 나는 안느와 조르주의 마지막을 이해했다. 어쩌면 너무 순순히 영화의 제안을 받아들인 것인지도 모른다. '내가 안느였다면', '내가 조르주였다면'이라는 가정문을 만들고 따져볼 생각은 없다. 조르주에게 과연 안느의 삶을 끝낼 권한이 있느냐, 누가 그에게 그런 권한을 주었느냐는 질문에 토론자로 참여하는 모든 사람은 예외 없이 자기만의 의견을 표명할 것이다. 반려자에 의해 수행된 자유죽음이라고 할 수 있을는지? 나의 의견은 물음표를 달고 있는 이 문장 정도가 될 것이다.

〈아무르〉를 보면서 슬프고 고통스럽지만 안도한다. 삶의 마지막 시간이 어때야 하는지, 두렵고 또 두려운 그 고민을 함께 나누는 누군가가 곁에 있다는 것만으로도 그 마지막 시간은 은총의 삶/죽음이다.

나이 듦과 사랑과 죽음, 그리고 반려. 반려는 어디까지 함께 가는 것일까. 인간의 수명이 늘어나면서 살고 싶지 않은 시간까지도 살아야만 하는 어이없고 당혹스러운 운명도 늘어나고 있다. 빈 방에서 홀로 죽어 가는 사람들이 늘고, 자신이 살고 있는 것인지 죽고 있는 것인지도 모르는 채 낯선 요양원 한 귀퉁이에서 평생 한 번도 인연을 맺어본 적이 없는 사람에게 전 존재를 맡기고 어린아이 취급을 받는 사람들도 늘고 있다. 인간의 위엄을, 평생 추구하고 지키려 애썼던 그 삶의 속살을 완전히 파괴당하지 않은 채 노년을 보내고 죽을 수 있는 사람은 삶을 잘 마무리하는 축복을 누리는 사람이다. 의당 누구에게나 주어져야 하는 이 소박한 마무리가 적지 않은 사람들에게 이루기 힘든 꿈이 되고 있다. 늘어나는 기대 수명만큼 힘이 되어주는 공동체도 늘어나야 하는데, 현실은 오히려 그 반대 방향으로 흐르고 있다. 마지막까지 존엄과 품위를 누리다가 죽을 수 있는 가능성은 점점 더 소수의 다행(多幸)이 되고 있다.

〈아무르〉를 보면서 그래, 당신들은 음악과 글이라는 문화 자본과 시간당 지불해야 하는 간병인을 고용할 수 있는 경제 자본과 사랑과 믿음이라는 감정 자본까지 소유한 '부자들'이었으니까 그토록 서늘하고 고상한 감각을 지킬 수 있지, 심지어 엄청난 월경(越境)을 감행할 수 있지,라고 말한다면 그건 영화가 제안한 사회 개혁을 비껴가는 일일 것이다. 〈아무르〉는 질병이나 나이 듦의 신체적 징표가 개인의 존재 가치를 떨어뜨리고 더 나아가 낭패나 재앙으로 간주되는 사회에서라면 그 누구도 '자기만의 죽음'을 죽을 수 없지 않느냐고 질문한다.

이것만은 막아야 하지 않겠느냐고 촉구한다. 이것이 공통의 사회 개혁 운동으로 추진되지 않는다면 예견된 100살 수명은 얼마나 잔혹하며 폭력적이겠느냐고 말한다. 여기저기서 '웰 다잉(Well-Dying)' 이야기를 많이들 한다. 잘 죽는 것은 자신이 살아온 삶에 맞게 자기만의 죽음을 죽는 것이다. 누군가를 사랑한다면 그 사랑 안에는 자기만의 죽음에 대한 실존적 고뇌와 이해가 포함될 것이다. 그리고 이 사랑의 방식과 실천이 꼭 배타적 사랑에만 해당되지 않을 수 있게 하는 것, 개인의 능력에만 맡겨 두지 않는 것, 그게 혁명이다.

노년의 목소리를 듣는다

—

'안티 에이징'이라는 잔혹한 낙관 너머
'늙은 이'의 현명한 비관

사람이라는 책

　신비주의자들의 오랜 전통 중 하나는 천지만물을 비의가 새겨져 있는 텍스트로 여기고 그 비밀스런 전언을 읽어내는 것이었다. 그 대표적인 예가 점성술일 것이다. 인류의 가장 오래된 읽기에 해당하는 점성술은 별의 위치나 밝기, 움직임 등을 보고 개인이나 공동체의 운명을 점치곤 했다. 천지만물의 비의를 읽어내기에는 그저 범속한 삶을 살아왔을 뿐인 내게는 오랫동안 활자 자체가 비밀스러운 암호였다. 어렸을 때는 흰 종이 위의 활자를 보다가 현기증을 느낀 적도 여러 번 있었다. 활자들이 모두 미세하게 살아 움직이는 특이한 얼굴로, 묘한 빛을 발하는 물체로 보였던 것이다. 처음 한글을 깨칠 때는 소리 내서 읽으며 익혔을 텐데, 그 기억은 별로 남아 있지 않고 활자를 만났을 때의 첫 느낌들만 강렬히 남아 있다. 그만큼 활자 언어가 음성 언어에 비해 더 날카로운 의식의 각성을 요구한다는 증거일 것이다.

목소리-언어에 관심이 생긴 것은 녹음된 내 목소리를 처음 들었을 때다. 그 소리가 어찌나 낯설던지, 거의 당혹스럽고 민망할 정도였다. 자연 상태에서 듣는 내 목소리와 녹음된 내 목소리가 그렇게 다를 수 있다는 게 정말 기이했다. 내게는 너무나 낯선 그 목소리가 남들이 듣게 되는 나의 목소리라는 사실은, 타인들에게 인지되었던 나는 기실 내가 모르는 어떤 다른 나였다는 느낌을 안겨주었다. 나의 자아가 동일하지 않다는 것을 그렇게 목소리로 확인했다고나 할까. 목소리-언어에 대한 또 다른 각성은 모국어가 아닌 외국어를 배울 때 경험할 수 있었다. 교본으로 배울 때와는 달리, 그 나라에 가서 그 언어로 쓰인 무수히 많은 간판들을 마주치자 거리 전체가 일종의 놀이공원처럼 느껴졌다. 설레는 가슴의 박동을 지그시 누르며 거리에서 마주치는 간판이란 간판은 모조리 소리 내어 읽게 되는 이런 경험을, 나뿐 아니라 많은 이들이 해보았을 것이다. 그때 자기 귀에 들려오는 자신의 그 '익숙하면서도 낯설고 묘하게 이국적인' 목/소리는 참 뿌듯하고 신기하지 않던가. 낯선 언어와 드디어 직접 만나고 있다는 느낌, 그 언어와 내가 서로 스미며 알아 가고 있다는 이 느낌은 낯선 언어와 사랑에 빠지거나 적어도 친밀해지는 초기 단계에선 거의 보편적일 것이다. 시간이 지나 그 언어의 활자에 충분히 익숙해지고 나면 자신의 목소리에 동반된 '이국적-이질적' 아우라는 사라지고 활자를 소리 내어 읽고 싶은 충동도 점차 사라진다. 목/소리의 물질성을 맛보려는 욕구도, 시간과 같이 진행되고 멈추고 사라지는 소리 언어의 현재성에 매혹되는 일도 드물어진다. 이제 활자가 전달하는 내용을 충실히 이해하려는 실효성 추구가 우세해지면서, 활자 언어가 열어주는 추상적 사유와 의미의 되새김질에 더 끌리게 된다. 그렇게 결국 거의 모든 읽기는 소리 내지 않고 속으로 읽기, 즉 눈으로만 읽기로 수렴된다.

나의 경우, 시(詩)나 시를 닮은 산문을 소리 내어 읽으면서 소리와 모양(활자)의 구분이 불가능한/불필요한 단어나 문장을 만나면 여전히 심장이 두근거리는 경험을 하지만(헤르타 뮐러의 《숨그네》는 그런 단어나 문장들로 가득하다), 역시 주도적인 읽기는 물질적 감각보다 기호들의 의미 해독으로 쏠리곤 했다. 그림이나 영화, 사진, 건축물 등 다른 기호들의 체계로 대상을 넓혀 나갈 때마다 읽기는 감각적 물질성과 추상적 의미 해독 사이에서 시소 게임을 했다. 다른 이들이 지어낸 글을 읽으면서 소설가가 되는 꿈을 품기도 했던 나의 경우, 은연중에 사람들의 생김새를 비롯해 얼굴 표정이나 몸짓, 말투를 관찰하는 버릇도 일종의 텍스트 읽기에 속했다. 세상에 지천으로 널린 게 보고 읽을 것들이니 죽을 때까지 심심할 일은 없겠다 생각했던 적도 있다. 실제로 이런 읽기는 부챗살처럼 넓게 펼쳐졌다 좁혀지고 그러다 다시 펼쳐지기를 반복하며 내 삶에 이런저런 영향을 끼쳐 왔다.

그런데 활자를 익힌 뒤로 그렇게 꾸준히 무언가를 읽어 온 내가 뒤늦게 발견하고 탐닉하게 된 텍스트가 있다. 목소리로 등장하는 사람이다. 어느 시점부턴가 이야기를 들려주는 사람의 목소리에 빠져드는 일이 빈번해지면서, 표정과 몸짓을 이미지로 읽는 것과는 또 다른 지각 경험을 하게 되었다. 하나의 기호를 기표와 기의의 관계로 설명하는 기호학의 이론을 빌려 설명하자면 기호의 의미 측면보다 기호의 표현성 측면에 더 매력을 느끼게 되었다고 할 수 있겠지만, 사실 그것과는 다른 경험이라고 말하고 싶다. 앞에서 낯선 언어를 처음 배울 때의 경험이나 시를 소리 내어 읽을 때의 경험을 언급했는데, 그 경험이야말로 기호의 표현성 측면에 더 매력을 느끼는 현상으로 설명할 수있을 것이다. 그러나 사람이라는 책의 목소리—이야기는 목소리가 전하는 느낌 자체가, 문자적으로 파악하게 되는 의미를 일정 부분 부차적인 것으로 만든다.

결여가 집중과 몰입을 낳는 것일까. 나 자신의 목소리에 결여가 생기면서 다른 사람들의 목소리에 몰입하게 된 것인지도 모른다. 성대가 나빠지면서 노래를 부르지 못하게 되더니 그 다음에는 고음을 내거나 크게 소리를 지르는 게 불가능해지고 (소리 지르는 것을 별로 좋아하지는 않지만 시야에서 벗어난 반려견을 불러 세우지 못할 때는 정말이지 불편했다) 결국에는 겨우겨우 낮은 목소리로 일정량만 쓸 수 있는 상태가 된 것이다. 잦아드는 나 자신의 목소리에 반비례해서 더 잘 들리고 더 잘 스미는 타인의 목소리. 내 귀는 안테나처럼 스르르 주변 사람들의 목소리를 향해 방향을 조절하고 목소리들의 엄연한 차이에 점점 더 빠져들었다. 때론 찰떡처럼 찰진 목소리, 때론 이름 모를 풀로 만든 피리처럼 가늘고 높은 목소리, 때론 적당히 굵고 둥근 나무 기둥 같은 목소리, 때론 하루 종일 말해도 (물론 들어도) 지치지 않을 것처럼 편안하고 고른 목소리, 때론 미세먼지가 한 움큼 섞여든 듯 가라앉은 목소리……. 목소리들은 다르고 독특했다. 지각 가능한 물질로서 목소리는 내용과 무관하게 이미 어떤 형상이고 신호였다. 목소리 자체가 신호를 보내고 움직임을 만든다. 목소리의 물질성에서 촉발된 듣기는 점차 그 목소리가 전하는 내용으로 이끌린다. 목소리의 물질성에서 내용으로 옮겨 가는 이 듣기는 처음부터 송신과 수신에 초점을 두고 내용을 들을 때와는 사뭇 다른 감각을 준다. 우선 몸과 정신/문화의 속성을 동시에 지니고 있는 목소리 이야기를 해보자.

환자의 입안을 들여다보면 그 사람이 살아온 인생이 보인다고 언젠가 치과의사인 지인이 말한 적이 있다. 이와 비슷하게 나는 목소리를 듣다 보면 그 사람이 살아온 내력과 성격이 감지된다고 말하고 싶다. 목소리로 나이를 짐작하는 것 또한 그다지 어려운 일이 아니다. 지역별로 목소리의 톤이 다른 것은 말할 나위도 없거니와, 세대별로 목소리의 특성이 다른 것도 흥미로운 문화 현상이다. 예를 들어 현재 한국사회에서 20대, 30대가 공유하는 발화 양태와 목소리의 물질성은 나처럼 60대인 사람들의 그것과 매우 다르다. 그들이 말할 때 구성하는 문장들의 리듬과 높낮이, 속도는 독특해서 내용과 무관하게 유형화가 가능할 정도다. 일정한 간격으로 말이 멈추는데, 그때마다 말꼬리가 올라가는 것은 이들이 겪은 삶의 구체적인 사연과 무관하게 이들 모두에게서 발견되는 공통된 특징이다.

60대에 들어선 나는 나이가 들면서 말하는 속도가 느려졌다. 중년에서 노년으로 넘어가는 과도기에 있는 내 나이 또래 사람들이 겪는 독특한 경험 중 하나는 마음의 속도와 몸의 속도가 다른 데서 오는 크고 작은 사고다. 어려서부터 빨리 걷기나 뛰기에 익숙했던 나는 지금도 그 속도로 걷거나 뛰다가 넘어지기 일쑤다. 말할 때도 비문이나 비논리에 빠지지 않으려면 의식적으로 속도를 조절해야 한다. 오랫동안 익숙했던 속도로 말하려면 혀가 꼬이고 문장들이 얽힌다. 이것은 청각과도 상관된다. 100미터 달리기를 하듯 빠른 속도로 말하는, 한창 정신적 에너지가 왕성한 30대 후반, 40대 초반 페미니스트들 강의를 들을 때면 숨이 찬다. 달리기하는 사람 옆에서 같이 달리는 느낌이다. 문장들을 놓치지 않으려면 긴장의 끈을 늦추지 말아야 하고, 호흡 조절도 잘 해야 한다. (그러나 긴장의 끈을 가끔씩 늦춘다. 다 챙겨 들으려는 욕심을 내지 않는다.) 저 나이 때는 아마 나도 저렇게 빨리 말했겠지 짐작하며, 나이 드는 과정의 전면성에 놀란다. (페미니스트를 비롯해 사회적 약자들은 할 말은 많은데 정식으로 그들의 의견이 경청되는 기회는 적고, 기회가 주어져도 시간 배당이 불공평하기 때문에 말이 빨라지는 경향이 있다.)

이처럼 목소리는 몸과 정신의 뫼비우스적 관계, 즉 몸이 된 정신 혹은 정신이 된 몸의 상태를 잘 표현한다. 그러니 누군가의 체화된 삶의 경험을 오롯이 이해하고 싶다면 그에게 살아온 이야기를 '들려 달라'고 청할 일이다. 내가 '나이 든' 여성들이 들려주는 이야기에 특히 끌리는 이유도 바로 여기에 있다. 그들의 목소리-이야기는 (아나운서나 성우 같은) 전문가들이 훈련된 기술로 잘 말할 때와는 다른 감각의 진폭을 낳는다.

노년의 진실과 '현명한 비관'

나이 든 여성들이 자신의 삶을 이야기로 재연(再演)할 때, 나는 특히 이들의 목소리-이야기를 감싸는 특정 정조에 끌린다. 그것은 '현명한 비관'이라고 부름직한 정조다. 물론 모든 노년/노년 여성에게서 그런 정조를 느끼는 것은 아니다. 사회문화 자원이든 경제 자원이든 동원 가능한 자원을 한껏 뽐내며 소비자 시민 주체의 자리에서 '영원한 젊음'의 가면극을 연출하는 노년들이 발산하는 기운은 오히려 "잔혹한 낙관"[15]에 가깝다. '초라하고 추한 늙은이들' 집단에 속하지 않으려고 이들이 계속해서 스스로 각인하는 '안티 에이징'의 낙관은 자기로부터의 소외나 자기 부정의 덫일 확률이 높다. 이런 낙관주의야말로 오히려 제대로 성찰하면서 가장 자기다운 '늙은이'로 만개할 가능성을 방해할 수 있다. 많은 경우 이런 사람들은 살아온 내력을 이야기로 들려주는 일에도 서툴다. 어떤 이야기를 남기고 생을 마무리 지을 것인지 아직 선택하지 못한 까닭이다. 죽음을 상상하지 않는, 혹은 상상하지 못하는 자리에서 궁극적인 생의 서사를 결정할 수는 없는 노릇이다.

이와 달리 현명한 비관의 정조는 나이 들면서 겪게 되는 이런저런 몸과 정신의 변화나 관계들의 변화, 혹은 익숙하던 역할의 상실을 수긍하는 태도와 관련된다. 이것은 체념이나 포기와는 다르다. 이런 태도는, 명확히 인지하든 아니든, 자신의 변화하는 몸-정신을 일종의 자연사이며 동시에 역사에 뿌리내린 것으로 체감하기에 가능하다. 누군가에게는 그것이 평생 원망스럽던 '운명'과 화해한 마음 상태를 가리킬 수도 있다. 살면서 그는 스스로 자신에게 배당한 자기 몫을 지키기 위해 '운명'과 힘을 겨루며 드잡이를 했다. 몇 번이나 진흙탕에 나동그라졌든, 나락으로 떨어졌든, 그는 팔자나 운명의 한가운데서 자신의 '성격'을 형성해 온 것이다. 이제 그는 외부의 판단하는 시선에서 물러나 스스로 자기가 살아온 삶을 이해하고 인정할 수 있을 만큼 성장한 자신을 마주한다. 거울 속에서 만나는 새로운 '나'는 시몬 드 보부아르가 당혹스럽다고 말한 그 '타자'가 아니다.

　우주의 시간 흐름이 개인에게 변화를 주는 것, 그것이 바로 우리를 당혹시킨다. 나는 이미 40대 이후부터 늙어 간다는 사실이 믿어지지 않아, 거울 앞에 꼼짝 않고 서서 '나는 마흔 살이다'라고 중얼거리곤 했다. …… 노년은 특별히 감당하기 어려운 나이이다. 그것은 우리가 언제나 노인을 어떤 색다른 부류로 간주해 왔기 때문이다. '나는 여전히 나인데, 내가 다른 사람이 되었단 말인가?' 사람들은 내게 이렇게 말했다. '그건 문제가 아니에요. 당신이 젊다고 느끼는 한 당신은 젊은 거예요.' 그러나 이것은 노년의 복잡한 진실을 몰랐을 때 하는 말이다. 노년의 진실, 그것은 객관적으로 정의되는, 타인에게 보이는 나의 존재와 그것을 통해 내가 나 자신에 대해 갖는 자의식 사이의 변증법적 관계이다. 나에게 있어서 나이를 먹어 가는 사람은 타자, 즉 타인들에게 보이는 나이다. 그 타자가 바로 나인 것이다. …… 노년의 경우에 있어서는 어떠한 논쟁도 허용되지 않는다. '60대'라는 단어는 모두에게 하나의

동일한 사실을 나타낸다.[16]

　이 인용문에서 보부아르는 "노년의 복잡한 진실"을 말하고자 한다. 60대 이후의 사람들은 내면에 축적된 각자의 경험과 상관없이 타인들에게 그저 동일한 노년 집단으로 여겨질 뿐이며, 바로 그 부정적으로 집단화하고 획일화하는 타인들의 시선 때문에 자기로부터 소외를 겪게 된다는 것이다. 그러나 이것을 과연 노년의 진실이라고 할 수 있을까. 보부아르가 내세운 노년의 진실은 '복잡한' 게 아니라 '상투적'일 뿐이다. 여자는 여자로 태어나는 것이 아니라 여자로 만들어지는 것이라는 명제를 세워 정체성의 구성적 성격을 강조했던 보부아르가 '노년으로 만들어지는 것'에 맞서 주체적으로 '노년 되기'를 제시하지 못한 것은 의아하다. "그건 문제가 아니에요. 당신이 젊다고 느끼는 한 당신은 젊은 거예요."라고 말하는 사람들에게 배우 윤여정은 일언지하에 "그건 개수작일 뿐"이라고 말하고,[17] SF 작가 어슐러 르 귄은 "내 노년을 부정하는 말은 내 존재를 부정하는 말이다. 내 나이를 지우고, 내 삶을 지우는 말"이라고 잘라 말한다.[18] 두 사람의 직설은 풍자와 유머 속에서 경쾌하다. 노년을 그저 '추하고, 나약하고, 쓸모없고, 남에게 의존함으로써 방해가 되는' 사람으로 간주하는 타인들의 관점을 경유해서 나 자신을 보기 때문에 생기는 '복잡한 진실'이라면, 그 관점의 부당함과 어리석음을 (블랙 유머로든, 풍자로든, 소리 없이 나지막한 미소로든) 웃음으로 되받아치거나 분쇄하고 그 자리에서 '노년의 단순명료한 진실'을 널리 파종하는 게 순리다. 보부아르의 말대로 얼굴에 새겨진 주름들이 "우주의 시간 흐름이 개인에게 가져온 변화"라면, 그 개인은 우주적 차원에서 성장하며 존재해 온 것이다. 우리에게 필요한 것은 늙음을 성장의 변화로 감각하고 존중하는 다른 해석 체계다.

경험과 성장이 가져온 변화, 그것이 늙음이라는 이 단순명료한 노년의 진실을 지각하는 당사자들은 살아온 시간을 성찰적으로 되새김질함으로써 앞으로 살아낼 시간을 전망한다. 이 되새김질과 전망 속에서 삶의 목적을 재조정하고 그에 따라 하루하루를 최선을 다해 살려 한다. 과거를 윤색하며 회고에 투항하거나 내일을 향한 무모한 낙관으로 피신하는 대신, 오늘의 절망 혹은 절망 속 희망과 친구 하면서 자기 삶의 탄력성과 다른 이들의 세상살이에 대한 관심을 지키는 것이다. 이쯤 되면 젊은이들에게 우주의 원리를 꿰뚫는 지혜나 혜안은 아니어도 '의미 있는 삶을 상상케 하는' 이야기 하나쯤은 제시할 수 있지 않을까.

죽음은 삶의 의미고, 언어는 삶의 척도다

직접 만나서 개인적으로 그의 '인생 이야기'를 들은 것은 아니다. 그러나 1993년 토니 모리슨이 노벨문학상 수상 연설을 '들려주었을' 때 그것은 매우 강렬한 한 편의 인생 이야기로 나를 전율케 했다. 그 당시 모리슨은 60대 초반이었고, 2019년 88세로 세상살이를 마칠 때까지 언어로 수행하는 '일'을 멈추지 않았다. 그러니까 노벨문학상 수상 연설을 할 때 그가 나이 많은 '노년'이었다고 말할 수는 없다. 그럼에도 그의 수상 연설은 '늙은 여자가 들려주는 목소리-이야기'라는 측면에서 놀라운 체험을 선사한다. 토니 모리슨이 '들려주는' 수상 연설,[19] 즉 그의 목소리로 '듣는' 수상 연설은 활자로 읽는 수상 연설과 많이 다르다. 활자로 먼저 그의 연설을 접한 나는 나중에 그의 연설을 들으면서, 연설의 내용뿐만 아니라 토니 모리슨이라는 한 흑인 여성 작가에 대해서, 그가 평생 수행한 '일'에 대해서 더 잘 이해하게 되었다. '촉각적'이며 물기가 있는 낮은 목소리로 그가 연설문을 한 줄 한 줄 천천히 읽어 내려갈 때마다 흥미롭게도 새로운 이야기가 전개되었다. '이야기'에 관한 이야기로 시작해서, 그 이야기에 관계된 다른 이야기들이, 새로운 가지가 뻗어 나오듯 전개되어 나온다. 그때마다 '죽음이 삶의 의미이고, 언어가 삶의 척도'라는 연설문의 핵심 인식이, 아니 지각이 조금씩 깊어진다.

토니 모리슨은 수상 연설에서 지구촌 어느 곳에서나 접할 수 있는, '옛날 옛적에'로 시작하는 오랜 구비 전승 이야기로 말문을 연다. 옛날 옛적에 앞을 보지 못하지만 현명하고 지혜로운 늙은 여자가 있었다. 자신이 들은 이야기에서 그 늙은 여자는 흑인이었다고 모리슨은 말한다. 공동체 구성원들에게 그는 '법'이었고, 동시에 법을 넘어서는 '법의 위반'이었다. (자신이 속해 있는 공동체 내에서 법이며 동시에 법의 위반인, 앞 못 보는 늙은 흑인 여자! 늙은이가 공동체 내에서 누릴 수 있는 권위 중 이보다 더 큰 권위는 없을 것이다. '앞 못 보는 늙은 흑인 여자'에게 이토록 높은 지위를 부여한 모리슨의 급진적 정치성에 페미니스트로서 깊은 존경을 보내지 않을 수 없다.)

그 노년이 받고 있는 존경, 그 노년이 누리는 경외심은 이웃을 뛰어넘어 아주 먼 곳까지 퍼져 나갔다. 어느 날 젊은이 몇 명이 그를 찾아와 자신들의 손 안에 있는 새가 죽었는지 살았는지 알아맞혀보라고 몰아댄다. 오랜 침묵 끝에 그는 부드럽지만 단호한 목소리로 말한다. "잘 모르겠네. 자네가 들고 있는 새가 죽었는지 살았는지. 하지만 그 새가 지금 자네 손 안에 있다는 사실은 알고 있지. 그 새는 지금 자네 손에 놓여 있네." 노년은 도발적으로 질문하는 바로 그 청년들의 손에 연약한 새의 생사 여부가 달려 있다는 것을 분명히 함으로써, 권력을 과시하기 위해 약자의 생명을 '갖고 노는' 무책임한 행동을 해서는 안 된다는 가르침을 준다. 이것이 앞 못 보는 늙은 여자가 자신을 시험하려는 젊은이들에게 전하는 '지혜' 내지는 '충고'일 것이다. 여기까지는 누구나 쉽게 짐작할 만한 이야기다. 그야말로 지구촌 어느 곳에서나 전해 내려올 법한 교훈이다. 그가 경고하는 권력은 폭력적인 국가권력일 수도 있고, 소수자들을 향해 차별이나 배제, 혐오를 서슴지 않는 주류 집단의 권력일 수도 있다. 또한 이 청년들처럼 노년 세대, 더군다나 흑인 노년 장애 여성의 권위를 인정하기보다는 어떻게든 시험에 들게 하고 싶은 이들이 휘두르는 권력일 수도 있다.

그런데 토니 모리슨 자신은 그 새를 '언어'로 생각하겠다고 말한다. 그러면서 언어는 체계인 동시에 살아 있는 무엇일 뿐 아니라, 특정 결과를 낳는 행위이기도 하다고 덧붙인다. '새'를 '언어'로 생각한다는 모리슨의 말은 권력/권력자와 소수자 집단 간의 관계를 언어의 문제로 파악해야 함을 강하게 피력한다. 권력자의 권력은 일상에서, 미디어 산업에서, 전문 지식인들의 뻔뻔하고 오만한 거래에서, 정치와 경제의 프로파간다에서 '언어'로 행사된다. 혐오는 혐오 '발언'(hate speech)을 통해서 상처를 입히고 존재를 파괴한다. 언어는 화학물질인 독보다 더 독하고 더 치명적일 수 있다. 그러나 그것이 다는 아니다. '당하는' 이들에게도 언어가 있다. 잊지 말아야 할 것은 이 언어도, 모든 언어가 그렇듯이, '살아 있는 무엇'이라는 사실이다. 손 안에 든 새, 살아 있는 이 생명체는 물리적 힘에 의해 단숨에 죽은 물체가 될 수 있다. 그러나 언어의 경우는 다르다. 언어는 결코 손 안의 새처럼 죽인다고 완전히 죽지 않는다. 언어로 행사되는 권력은 언제나 자기 모순에 노출되어 있으며, 언제나 반격당하고 실패할 여지가 있다. 언어의 생성적 속성 때문이다. 체계나 구조로서 권력을 행사하는 언어는 개별 발화를 통제하고 검열하지만, 끊임없이 새롭게 생성하고 이동하는 개별 발화들은 이 통제와 검열을 넘어서고 벗어난다. 예기치 않은 곳에서 예기치 않은 형태로 수행적 효과를 발생시키며 체계에 지속적으로 균열을 내고 변형을 일으킨다. 단 하나의 언어로 거대한 수직적 총체성의 시스템을 구축하고자 한 바벨탑의 욕망은 서로 다른 언어를 사용하며 서로 다른 견해를 표현하는 언어 주체들의 수평적 물결에 흔들려 무너진다.

모리슨은 방점을 찍듯 말한다. "우리는 죽습니다. 어쩌면 그것이 삶의 의미인지 모르겠습니다. 그러나 우리는 언어를 **행합니다**. 그것은 아마도 삶의 척도일 것입니다."라고(강조는 필자가 한 것). 여기까지 들은 청중들은 고개를 끄덕이며, '음, 그렇지. 우리에겐 언어가 있지. 죽인다고 순순히 죽진 않지.'라고 중얼거릴 것이다.

그런데 모리슨은 여기서 이야기를 끝내지 않고 또 이렇게 말한다. 눈 먼 늙은 여자에게 온 젊은 사람들은 어쩌면 그에게 삶과 죽음의 의미에 대해 듣고 싶었던 것일 뿐인지도 모른다고. 손 안의 새는 그저 그에게 접근하기 위해, 그에게서 무언가를 듣기 위해 꾸며낸 이야기에 불과했을지도 모른다고. 어떻게 살아야 하는지? 도대체 삶이란, 죽음이란 무엇인지? 그러나 늙은 여자는 침묵하고, 상처 입은 젊은이들은 초조함을 견디지 못해 항의하다가 자신들이 듣고 싶은 이야기들을 스스로 지어낸다. 이윽고 늙은 여자가 침묵을 깨고 말한다. "이제 난 자네들을 믿겠네. 자네들 손에 있지 않은 그 새를 이제 안심하고 자네들에게 맡기겠네. 자네들이 정말로 그 새를 잡았으니까. 자, 보라고. 이 얼마나 아름다운가. 우리가 함께 **행한** 이것 말일세."[20](강조는 필자가 한 것)

앞 못 보는 늙은 여자와 젊은이들은 어떤 형식으로 만날 수 있을까. 늙은 여자는 무엇을 전승할 수 있으며, 젊은이들은 무엇을 어떤 형태로 물려받을 수 있는가. 진부한 책임 훈계 말고 어떤 유산이 있을까. 죽음을 베개 삼아 살고 있는 '늙은 이'들이, 죽음은커녕 당장 오늘과 내일의 삶조차 포착하기 어려워 불안한 '젊은 이'들에게 건네줄 유산은 이야기를 지을 수 있는 언어에 대한 깨달음이다. 모리슨의 수상 연설 속에서 삶의 의미는 죽음이고, 삶의 척도는 언어 '행위'라는 사실이 다름 아닌 이야기로 전승된다. 죽음이야말로 삶을 이야기할 가치가 있는 것으로 만들고, 그 삶의 주인공을 이야기꾼으로 만든다. 노벨문학상 수상자인 토니 모리슨은 매우 뛰어난 전문가 이야기꾼의 기술로 언어 행위의 책임성을 전달한다. 반면에 일상에서 만나는 노년들이 들려주는 생의 이야기-언어는 한결 비전문적인 범속한 상태에서 삶과 죽음과 언어의 상관 관계를 느끼게 돕는다. 꼭 엄청난 사건을 담고 있을 필요도 없고, 모리슨처럼 뛰어난 이론적 해석을 동반하지 않아도 된다. 목소리가 흘러나오는 얼굴이 사건이며, 세월이 밴 목소리 자체가 해석인 까닭이다. 서서히 한 권의 인생-책이 되고 있는 노년들의 목소리-이야기가 전하는 삶과 죽음의 범속한 비의. 이 비의에 접속하는 젊은이들이 많아지길 희망해본다. 모리슨의 수상 연설에서처럼, 젊은이들이 늙은 여자들을 찾아와 '여자로 산다는 것은 무엇인지', '남자로서 어떻게 살아야 하는 건지'에 대해, 세상에서 가장 어려운 이 비의에 대해 묻기를 희망한다. 이 재앙의 시대에 '네 책무를 다하라'는 훈계 따위 말고 가슴에 품고 세상을 향해 나아갈 수 있는 이야기를 들려 달라고 청하길 희망한다. 노년들이 아니라 그들 자신들을 위해서. 모리슨 이야기의 앞을 보지 못하는 흑인 여성 노년처럼 중심에서 멀리 떨어진 변방에 있는, 규범과 법의 바깥에 있는, 그래서 스스로가 법이며, 또 법의 위반인 그런 소수자 노년을 찾아가 '용기'와 '지혜'에 대해 이야기를 나누는 용기와 지혜가 젊은이들에게 있기를!

내 안의 할머니

—

야나기 미와의 〈우리 할머니들〉

미래의 내가 나에게

심리치료사들은 종종 '내면의 저 어두운 구석에서 울고 있는 아이'를 만나보라고 제안한다. 그 아이를 안아주고 격려하고 위로해주라고도 한다. 30대 후반과 40대 초반에 젠더 렌즈로 정신분석 거슬러 읽기에 몰두했던 나는 미술치료 세미나에서건 독서치료 워크숍에서건 계속 강조하는 이 '내 안의 울고 있는 아이'가 늘 의심스러웠다. 심지어 어떤 결혼 이주 여성 대상 미술치료 워크숍에서 참석자들이 '드디어 그 아이를 끌어안고 울기 시작하자' 워크숍이 성공적으로 마무리되었다고 미술치료사가 기뻐할 때는 할 말을 잃었다. 결혼 이주 여성들이 이주 전까지 살아온 삶의 환경, 그리고 지금 현재 이곳에서 맞닥뜨린 삶의 구조적 조건이 이들의 우울과 불안의 원인일진대, 이들의 울음은 다른 식으로 해석되어야 마땅했다. 운다는 것은 어떤 감정의 표출이고, 이 감정은 자신을 사회문화적으로 이해하는 과정에서 생겨난다. 울음에 일정 부분 카타르시스 효과가 있다고 해도, 울음 자체가 '힐링'의 완성일 수는 없다.

'울고 있는 아이'에 대한 이해나 적용은 조금씩 다를 수 있겠지만 대체로 그 배경에는 '순수하고 온전한 자아'라는 기원을 설정해 두고, 그 기원에서 얼마큼 벗어났는가, 어떻게 다시 그 기원으로 되돌아갈 것인가, 얼마큼 되돌아갔는가를 경험주의적으로 측정하는 자아(치유) 심리학이 자리 잡고 있다. 이러한 태도는 자아 탐구의 초석을 놓은 정신분석과는 매우 다른 것이다. 정신'분석'은 말 그대로 자아를 분석한다. 자아란 사회문화와 정치경제의 복합 스펙트럼 안에서 '형성된' 것이고, 어느 정도는 계속해서 '형성되고 있는' 것이기 때문이다. 그렇다고 자아가 완전히 수동적으로 만들어진다는 의미는 물론 아니다. '기원'이 아닌 자아 형성 '과정'의 계보학적 추적에 몰두한다는 게 핵심이다. 정상성 자체를 구축된 개념으로 이해하는 정신분석에서 비정상적·파행적 일탈이라는 것은 논리상 가능하지 않다. 분석의 목표는 어떤 맥락에서 어떤 요소들의 얽힘이 어떻게 전개되어 지금의 '나'라는 이 자아를 구성했는지를 좀 더 명료하게 파악하는 것이다.

조금 이야기가 길어졌지만 그래서 나는 '울고 있는 아이'라는 명제를, 적어도 세간에 돌고 있는 그 방식으로는 받아들일 수 없었다. 내가 오히려 만나고 싶은 누군가는 내 안에서 나를 기다리고 있는 '미래의 할머니'였다. 일본의 페미니스트 사진작가 야나기 미와의 〈우리 할머니들〉(2000년) 시리즈[21]에서 강한 공명을 느꼈던 것도 이 때문이다.

20대 중반에 나는 꽤 진지하게, 그러나 호모 루덴스적 자유로움 속에서 '늙은 나'를 상상해본 적이 있다. 해질 무렵 빛과 어둠이 적당히 섞여 있는 시간, 그다지 넓지 않은 뜰에서 한 늙은 여자가 그네에 앉아 지난 시간 속의 자신'들'과 해후하고 있다. 그네가 앞으로 뒤로 조금씩 흔들릴 때마다 어떤 한 여자의 얼굴이 그에게 다가온다. 그는 이 여자들과 길거나 짧은 대화를 나눈다. 대화의 내용을 알 수는 없지만, 나는 미래의 나인 이 늙은 여자와 각각 다른 연령대의 나인 여러 다른 여자들의 조우에서, 뭐랄까 약간 신비스러운 기운과 함께 어떤 지지나 격려를 느꼈다. "그래…… 그랬구나." 또는 "괜찮아, 잘 살았어."라며 등을 가볍게 쓸어주는 손길을 느꼈다. 상상이었지만 그것은 영적 기운이 서린 어떤 일회적 사건이었고, 이후 그 사건이 떠오를 때마다 그 늙은 여자를 '내 할머니'[22]라고 불렀다. 지금의 나를 기다리고 있는, 지금의 나를 고요히 지켜보고 있을 저 '내 할머니'를 생각할 때마다 따스한 위로가 느껴진다. 이 위로의 성격이 무엇인지는 확실치 않다. 일종의 꿈일까. 이미 도래해 있는 미래를 향한? 낯선 그리움을 닮은? 혹은 내 무의식의 문양을 양화로 드러낸 것일까. '이미 도래해 있는 미래'라는 관점에서 '나를 기다리는 할머니'는 '내 안의 (울고 있는) 아이'와는 어떤 관계에 있을까.

야나기 미와[23]는 1990년대 초 〈엘리베이터 걸[24]〉 시리즈(1994~1999년)로 일본 사회의 자본주의적·가부장적 여성관을 냉정하게 포착해낸 이후, 〈우리 할머니들〉(2000년), 〈동화〉(2006년), 〈바람 여자들〉(2009년)로 이어지는 여성/여성성 재현 시리즈를 발표하면서 페미니스트 작가로서 입지를 확고히 다졌다. 설치 미술과 사진의 요소를 동시에 지닌 이 일련의 시리즈는 여성/여성성 이미지에 대한 흥미로운 탐구와 전환, 더 나아가 전복의 과정으로 전개된다. 이 글에서는 〈우리 할머니들〉 시리즈를 '치밀하고 친밀하게' 살펴볼 것이다. 맥락적 이해를 위해 〈우리 할머니들〉 시리즈에 앞서 발표된 〈엘리베이터 걸〉에서 출발하자.

백화점 엘리베이터 안에서 유니폼을 입고 상냥한 웃음으로 손님을 안내하는 여성들은 가부장제 사회가 강제하고 자본주의가 몰염치하게 소비하는 '여성/여성성'을 체현한다. 〈엘리베이터 걸〉은 '여성성'을 판매하는 이 여성들의 '일'을 매우 독특한 컴퓨터 그래픽 이미지로 전시한다. 큰 사이즈로 프린트된 고화질의 반짝이는 사진 속에서 집단으로 포즈를 취하고 있는 이들에게서는 인격이나 정체성은 전혀 느껴지지 않는다. 대칭적인 건축학적 공간 구도 속에서 일종의 기하학적 형상을 이루고 있는 이들은 SF 영화 속 주인공처럼 인공성과 일회성, 그리고 휘발성을 강하게 풍길 뿐이다. 사람이 된 그래픽 혹은 그래픽이 된 사람이라고 할 수 있다. 이들이 입고 있는 '유니폼'은 또한 '역할로 축소된 인격'이나 '의례로 축소된 관계성'을 소비문화의 맥락 속에서 적나라하게 드러낸다. 주디스 버틀러의 수행성 이론을 인용해 말하자면 이 '유니폼-주체'는 행위자 없는 행위, 또는 강제된 반복 수행이 빚어낸 결과로서 주체를 가리킨다.[25] 사회문화적으로 강요된 규범의 반복 수행과 의례가 특정 주체를 만들어낸다고 할 때, 그것은 특히 여성이라는 젠더에서 더욱 심각한 효과를 낳는다. 야나기 미와의 〈엘리베이터 걸〉 시리즈는 가부장제 성 문화가 자본주의와 손잡고 생산·소비하는 '여성/여성성'을 바로 그 강제된 여성성 수행과 의례들의 반복 배치로 폭로한다.

모계적 공동체의 비전

일체의 감정이나 몸의 실존적 물질성을 삭제(당)한 채 '유니폼-주체'로서만 존재하는 여성 이미지를 생산한 이후 야나기 미와가 시작한 것이 바로 〈우리 할머니들〉 시리즈다. 〈우리 할머니들〉 시리즈가 〈엘리베이터 걸〉 시리즈를 '잇는' 작업이라는 사실은 의미심장하다. 이 새로운 시리즈를 통해 야나기 미와는 '유니폼-주체'들에게 감정과 몸의 물질성, 그리고 그것을 토대로 한 개성을 되돌려주려 한다. 이것은 고유한 이야기와 꿈으로 이루어진 '여성들의 세계'를 창조함으로써 실현된다. 작가는 〈엘리베이터 걸〉 사진 작업 때 포즈를 취해준 모델들을 포함해 어린/젊은 여성들에게 50년 후 자신의 모습을 상상해 달라고 요청했다. 그리고 이들 각자가 상상한 내용에 따라 이들을 분장하고 무대를 연출했다. 이 흥미로운 시도는 야나기 미와 자신을 포함해 모두 25명의 '할머니' 이미지들을 탄생시켰고, 각각의 이미지에는 또한 짧은 이야기가 덧붙여졌다.

이 작업의 제목은 왜 '내/우리 할머니들'일까? '내'라는 소유격 뒤에 복수 형태로 호명된 '할머니들'은 호기심을 자아낸다. 할머니가 되면 마주치는 아이들 모두를 '우리 아이들'이라고 부르는 것이 자연스럽듯, 아이들/어린 사람들이 세상의 할머니들을 '우리 할머니들'이라고 부르는 게 이상하지 않다는 것일까. 그렇다면 이 '자연스러움'이 가리키는 지평은 무엇일까. '할머니' 시리즈에는 작가 자신의 이미지도 포함되어 있는데, 그 제목이 '우리 아이들(My Offsprings)'이다. 작가 야나기 미와는 어려서부터 할머니가 되고 싶었다고 한다. '우리 아이들' 이미지에서 작가는 자신이 상상한 할머니가 어떤 할머니인지 구체적으로 보여준다. 그가 내다본 50년 후의 세상은 황량한 디스토피아다. 그는 그곳에서 10년 넘게 지구 곳곳에서 돌봄이 필요한 아이들을 데려와 키우고 있다. 이 아이들, '우리 아이들'을 찾기 위해서라면 그는 아무리 멀고 험한 곳이라도 마다하지 않고 길을 나선다. 어디엔가 새로운 아이가 있다는 사실을 알게 될 때마다 미와와 아이들 모두는 그 한 명의 아이를 찾아 함께 여행을 떠난다. 지금 그들은 눈으로 뒤덮인 광야를 지나고 있다. 돌봄의 손길을 기다리는 지구촌 아이들 모두를 '우리 아이들'이라 부르며 그들을 향해 지체 없이 발걸음을 떼는 할머니라니, 그가 꿈꾸는 할머니의 스케일이 광대하다.

작가 자신의 작업 의도를 가장 잘 드러내는 이 이미지에서 우리는 〈우리 할머니들〉 시리즈가 '우리 할머니들'과 '우리 아이들'을 쌍으로 제시하고 있음을 알게 된다. 이러한 제시를 통해 혈연 중심 가족주의를 벗어난, 품 넓은 모계적 공동체의 비전이 열린다. 이 공동체에서는 세상의 모든 할머니를 '우리 할머니들'이라 부르는 아이들과, 세상의 모든 아이를 '우리 아이들'이라 부르는 할머니들이 서로를 향해 몸을 돌린다. 이 만남의 구체적 내용은 달라질 수 있겠지만 그것이 지닌 이상(ideal)은 짐작할 수 있다. 부름과 응답으로, 즉 상호 책임으로 이루어지는 세대 간 삶의 전승이다. 어원상 책임(responsibility)이라는 단어의 동사형인 re-spond는 맹세나 서약, 혹은 약속을 돌려준다는 의미가 있다. 누군가의 부름에 응답할 때, 이 응답에는 저버려서는 안되는 굳은 약속이 담겨 있다. '우리 아이들'이라는 부름과 '우리 할머니들'이라는 부름은 '서로 응답'의 형태로 만난다. 이 만남에서 부름과 응답은 약속의 상호성 또는 호혜성을 순환시킨다. 대체로 부모와자식의 관계는 '나의'라는 소유격의 편집증적 감옥에서 벗어나기 어렵다. 자식을 '나의 직접적인 소산'으로, 그래서 나의 소유물로 간주하는 부모들의 의식/무의식은 체벌이나 학대를 넘어 살인이라는 극단적인 파행을 낳기도 한다. 이 강한 소유 의식은 친족 안에서건 친족 밖에서건 부모 '세대'와 자식 '세대' 간에 부름과 응답의 상호 책임 관계가 형성되는 것을 방해한다. 상호 책임 관계는 서로를 동등하게 자유롭고 존엄한 타자로 인식하는 태도를 전제로 하기 때문이다. 조부모세대와 손자녀 세대 간에는 이러한 관계 형성이, 희박하게나마, 가능할 수 있다. 조부모(세대)는 직접적인 몸의 연결도, 나르시시즘적 투사도, 미래 사회인을 양성해야 한다는 훈육의 부담도 상대적으로 적기 때문이다.

현실 속에서는 조부모 '세대'와 손자녀 '세대' 간에 부름과 응답으로 이루어지는 상호 책임 관계를 찾기 어려울 수도 있겠지만, 적어도 텍스트상으로는 드물지 않다. 영화 〈계춘할망〉(창감독 감독, 2016년)을 예로 들어보자. 12년 전에 잃어버린 손녀 혜지를 애타게 찾는 계춘(윤여정 분)에게 어느 날 한 소녀(김고은 분)가 찾아와 자신이 바로 그 손녀라고 말한다. 시간이 지나면서 계춘은 소녀가 자신의 손녀 혜지가 아니라는 사실을 알아차리지만 끝까지 모른 척하고 소녀를 품는다. 세상에 내 편이라고는 단 한 사람도 없는 소녀에게 '바로 그 단 하나의 편'이 되어준다. 소녀 또한 점차 진심으로 '계춘의 혜지'가 된다. '우리 할머니'라고 부른 소녀에게 약속을 돌려주는 계춘과, '우리 아이'라고 부른 계춘에게 약속을 돌려주는 소녀의 행위는 순환하며 비혈족/탈혈족 상호 책임 관계를 실현한다. 야나기 미와의 '우리 아이들'은 이러한 관계를 우연한 일회성 사건이 아니라 보편성을 띤 비전으로 제시한다.

'내 안의 아이'와 '내 안의 할머니'

발터 벤야민은 유대신비주의 역사관에 입각해 독특한 역사철학을 펼쳤다. 그에 따르면 미래의 어느 시점에서 완성에 도달한/도달할 역사의 이미지를 현재의 '지금시간'[26]에 선취(先取)해서, 그 선취한 이미지에 입각해 현재를 조직하는 것이 역사철학의 핵심이다. 선취한다는 것은 미래의 그 순간, 그 상황을 지금 여기서 미리 살아보고 포착해낸다는 것을 의미한다. 현실 속에서 역사는 끝내 완성에 도달하지 않을지도 모른다. 고삐 풀린 근대화가 불러온 크고 작은 파국과 재난의 연쇄는 점점 더 어두운 디스토피아만을 허용할 뿐이다.[27] 그러나 아무리 불확실성과 불안정성이 편재하는 시대라고 해서 오늘 이 시간을 아무런 예감이나 비전 없이, 살아지는 대로 '그냥' 살 수는 없다. 현재를 가장 적실하게 조직하기 위한 비전은 그렇다면 어디서 어떻게 구할 수 있을까. 그것은 완성에 도달한 역사의 모습을 지금 이 순간 선취함으로써 가능하다고 벤야민은 말한다. 결코 가능하지 않을 수도 있는 것을 어떻게 선취하느냐, 투사된 욕망에 지나지 않는 것 아니냐고 반론을 제기할 수도 있을 것이다. 그런 순간은 결코 오지 않을 게 확실해 보이는 시점에서 이런 반론은 현실적이다. 그러나 벤야민의 제안에서 핵심은 이렇게 의미 없이 공허하게 하루하루 이어지는 시간의 흐름을 어떻게 중지시키고 새로운 방식으로 '조직하는가'에 있다. 이 새로운 조직의 원리는 과거와 '지금시간', 그리고 미래라는 시간의 세 층위가 만나는 방식에서 찾을 수 있다. '지금시간'은 미래의 어느 시점에 자기 완성을 이룬 역사의 이미지를 선취하는 시간인 동시에 현재가 과거와 조우하는 시간이기도 하다. 이해되거나 납득되지 않은 채 풀리지 않는 의문으로 남겨져 있던 과거의 이미지들이 어떤 깨달음의 순간에 비로소 이해되고 납득되고 풀린다. 그리고 그 풀림 속에서 완성된 역사의 이미지가 함께 선취된다. 인식의 이 두 방향은 동시적이다. 동시적으로 작동하는 이 두 방향의 역사 인식이 현재를 조직하는 원리이자 동력이다. 예를 들어보자. 과거에 일어난 '재난들'의 올바른 의미를 지금 깨닫는 것과 재난과 폭력에서 해방된 안전하고 평화로운 미래의 이미지를 선취하는 것은 동시적인 순환 과정이다. 이 깨달음과 선취가, 현재 우리가 무엇을 어떻게 조직해야 하는지를 결정해준다. 현실 속에서 이 깨달음의 '순간'은 물론 저절로 주어지지 않는다. 지난한 질문과 탐구와 투쟁, 고군분투의 과정을 앞세운다.

벤야민의 역사철학은 개인의 역사에도 적용할 수 있다. '(울고 있는) 내면의 아이'는 해석되고 납득되기를 기다리는 과거의 이미지다. 이 과거의 이미지가 '지금시간'에 어떤 해석의 깨달음을 주고, 그와 동시에 '나를 기다리는 미래의 할머니' 이미지 선취와 함께 현재 나의 삶을 조직하게 돕는다. 이것은 낭만화된 과거 회고나 미래 투사가 아니라 해석이고 비전이다. '(울고 있는) 내면의 아이'와 내 삶의 완성된 순간을 가리키는 '미래의 할머니'는 지속적으로 현재의 나를 새롭게 구성할 것이다. 야나기 미와의 〈우리 할머니들〉 작업을 살피는 일은 이러한 역사철학을 지평 삼아 과거 자신이 살아온 삶과, 미래의 어느 시점에 다 살아낸 그 삶을 토대로 삼아 오늘의 삶을 조직해보자는 제안이기도 하다. 그렇게 함으로써 우리 삶의 역사를 무의미한 하루살이 연쇄에서 해방해 새로운 의미망, 새로운 시간성의 텍스트로 직조할 수 있을 것이다.

젠더를 해체하는 할머니

앞에서도 말했듯이 야나기 미와의 〈우리 할머니들〉이 제시하는 미래의 할머니 이미지들이 이성애 혈연 중심의 재생산 노동이나 역할과 무관하다는 것, 이것이야말로 이 이미지들을 문화정치적으로 주목하게 만드는 지점이다. 많은 사람들이 노년의 평화와 행복, 기쁨을 부모에게 부과된 훈육의 책임에서 벗어나 '손주들을 마음껏 우쭈쭈 해줘도 되는' 삶에서 찾고 있다면, 야나기 미와는 그런 일반적인 노년 이미지를 탈혈연적으로 전환하거나 아예 그와는 전혀 무관한 할머니들을 소개한다. '여성'이라는 젠더를 미학적으로 해체하고 재구성하는 그의 작업에서 '할머니' 정체성은 계속해서 상상력의 원천이 된다.

〈엘리베이터 걸〉에서 〈우리 할머니들〉로, 그리고 다시 〈동화〉에서 〈바람 여자들〉로 이어지는 야나기 미와의 작업은 의도와 배경, 그리고 정도의 차이는 있지만 모두 가부장적 사회에서 '여자'가 어떻게 구성되고 소비되는지 질문한다. 2009년 베니스 비엔날레에서 전시된 〈바람 여자들〉은 이 질문에 대한 작가 나름의 통쾌한 답변일지 모른다. 무수한 산과 대지를 발밑에 두고 거센 바람이 회오리치는 하늘을 머리에 인 채 머리카락을 휘날리며 춤을 추고 있는 사진 속 거대한 여성 형상들은 이제 막 천지를 창조하고서 터질 듯한 기쁨을 만끽하고 있는 것처럼 보인다. 특히 과도하게 크거나 과도하게 늘어지고 처진 가슴을 한 이 태곳적·신화적 여성들은 문명사가 만들어낸 '여성/여성성'을 바람에다 날려버리며 '여성 존재' 자체를 강렬하게 부각한다. 전작 시리즈부터 이 '바람 여자들' 사진에 이르기까지 야나기 미와의 작업에서 소녀와 할머니들은 여성의 모든 가능한 존재 양태들의 두 축을 이루고 있다. 소녀와 할머니가 내뿜는 존재감에 비하면 그 사이에 있는 여성들의 존재는 시시하다고까지 말할 수 있다. 소녀는 아이와 여성의 경계에 있는 존재로, 할머니는 여성을 제한하는 여성성 이데올로기와 성역할을 넘어선 존재로, 두 존재 모두 가부장제 사회 규범과 자본주의성 문화가 손쉽게 포획하거나 관리하기에는 너무나 모호하거나, 무섭도록 제멋대로이거나, 치명적으로 잉여적이다. 한마디로 젠더 규범이나 규격에 딱 맞아떨어지는 존재가 아닌 것이다.

이들의 이미지는 우에노 치즈코가 '여학교 문화'라고 부른 문화 세계의 핵심 주인공들과도 일맥상통하는 면이 있다. "미디어 세계 속에서 여학교 문화는 그 영토를 깊고도 넓게 확대해 가고 있다. 나이를 아무리 먹든 스스로를 '소녀'로 인식하는 30대 그리고 40대 여자들, 금단의 '썩은녀' 문화……. 남성의 사각지대였던 이 암흑 대륙이 때때로 환상의 아틀란티스가 바다에서 부상하듯 그들의 눈앞에 홀연히 나타났을 때, 과연 어떤 일이 일어날 것인가."라고 우에노 치즈코는 《여성혐오를 혐오한다》[28]에서 썼다. 여기서 '그들'이란 여성 남성 가릴 것 없이 가부장제 수호자들, 혹은 젠더 수호자들을 의미한다. 야나기 미와의 여성/여성성 시리즈들이 보여주는 세상도 이 가부장제 젠더 수호자들을 당혹에 빠뜨릴 '환상의 아틀란티스'의 일부다.

〈우리 할머니들〉 시리즈가 창조해낸 '환상의 아틀란티스'에서 할머니가 된다는 것은 (마치 숨겨놓았던 날개를 꺼낸 듯이!) 이제 본격적으로 자유인으로 활개 치며 '제멋대로' 산다는 것을 의미한다. 물론 이처럼 '자유인으로 활개 친다'는 것이 시간이나 장소와 관련해 어떤 의미와 형태를 띠는지에 대해서는 좀 더 세심하게 살필 필요가 있다. 자유/자유인이라는 표상 자체가 나이 듦과 함께 바뀔 수 있으며, 또 누구나 원한다고 '제멋대로' 살 수 있는 게 아니기 때문이다. '소녀답게'와 싸워 온 소녀의 시간, '여학생답게'와 싸워 온 여학생의 시간, '엄마답게'와 싸워 온 엄마의 시간 등등 생애 단계마다, 하는 활동이나 맡는 역할마다 '답게'와 싸워 온, 싸우며 좌절하며 분노하며 타협하며 구성해 온 '자기'의 과정들이, 적어도 입장을 확실히 하며 지켜내려 했던 그 '자기'의 과정들이 노년의 '제멋대로' 사는 삶의 토대며 힘이다. 현실 속 노년들이 마음과는 달리 '제멋대로' 살지 못하는, 혹은 그들이 생각하는 '제멋대로'가 무엇인지 불분명한 경우가 많은 까닭이다. 그래서 '환상'이 필요하고 상상력으로 짓는 이야기들이 필요하다.

〈우리 할머니들〉 시리즈는 앞당겨 포착한 소망 이미지들의 전시다. 무대를 연출하고 사진을 찍기 전에 작가와 인터뷰 당사자 간에 어떤 대화가 오고 갔는지는 모르지만, 확실히 〈우리 할머니들〉 시리즈가 보여주는 할머니들은 자유인의 위치에 있다. 50년 후의 자기 모습을 상상해 달라는 작가의 요청에 어린/젊은 여성들이 펼친 환상의 이미지들을 보면서 현실 속 여성들, 특히 할머니가 되고 있는 여성들은 '제멋대로'의 구체적 내용과 형태를 가늠해볼 수 있을 것이다. 현실 속 할머니들이(할아버지들도 마찬가지다) '손주들 돌보는 권리와 의무'를 가장 달콤하고 뿌듯한 행복이라고 말하곤 하는 데 반해(물론 이것도 어느 정도는 강요된 것이다), 이 사진 속 할머니들은 자기만의 고독한, 혹은 화끈한, 혹은 혈연과 무관한 '우리 아이들'과 함께하는 새로운 세상을 펼친다.

다음 세상을 여는 여자들

이 '환상의 아틀란티스'를 구성하고 있는 25명 할머니들의 삶은 크게 세 가지 유형으로 구별된다. 대재앙이 휩쓸고 지나간 '이후'의 세계에서 살아남은 아이들과 함께 새로운 삶을 일구는 유형, 이성애를 벗어난 욕망과 거침없는 친밀성을 드러내는 유형, 그리고 외로움이 아닌 고독한 몰입으로서 홀로 존재함을 표현하는 유형이 그것이다.

먼저 대재앙 이후의 미래 세계와 그 안에서 새로운 삶을 개척하는 이미지를 보자. 첫 번째 인물은 미에(MIE)다. 높은 탑처럼 보이는 곳에 홀로 앉아 있는 미에의 얼굴에 깃든 표정은 절망도 쓸쓸함도 두려움도 아닌 어떤 초탈이다. 그러나 이 초탈에는 오랜 육체적 삶의 흔적이 남아 있다. 그에게 중요한 것은 단 하나. 살아남은 사람들이 새롭게 만들어 나가는 세상은 평등하고 조화로운 시공간이어야 한다는 사실이다.

같은 유형으로 분류되는 미카(MIKA)는 어떠한가. 그는 예전에 자신이 가르쳤던 여학생들과 함께 지구 최후의 장소인 어떤 섬에 살고 있다. 바위 위에 서 있는 미카 주위로 바닷물에 다리를 담그고 선 소녀들의 자유로운 모습이 보인다. 대재앙 이후 10년 넘는 시간이 흘렀고, 지구의 마지막 생존자인 이 여학생들은 미래 세계의 첫 인류다. 대재앙을 불러온 가부장적이고 생태 파괴적인 자본주의 사회의 희생자인 이들이 어떻게든 미래를 책임지고 제대로 구축해 나갈 수 있도록 돕는 것, 이것이 미카의 과제다. 세상의 마지막 시간이며 동시에 새로운 세상의 첫 시간이기도 한 시공간을 살면서, 미카가 최후의 장면으로 기억하고 싶은 것이 저 사랑스러운 여학생들의 밝게 빛나는 얼굴과 발걸음인 것은 흥미롭다. 미카와 여학생들이 만들어 가는 이 평화로운 섬 생활은 최초의 여성 시인으로 알려진 사포와 그를 흠모했던 여성 제자들의 내밀한 관계를 떠올리게 만든다. 기원전 7세기 후반 레스보스섬에서 태어난 사포는 최초의 여성 시인일 뿐 아니라 추상적이고 보편적인 세계관이 아닌 사랑의 열정과 그리움, 질투, 상실감 같은 감정을 노래한 최초의 서정 시인이기도 했다. 더군다나 그가 노래한 감정의 대상은 여성인 경우가 적지 않았다. 사포가 태어난 레스보스에서 여성 동성애자를 가리키는 레즈비언이라는 용어가 유래한 것도 이 때문이다.

〈우리 할머니들〉 시리즈가 제작된 1999년에 미에와 미카가 상상해낸 이미지들은 2011년 후쿠시마를 강타한 쓰나미 자연재해와 원자력 발전소 폭발 사고를 정확히 예견하고 있다. 후쿠시마의 경고조차 흘려보낼 경우 인류가 직면할 미래는 그들이 예견한 바로 그 대재앙이다.

욕망하는 노년

〈우리 할머니들〉 시리즈가 만들어낸 '환상의 아틀란티스'의 두 번째 유형은 '노년 여성의 욕망'과 관련된다. 이 할머니들의 욕망은 우선 '할머니답지' 않은 패션으로 나타난다. 먼저 에리코(ERIKO)의 경우를 보자. 그는 자신의 50년 후 모습을 '슈퍼모델'로 상상한다. 허리까지 내려오는 긴 금발에, 자줏빛 웃옷과 판탈롱 바지, 킬 힐 구두를 신은 그는 한 손을 허리에 얹은 채 위풍당당한 포즈를 취하고 있다. 이 '할머니' 이미지에는 섹시함이 늙은 여성에게까지 여성성의 본질로 간주되는 가부장제 대중문화의 흔적이 역력하다. 그러나 여기에 위풍당당이라는 단어를 붙이고 싶은 데는 이유가 있다. 우선 에리코가 지금 포즈를 취하고 있는 런웨이가 공동묘지 한가운데 놓인 묘지 석판이라는 것에 주목하고 싶다. 묘지 석판 런웨이에서 내딛는 걸음은 메멘토 모리(Memento Mori), 즉 '죽음을 기억하라'는 명제를 각인하는 퍼포먼스가 된다. 다음으로 '슈퍼모델 에리코'로 분장한 실제 모델이 에릭이라는 이름의 젊은 미국 남성이라는 사실을 놓쳐선 안 된다. 〈우리 할머니들〉 시리즈의 작업 방식에 따르면 모든 참여자들은 각자 자신이 상상한 50년 후의 모습으로 분장해서 직접 이미지의 주인공으로 등장한다. 그렇다면 에리코의 경우는? 이미지에 곁들인 텍스트가 이에 대한 힌트를 던진다. "나의 생은 두 명의 배우가 만든 드라마였다. '에리코'는 내 생의 후반부를 이끈 위대한 여배우다. 에리코는 성(性), 나이, 국적, 이 모든 경계를 가로지르는 슈퍼모델이다. 파리, 밀라노, 뉴욕, 도쿄가 그녀에게 경배를 바쳤다." '에리코/에릭'이라는 이중적 호명을 통해 '성'은 이 모든 경계에서 '가로지르는' 효과가 특히 강렬한 부분이 되었다. 이것은 해부학에 입각해 모든 사람을 두 개의 성, 즉 여성과 남성으로 구분하는 이분법적 성(gender) 관념을 가로지른다. 이로써 그가 신은 킬 힐의 의미도 달라진다. 늙어서까지 증명해 보여야 하는 섹시한 여성성이 아니라, 오히려 그것과 결부된 이분법적 성 규범을 뾰족하게 뚫어버리는 풍자로 말이다.

다음은 유카(YUKA) 차례다. 그는 모터사이클의 사이드카에 앉아 젊디젊은 연인과 골든게이트 다리를 건너고 있다. 골이 깊게 파인 자줏빛 블라우스 차림에 붉게 물들인 머리카락. 머리카락은 바람에 빨려들 듯 휘날리고, 유카의 손에는 담배가 들려 있다. 유난히 하얀 이빨을 내보이며 (아마도 비싼 틀니일 듯하다!) 호탕하게 웃고 있다. 사진에 동반된 텍스트는 유카 옆에서 크게 웃으며 모터사이클을 운전하고 있는 남자를 '젊고 부자인 플레이보이 애인'이라고 소개한다. 또한 유카가 자식들과 손자들을 몇 년째 못 보고 있다고, 젊은 부자 애인과 자유롭게 독립적인 생활을 즐기느라 일본 생각은 안 한 지 오래라고 말해준다.

그런데 유카의 이 연애 이야기에는 전사(前史)가 있다. 은퇴 후 처음 몇 년간 그는 어느 유명한 온천 도시에 정착해서 매우 '조용한' 삶을 살았다. 그러다가 다시 '지금 여기'의 삶으로 돌아오기로 마음을 바꾼다. 유카가 '초국적 이주'를 선택한 배경이다. 시시하달 수도 있는 이 전사가 '젊고 부자인 플레이보이 애인'과의 연애 이야기보다 더 나의 관심을 끌었다. 아니, 전사 덕분에 초국적 연애 이야기가 더 고소하고 재미있었다. 유카가 온천 도시에서 보낸 몇 년간의 조용한 삶은 단지 '지금 여기'의 삶으로 되돌아오기 위한 통과 의례였을지 모른다. '그래, 일단 여러분들이 원하는 대로 살아주지, 그러나 그 다음엔 내 맘대로!'라는 식으로 말이다. (비노년들은 노년들이 조용히 살아줄 것을 '예의 바르게' 기대하니까.) 아니면, '살아보니 이건 아닐세'라는 깨달음이 생긴 것일 수도 있다. 사람에 따라서는 분주했던 삶을 뒤로하고 온천 도시에서 휴양하듯 조용히 살아가는 일상을 바람직한 노후로 여길 수 있다. 또는 일흔다섯 살이 된 내 고령 친구의 경우처럼 '휴양하듯 조용히 은퇴 촌'에서 사는 건 생각만 해도 속이 메슥거리는 일일 수도 있다. 그런데 '생산력 있는 젊고 건강한' 사람을 중심으로 구축된 사회에서 노인들이 선택할 수 있는 '노후'의 삶은 다양하지 않다. 가장 많이 통용되는 노후 이미지가 '조용한 물러남의 삶, 휴식의 삶'인 것은 그 때문이다. 일단 물러나야 하니 물러난 것이고, '조용한' 혹은 '휴식'이라는 것은 그 외에 특정할 만한 내용이 없다는 뜻이다. 대부분 그렇다. 소유하는 자원이 많으면 소비의 다양성은 늘겠지만, 노년을 염두에 두지 않는 사회에서 소비가 줄 수 있는 노후 삶의 의미나 즐거움이 얼마나 될까.

현 사회 구조 속에서 노년은 너 나 할 것 없이 이미 그 자체로 낮은 계급이다. 자원이나 노력, 창의력으로 계급의 울타리 너머에 '꿈꾸고 기획하는, 욕망하는 개인'의 삶을 꾸리는 건 예외적으로만 가능하다. 온천 휴양 도시에서의 '조용한' 삶을 뒤로하고, 기지개를 펴며 활기차게 '지금 여기'의 삶으로 뛰어든 유카의 이미지는 그래서 상상력을 자극한다. '나 자신의 욕망을 욕망하기', 노년에게는 허용되지 않는 이것을 유카는 또 어떤 형태로 실험할까.

외로움과 고독 사이

〈우리 할머니들〉 시리즈가 만들어 낸 '환상의 아틀란티스'의 마지막 유형은 '홀로 살기'를 보여주는 이미지들이다. 늙음이란 점점 더 혼자가 되는 과정임을 이 이미지들은 환기한다. 삶의 모든 단계에서 우리는 현실을 똑바로 직면할 용기와 현실 너머를 꿈꿀 수 있는 상상력이 필요하다. 그런데 이 용기와 상상력이 가장 필요한 때는 아마도 노년일 것이다. 이 시기야말로 스스로 용기 있게 선택한 '자기만의 시간'을 살아낼 것인지, 아니면 원치 않는 홀로 됨에 슬퍼하며 고통스런 시간을 보낼 것인지가 결정되는 시기이기 때문이다. 전자는 고독 속에서 자신을 전면적으로 만나는 삶이고, 후자는 외로움 속에서 자기와 소원해지는 삶이다. 외로움과 자기 자신으로부터의 멀어짐은 순환 관계에 있다. 외로움은 희로애락을 나눌 타자의 물리적 부재, 관계의 부재 때문에 생기는 결핍된 감정이다. 그러나 '외톨이'라는 불안하고 고통스런 고립의 감정은 자기 자신과 대화하며 의미의 세계를 만들어나가는 능력의 부재와 관련된다. 타자와 의미 있는 소통의 관계를 맺을 수 있으려면 다른 무엇보다 자기 자신을 온전히 만나는 것이 필요하다. 개체로서 자신을 제대로 이해하는 것이 선행되어야 한다. 그렇게 되면 타자가 물리적으로 부재해도 언어와 상상력을 통해 타자와 대화를 나눌 수 있고 연결될 수 있다. 전면적으로 만나는 자기 안에서 타자에 대한 앎 역시 확장되는 것을 경험함으로써, '연결되어 있음'이 반드시 물리적인 '함께'를 전제로 하는 게 아님을 알게 된다. 그러니 더 잘 연결되기 위해서라도 홀로 있음의 시간은 필요하다. 이 시간은 더는 외로움이 아닌 고독의 시간이다. 소란스러운 외부 세계에서 자발적으로 물러나 자기 자신과 전면적으로 만나는 고독의 시간은 공허나 고립, 불안을 동반하지 않는다. 고요한 이 '홀로'의 상태에서 우리가 갈망하는 것은 타자가 아니라 삶의 의미, 삶의 목적이다.

　나이가 든다는 것은 일로든 건강으로든 친지들과의 관계로든 홀로 있는 시간이 많아진다는 것이기도 하다. 노년의 외로움과 상실감, 자살에 대한 이야기는 노년학이나 노인 복지의 단골 주제 중 하나다. 그리고 실제로 '익숙하고 정든 장소에서' 가족을 비롯한 친인척이나 멀고 가까운 이웃들에 둘러싸여 늙어 가기(Ageing in Place)가 사적으로나 정책적으로나 이상으로 제시되곤 한다. 그러나 노년의 삶은 어느 곳에서 살든, 내면에 축적된 경험과 조우하며 기억 작업을 통해 삶의 시간성을 음미하기에 적합하다. 이것은 흔히 오해하듯 퇴행적 향수에 젖어 과거에서 위로를 찾는 처량한 삶의 태도를 의미하지 않는다. 오히려 그 반대다. 과거에 경험한 사건, 느낌, 사물, 관계들이 이제 서로 다르게 연결되면서 새로운 형상을 만들고 있음에 감각이 트이는 것, 그 속에서 풀려나오는 이야기들에 귀가 열리는 것을 의미한다. 누구와 어떤 연결망을 조직하며 움직인 시간인지, 그 시간이 자신을 어떻게 형성했는지, 자신의 몸에 마음에 뇌에 어떤 변화를 일으켜 왔는지, 이 변화를 제대로 지각할 수 있기 위해서는 '자기만의 시간'이 필요하다.

　어차피 노년기에 많아지는 '홀로'의 시간을 '자기만의 시간'으로 전유하는 것이야말로 노년의 남다른 일거리다. '자기만의 시간' 속에 거할 때 외로움은 멀어지고 고독은 가장 믿을 만한 도반이다. 생애 단계를 거치면서 고독을 '누리는' 기술을 익힌 사람이라면 노년기가 외롭지 않을 것이다. 그러나 자기 자신과 전면적으로 만나는 일을 별로 원하지 않았거나, 원했으나 시간이 부족했거나, 두려움 혹은 너무 일찍 찾아온 권태 때문에 '고독 속에 거하기'를 배우지 못했을 수 있다. 그래도 노년을 살면서 외로움과 고독을 분별하는 능력, 더 나아가 '고독 속에 거하는 능력'은 커질 것이다. 아니, 커지길 희망한다. 그렇지 않으면 '외로운 늙은이'로 살 확률이 높고, 이것은 그동안 살아온 삶에 대한 모독이고 배신이다. 외로운 노년이 비참한 것은 함께 밥 먹을 사람이나 함께 여행을 떠날 사람, 함께 드라마를 볼 사람이나 아플 때 곁을 지켜줄 사람이 없어서가 아니다. 그 없음이 그가 살아낸, 살고 있는 삶의 의미 없음으로 치환되고, 그럼으로써 그 삶 자체를 모독하고 배신하기 때문이다. 타인의 선하고 발랄한 호기심의 대상이 될 확률이 점점 더 줄어드는 노년에게 이 현상은 더 노골적이고 영향력도 더 크다. '고독 속에 거하는 능력'은 노년의 자존을 지키는 적절한 토양이다.

야나기 미와의 〈우리 할머니들〉 작업에서 꽤 많은 참가자들이 50년 후 노년이 된 자신의 모습을 '고독 속에 홀로' 있는 모습으로 상상한다. 전체 25명 중 고독한 홀로의 모습을 상상한 사람이 상대적으로 가장 많다. 이것은 무연고자들의 고독사 이야기가 끊이지 않는 일본 사회의 현실을 묘한 방식으로 환기한다. 외톨이가 되어 고립과 공허 속에서 소외를 겪느니 능동적인 '고독'을 선택하겠다는 의지가 감지된다. 이들이 생의 마지막 시간을 위해 꿈꾼 장소는 숲과 사막, 눈으로 뒤덮인 광활한 벌판 혹은 자기만의 방이다.

제일 먼저 카호리(KAHORI)를 보자. 그는 평소에 꿈꿔 오던 대로 드디어 일을 그만두고 숲 한가운데 자신만의 작은 집을 지었다. 바깥

세상과 인연을 끊은 채 숲속 작은 집에서 산 지 어언 10년째. 이제 그의 존재를 아는 사람은 세상에 아무도 없다. 카호리는 이렇게 중얼거린다. "바깥세상이 아직 존재하나? 모르겠네. 내가 아직 존재하나? 그것도 확실치 않네."

다음은 츠구미(TSUGUMI). 그는 늦은 겨울 아무도 없는 숲에서 고토(쯇, 일본의 전통 현악기)를 연주하고 있다. 사람에게 들려주기 위해서가 아닌, 봄을 맞이하기 위한 연주다. 고목 등걸에 걸터앉아 무릎 위에 고토를 올려놓은 백발의 노파가 얼굴을 하늘로 향하고 앙상한 손가락으로 천천히 고토 현을 뜯자 떨리며 울려 나온 소리가 땅을 흔들고 숲을 깨운다.

세 번째로 소개할 사람은 콰니(KWANYI)다. 콰니가 머무는 곳은 책으로 가득한 방이다. 바닥 여기저기에 쌓여 있거나 펼쳐져 있는 책들, 그 사이에 좌식 책상 하나가 놓여 있다. 한 손에 연필을 든 콰니는 책상 앞에 앉아 상 위에 펼쳐진 크고 두꺼운 책 위로 한껏 몸을 굽히고 있다. 책에 완전히 몰입한 모습이다. 그의 다른 한 손은 곁에서 고개를 쳐들고 그를 바라보는 고양이 등에 얹혀 있다. 이 이미지에서 시선을 확 잡아채는 것은 다름 아닌 콰니의 두 눈에서 뿜어져 나오는 빛이다. 그 빛은 충분히 밝고 강해서, 방 안이 어두워도 따로 불을 밝힐 필요가 없을 정도다.

여자들은 다른 이들을 즐겁게 하려고 외모를 바꾼다.

그러나 나는 그림 그리고 붓글씨 쓰는 것을, 그리고 비 온 뒤의 산을 더 좋아한다.

이제 나는 진리를 알아보는 내 자신의 눈을(my own dharma eyes) 얻게 되었다.

훌륭한 책 위로 몸을 굽히고 활자 속에 파묻히는 것이야말로

내가 이 세상에서 가장 즐기는 것이다.

사람들은 나를 '날카로운 눈을 지닌 노파'라고 부른다.

평생에 단 한 번 있는 뜻밖의 발견이라면

좋은 책과 좋은 친구들, 그것보다 더 위대한 것은 없으리.

살면서 누리는 행복이라면

손에 든 한 잔의 차, 그리고 화로에서 타오르는 향이 유일하리.

나는 개인적으로 콰니가 꾸는 이 노년의 꿈에 감정 이입을 한다. 책과 (책을 매개로 삼아 발견하는) 친구와 비 온 뒤의 산, 그리고 반려묘. 게다가 진리를 알아보는 깨달음의 눈을 갖게 되었다니! 자신의 다르마(dharma)가 이끄는 대로 이 책과 저 책을 옮겨 다니며 지혜의 대화를 나눌 수 있다면, 이것 역시 참 괜찮은 '지금 여기'의 삶이 아닐 수 없다. 더욱이 한밤중 전등을 켜지 않고 깨달음이 형형한 자신의 눈빛으로 활자들의 숲을 노닌다는 발상 자체가 대단하고 자랑스럽다.

역사 속에서 노년은 오랫동안 지식과 지혜의 보고였다. 공동체 내부의 제한된 자원과 궁핍 때문에 주변부로 밀려나고 심지어 버려지기도 했지만, 다양한 경험을 했고 그래서 '사는 법'을 알고 있는 노인은

근대 초반까지도 이런 견자(見者), 지혜의 소유자로 여겨지곤 했다. 앞 세대에서 전승받은 지식과 지혜를 토대로 삶의 여러 계곡들을 지나왔기에, 이제 삶이라는 긴 여행을 떠나는 이들에게 전승할 지식과 지혜를 지닌 사람. 이런 존재가 노인이기에, 근대가 시작되기 전 마을 공동체는 연장자들을 존중하고 그들이 전하는 메시지를 경외했다. 그러나 후기 자본주의 사회가 요구하는 생존 지식이 삶의 지혜와 분리될수록, 아니 삶의 지혜가 생존 지식에 철저히 종속될수록 연장자들은 부정적인 의미에서 '문제적'이 되어 갔다. 더군다나 지식이 특정 목표에 따라 무언가를 만들고 행할 줄 아는 솜씨를 의미하는 테크네(techne)에서 복잡한 규칙에 의해 작동하는 기계/기술(technology)로 옮겨 가는 현재의 환경에서, 나이 든 사람들이 아무리 성심성의껏 살면서 터득한 지혜라고 한들 사적으로나 공적으로나 쓸모 있을 기회는 점점 드물어진다. IT 사용이 삶의 필수조건이 된 지 오래고 빅 데이터를 분석함으로써 이제까지 알지 못했던 새로운 차원의 지식 세계가 열리고 있는 현 시기에, 그 방면에서는 대여섯 살 된 아이들보다도 뒤처지는 노인들이 젊거나 어린 세대에게 건네줄 지식 혹은 지혜란 없어 보이는 것도 사실이다. 그런 만큼 내게는 책 더미 속에 파묻혀 자신의 다르마가 비춰주는 대로 활자들의 숨은 의미를 찾고 있는 노년 쾌니의 모습이 지금의 상황을 역설로 되비추는 예언 같아서 더 '현재적'으로 보이기도 한다.

삶을 틔워내는 죽음

백발 노파가 되어 잠든 겨울 숲에 누워 있는 미츠에(MITSUE)로 이 글을 마무리하자. 미츠에를 둘러싼 주변 세계의 모든 것에 하얗게 서리가 내려앉았다. 하지만 서리 사이사이로 노랗고 붉은 꽃들이 점점이 피어 있다. 얼어붙은 땅에 핀 성에꽃의 증언자인 미츠에는 동면에 든 산의 느리고 고른 숨소리에 귀를 기울인다. 산의 들숨과 날숨, 그 리듬에 따라 그도 조금씩 숨을 내쉬고 또 들이마신다. "누군가는 봄을 기다리는 이 시간, 또 다른 누군가는 세상을 떠난다." 미츠에가 남긴 이 마지막 문장은 너무나 평범하지만 한 치의 오차도 없는 진실이다. 미츠에의 노년 이미지가 〈우리 할머니들〉 시리즈의 맨 마지막에 배치된 것은 우연이 아닐 것이다. 실제로 노인은 죽음과 가장 가까이 있는 사람이며, 죽음의 순간 그는 보편적 필멸성의 증인이 된다. 절대적으로 낯선 타자인 죽음이 꼭 단절인 것은 아니다. 한 개체의 죽음은 다른 개체의 생명으로 연결되고 이어지지 않던가. 봄에 생동하는 것들 속에는 겨울에 죽은 것들이 스며 있으며, 어떤 생명체든 태어나서 죽음에 이르기까지 살아 있는 동안 다른 생명체의 탄생과 성장에 밑거름이 된다. 상징적으로 그리고 동시에 물질적으로 그렇다. 성에로 하얗게 뒤덮인 겨울 숲에 누워 죽음을 기다리는 미츠에는 노년의 마지막 시간을 '죽음으로 살고 삶으로 죽는' 생명 순환의 영원성으로 흘러들게 한다. 인간의 경우 이 영원성의 흐름이 몸의 재생산뿐만 아니라 이야기의 전승을 통해 가능해진다는 것, 이것이야말로 인간의 삶/

죽음이 다른 생명체들과 다른 지점이다.

장 아메리는 늙어 감이 인간 인지 능력의 양대 축인 시간 및 공간과 맺는 관계에 대해 흥미로운 견해를 펼친다. 그에 따르면 시간은 내적 감각이라는 형식을 취한다. 시간은 곧 나라는 자아와 내가 처한 상태를 직관하는 형식이다. "늙었다는 것 혹은 늙어 간다는 것을 감지한다는 말은 요컨대 몸, 그리고 우리가 영혼이라 부르는 것 안에서 시간의 무게를 느낀다는 뜻이다."[29] 그래서 노년은 '시간-내-존재'로서 "전적으로 시간을 살아가는 존재이자, 시간의 소유자이자, 시간을 인식하는 사람이다."[30] 아메리의 언어 방식을 따르자면, 시간을 인식하고 시간을 산다는 것은 살아낸 시공간의 경험이 고여 있는 내면에 귀기울이는 것, 즉 기억 작업을 하는 것이다. 그러나 이런 기억 작업이 모든 사람에게 만족스러운 늙어 감의 경험을 선사하는 것은 아니다. 절대적 타자인 죽음에 대한 두려움 때문이다. 이 두려움이 커질수록 늙어 감은 죽어 감과 구분되지 않는다. 물론 죽음 자체보다도 질병이나 신체적·인지적 장애, 독립성의 상실 등 죽음에 이르는 고통스러운 과정이 늙어 감을 죽어 감으로 만들 수 있다. 핵심은 늙어 감/죽어 감과 죽음의 구별이다. 아메리는 늙어 감이 죽어 감 이상도 이하도 아닐 때 우리는 삶을 사랑하는 마음에서 "죽음을 선택할 자유"가 있다고 주장한다.[31] '죽음을 선택할 자유'라니, 이 자유의 윤리적 정당성은 어떻게 확보될 수 있는가. 그러나 이에 대한 철학적 논리를 따지기 전에 질문해볼 수 있을 것이다. 나치의 강제수용소에서 고문을 겪고 돌아온 그가 과연 자기만의 시간 속에서 평화롭게 기억 작업에 몰두할 수 있었을까. 자신의 내면에 고여 있는 시공간의 경험으로 한 편의 서사를 짤 수 있었을까.

늙어 간다는 것, '전적으로 시간을 살아간다는 것'은 누구에게나 동일한 형태로 구현되지 않는다. 마찬가지로 이것이 너무나 힘들거나 무의미하거나 불가능한 사람들 모두가 자유의지로 죽음을 선택하는 것도, 선택할 수 있는 것도 아니다. 자유죽음과 자살 사이의 경계도 불분명하거니와, 자유죽음이 분명한 경우라도 그 자유를 누릴 수 있는 사람과 누릴 수 없는 사람 사이의 경계는 또 어떻게 할 것인가. 삶에서 평등하지 않은 '자유'는 죽음에서도 평등하지 않다.

야나기 미와의 〈우리 할머니들〉 시리즈가 제시하는 노년들은 시간을 살아가는 사람들이다. '자기만의 시간'에서 자유를 누리며 자신이 주인공으로 등장하는 한 편의 서사를 짜는 '늙은' 이들이다. '젊은' 이들이 불러낸/만난 '늙은 자기'이기 때문에 이 온전한 자유가 가능할 수 있었을 것이다. 재현의 세계는 현실을 재구성하고, 현실은 재현의 세계에 상상력의 불씨를 댄다. '자기만의 시간'에서 자유를 누리는 노인들, 기억 작업으로 '자기 생의 구원'을 시도하는 노년들이 재현의 세계에서건 현실 속에서건 더 많아지고 다양해지는 사회를 꿈꾼다. 죽어 감과 다를 바 없는, 차라리 '자유죽음'을 선택하는 것이 자기 존중의 최후 수단인 그런 노년기를 상상하는 사람은 아무도 없을 것이다. 다른 이들과 연결되어 있다는 감각을 잃지 않은 채, 살아온 생의 의미를 (되)새기며 죽음과 편안하게 가까워지는 시간을 누리는 것이야말로 모두의 희망일 것이다. 이 '누림'이 인권의 문제라는 것, 개인의 사

적 의제일 뿐 아니라 국가와 사회가 책임져야 할 중대 의제임을 잊지
말자.

100세 시대 '늙은 이'들
—
'노라노'와 '김형석'을 바라보는 시선

'잘 늙기'의 모델

'100세 시대'라는 말은 이제 진부할 정도로 모든 이들의 삶의 기본 값, 아니 삶에 대한 상상의 기본 값이 되었다. 현실에서는 물론 경제 자원이나 건강 자원, 혹은 사회문화 자원에 따라 수명도, 노년기 삶의 양상도 크게 달라진다. 특히 경제 자원은 결정적이다. 주거 환경을 비롯해 보건과 의료, 영양 등은 노년이 학대 상황에 빠지지 않게 하는 필수 요건들이다. 그러나 현재 한국 사회는 노년기의 차별적 상황을 공동체의 관점에서 포괄적으로 논의하기보다는 개별 노년들이 각자 알아서 헤쳐 나가라고 권고한다. 상당히 상업주의적이고 추상적인 차원에서 '웰 에이징'이나 '안티 에이징'에 대한 정보들을 줍고 퍼뜨리고, 믿고 따라하는 일을 부추긴다.

노년들 각각의 다른 삶을 형성하는 맥락과 구조를 포괄적이며 꼼꼼한 탐구의 정신으로 살피는 게 쉬운 일은 아니다. 그보다는 바로 적용할 수 있는 실용적인 정보 하나라도 더 확보하는 쪽으로 몸이건 마음이건 쏠리는 게 인지상정이라면 인지상정이다. 유튜브의 세계에 한번 들어가보자. 100세까지 '잘 살며 잘 늙는' 노하우들이 쉴 새 없이 쏟아진다. 거의 익사할 지경이다. 그러나 그 많은 정보들은 사이좋게 서로를 베끼고 있을 뿐이며, 정말로 새로운 내용이나 의미심장한 질문을 찾으려면 눈이 아프도록 영상 수십 편을 봐야 한다는 게 진실이다. 그런데도 자꾸 유튜브를 켜는 우리. 뭔가 중요한 정보나 팁을 놓칠세라 시종일관 땅바닥만 쳐다보며 걷는 딱한 모양새다. 100세 시대가 흥미진진하고 설레는 도전일지, 감당키 어려운 과제만 반복하게 만드는 시시포스의 돌일지 아직은 아무도 장담할 수 없다. 한 가지 분명한 것은 사회나 국가가 해야 할 역할의 중요성이다. 공동체 차원에서 노년 인권을 적극적으로 돌보지 않는 한, 100세로 길어진 삶이 흥미진진하고 설레는 도전이 될 가능성은 희박하다.

'잘 늙기'에 대한 상상과 실천은 물질적·문화적 측면과 정신적·영적, 혹은 심리적 측면을 지닌다. 이 모든 요소들의 통합적 조율 속에서 한 사람의 의미 있는 노년기가 형성된다. 세간의 오해와는 달리 노년기는 인생의 그 어떤 시기보다 다면적이다. 삶이 다면적으로 구성된다면 그에 대한 성찰이나 이해도 다면적이어야 한다. 그러나 현재 한국 사회에서 진행되고 있는 '잘 늙기'에 대한 논의는 다면적이라고 보기 어렵다. 게다가 젠더의 차이도 뚜렷하다. '잘 늙기'에 대한 탐구는 '잘 죽기'와 '잘 존재하기'를 포함한다. 이 세 꼭지는 서로 대화하고 질문을 던지면서 인생이라는 하나의 구(球)를 이룬다. 늙음에 대한 이런 포용적 이해가 채 숙성하지 않은 상황에서, 꾸준히 활동하며 100세를 바라보는 '건강한' 혹은 '멋있는' 노년들에게 주의가 쏠리고 있다. 노년층에도 일종의 '셀럽(celebrity)' 문화가 형성되고 있는 것이다. 현재 한국 사회에서 노년기에 접어든 사람들, 특히 남성들이 가장 많이 참조하거나 모델로 삼는 사람은 김형석 전 연세대 철학과 교수일 것이다. '치매'에 걸릴 수도 있다는 두려움이 증폭되는 상황에서 100세를 넘은 나이로 TV에 출연하고 대중 강의를 계속하는 그가 선망의 대상이 되는 건 당연하다. '잘 늙기'를 주제로 50세 이후의 사람들에게 대중 강의를 하면 참여자들이 종종 그를 언급하면서 부러움을 표현했지만, 개인적으로 나는 그에게 관심이 없었다. 내게 중요한 것은 몇몇 특별한 노년들의 '성공적 노화'가 아니라, 모든 노년이 누릴 수 있는 포괄적 존엄이기 때문이다. 물론 몇몇 노년들의 생애는 '사적이고 개별적인 성공 사례'의 울타리를 넘어선다. 삶의 구조적 조건과 맥락이 한편에 있다면 그 맞은편에는 자신의 자유와 꿈을 위해 비상하고 추락하며 분투한 개인이 있다. 이 둘 간의 긴장과 역동은 도도한 세월의 흐름 속에서 한 편의 서사시(Epic)를 만든다. 그리고 우리는 이 서사시를 매개로 사적 삶과 공적 무대의 관계에 대해 새로운 것을 깨닫게 되기도 한다. 그러나 잘 늙어 가기가 '성공'과 연결될 때, 이것은 오히려 공공의 구조를 비판적으로 소환하는 것에 걸림돌이 될 확률이 높다. 패션모델로든, 유튜버로든 지역/지구적으로 셀럽의 명성을 누리는 사람들에게 큰 관심이 없는 것은 이 때문이다. 그런 와중에

2021년 봄 서서히 가열되기 시작한 선거전 맥락에서 김형석 교수가 이상하게 '쓰이는' 것을 보게 되었다.

'101세 철학자'에 대한 기대

"101세 철학자 찾아간 윤석열의 첫 질문 '정치해도 될까요'" 〈중앙일보〉 2021년 3월 23일자 기사 제목이다.[32] 기사를 읽기도 전에 꺼림칙했다. '101세'와 '철학자'. 고유명사가 생략된 이 호명은 100세 넘게 산 사람이라면 세상사에 대해 나름의 '지혜로운 통찰력'을 지녔으리라는 막연한 추측, 철학자라면 진리 추구의 전문가일 것이라는 상투적인 통념과 만나 공허함을 가중한다. 그런데 갑자기 차기 대선 주자로 호명되는 바람에 어리둥절하면서도 왠지 '고양된' 감정에 사로잡혔을 남성 법조인이 찾아갔다니 그 초고령 철학자는 분명 남성일 것이라는 '누가 봐도 뻔한' 사실도 언짢았다. 이 제목을 보고 여러 겹의 비현실적이고 공허하며 불편한 상투성을 느낀 건 나뿐이 아닐 것이다. 게다가 만나자마자 다짜고짜 "정치해도 될까요"라고 물었다니, 101세가 된 남성 철학자라면 자동적으로 예지(叡智)를 지닌 예언자라도 된다는 말인가. 점집에 가서 '이번에 출마하려는데, 되겠습니까'라고 묻는 것과 조금도 다르지 않다. 하고 싶은 것과 할 수 있는 것 사이의 간극에 대해 인생을 더 많이 산 사람에게 조언을 구하고, 그 김에 현 시국이나 정세에 관해 대화를 나누었다는 것과는 완전히 다른 이야기인 것이다.

윤석열이 다짜고짜 던진 질문에 101세 김형석 '전 철학 교수'가 보인 반응에 대해서는 길게 논의하고 싶지 않다. '윤석열은 헌법과 민주주의, 그리고 국가와 국민만을 사랑하는, 상식과 정의가 있는 사람'이라는 김형석의 견해는 이미 정해진 시나리오에 따라 이미 정해진 독자층의 결집을 위해 배포된 선전 홍보물 이상도 이하도 아니다. 김형석은 가부장제 한국 사회에서 철학과 정규직 교수로 재직한 남성이다. 철학과 교수로 재직하면서 그는 보수 기독교와 분단 체제 내 반공주의, 서구 중심 철학 이해를 토대로 해, 질문으로서 철학'하기'보다는 교훈조의 수필을 써서 이름을 얻었다. (나 역시 20대 초반, '아픈 청춘'일 때 그의 감성적 인생 조언에 귀를 기울이곤 했다.) 은퇴 후에도 수필과 대중 강연으로 명성을 유지하며 그는 101세가 되었다. '장수의 비결'이나 100세 동안 한국 사회에서 남성으로 살아온 구체적 모습, 또는 은퇴 후 40여 년 살아온 '비공식적' 시간의 형태와 내용을 묻는 거라면 참고할 만한 답변을 들을 수 있을지도 모른다. 그런데 101세, 철학자, 남성이라는 세 항목을 조합해 어떤 정치적 주의 주장을 정당화하려는 시도는 너무나 시대 착오적이고 구태의연하다. 한국 보수 정치의 일관된 낙후성을 다시 한번 확인할 뿐이다. 이 기사를 읽으면서 2014년 "노인들이 저 모양이란 걸 잘 봐 두어라."라고 일침을 가한 채현국을 떠올리지 않을 수 없었다.[33] 그는 농경 시대가 아닌 지금, 늙으면 지혜로워진다는 건 거짓말이라고 했다. 그 말에 전적으로 동의하진 않지만 101세가 된 전 남성 철학 교수의 의견에 '지혜로움'의 실체를 부여하려는 보수 언론과 그 게임에 기꺼이 동원된 김형석에게 채현국의 일침을 환기시키고 싶다.

　내가 이 사례를 언급하는 것은, 권력 먹이 사슬의 한 귀퉁이에서 권력의 중심을 획책하는 이런 모의(謀議)에 새삼 나이를 소환하는 태도가 너무 무책임하고 뻔뻔해 보여서다. 이 모의는 연령 차별주의가 심각하게 확산되고 있는 초고령화 한국 사회의 현실을 직면하지 않는다. 오히려 나이를 핑계 삼아 검증되지 않은 능력을 주장하고, 권력을 행사해 온 남성 동맹 내부의 오랜 관행을 반복하고 있다. 젠더 감수성도, 계급/계층 의식도, 나이 듦에 대한 그 어떤 성찰도 없는, 게으르고 무지한 '보수주의'의 민낯이다. 2025년이면 초고령 사회가 되는 한국 사회에서 노년들은 암묵적으로 혹은 노골적으로 차별과 배제, 심지어 혐오를 경험한다.

　IT 기술 자본과 속도 전쟁의 시대에 전 세계적으로 노년의 사회적 지위는 점점 더 빠르게 추락하고 있다. 살면서 쌓아 온 경험의 '값'도, 노년이 누려야 할 존경이나 존엄도 다 시장 논리에 맡겨버리는 게 우리가 직면하고 있는 현실이다. 2020년 코로나 재난을 통과하며 가장 자주 들었던 풍문 중 하나는 노인연금 때문에 골머리를 앓던 많은 나라들이 '고령자들의 사망'을 은근히 반기고 있다는 것이었다. '선진국'으로 알려진 나라에서 그토록 많은 고령자가 사망한 현실 이면에는 그런 이유가 있지 않겠느냐는 짐작에 많은 사람들이 동조했다. 그만큼 시장 논리와 경제 논리는 우리 삶을 전방위에서 압박하고 있고, 연령 간의 차이는 '시대 갈등'이라는 조작된 풍문 속에서 불평등한 의미를 발생시킨다. 이런 맥락 속에서 고령은 곧 그 자체로 차별의 원인이 되고 있다. 노년의 지혜란, 노년들은 긴 시간을 살면서 다양한 경험을 쌓았으니 삶이라는 여행에서 길을 잃지 않도록 다음 세대에게 소중한 안내판 한두 개쯤은 전승해줄 것이라는 기대가 있을 때 가능하다. 그리고 이러한 기대는 삶이라는 여행의 의미를 다면적으로 묻고 추구하는 문화 속에서 싹튼다. 삶의 의미가 활용 가능한 자원이나 기술 등을 이용해 얻는 성공이나 부, 권력으로 환원되는 사회문화 맥락에서라면, 지금과 같은 기술 환경에서 노년들에게 청해 들을 지혜는 별로 남아 있지 않다.

'노년의 지혜'라는 말이 언제 어떤 방식으로 언급되는지 주의 깊게 살펴본 사람이라면 알 것이다. '노년의 지혜'는 대부분 표피적인 예의 차원에서 완곡어법으로 사용된다는 것을 말이다. 진정성을 담아 언급되는 경우도 물론 있다. 그러나 이런 경우는 특별하고, 또 흔치 않다. "101세 철학자 찾아간 윤석열의 첫 질문 '정치해도 될까요'"와 거의 동시에 〈중앙일보〉에 실린 소위 '코멘터리' 기사를 보자. 기사의 제목은 "윤석열이 101세 김형석 찾아간 까닭은?"이다. 깨달음을 향해 몸부림치는 중생의 고단한 여정을 담고 있는 영화 〈달마가 동쪽으로 간 까닭은〉(배용균 감독, 1989년)을 차용한 제목이다. 불교 세계의 오묘한 진리 추구까지 덧붙이다니 그 식상함과 얄팍함에 피식 웃음만 나온다. "노철학자의 말씀은 향기로운 지혜로 가득하지만, 현실 정치판은 진흙탕입니다. 윤석열이 연꽃을 피울 수 있을지 주목됩니다."[34] 칼럼의 마지막 문장이다. 100세 시대, 초고령화 사회, 웰 에이징, 안티 에이징 같은 용어들이 그동안 퍼뜨린 표피적 담론, 아니 협박에 가까운 소문을 고려한다면 이런 문장이야말로 노년 존경이나 존중이 아닌 노년 희화화의 증거가 아닐 수 없다. 언급된 저 미래의 정치인이 연꽃을 피울 수 있을지 없을지는 모르겠지만, 이 문장에서 피어나는 건 무지와 위선이라는 조악한 가짜 꽃이다.

'백수건달' 할머니 디자이너

100세 시대를 맞아 기억하고 싶은 여성이 있다. 노라노 패션 디자이너다. 2017년 겨울에 《노라노―우리 패션사의 시작》이라는 평전이 출간되었고, 이를 계기로 노라노의 인터뷰 기사가 나왔다. 인터뷰는 '하루 7시간 노동'을 하는 90세 현역의 면모를 크게 부각했다. 그토록 건강하게, 여전히 '혁신적'으로 사는 비결에 대해 노라노는 "건달 정신으로 내 비위를 내가 맞추며 산다."고 말했다.

> 건달 앞에 꼭 백수라는 수식이 붙잖아요. 백수건달. 건달 하려면 돈에 연연하면 안 돼요. 건달처럼 살려면 돈에 관심이 없고 살면서 자기 비위를 잘 맞춰야 해요. 나는 항상 나한테 물어봤어요. "노라야! 너 뭐하고 싶니? 노라야! 너 뭐 먹고 싶니?" 남이 내 비위 안 맞춰줘요. 내가 먼저 내 비위 맞추고 나면, 남의 비위도 즐겁게 맞출 수 있어요. 그게 건달 정신이죠.[35]

돈에 연연하지 않고, 야망을 앞세우는 일도 없이, 자기 자신의 비위 맞추는 것을 우선하며 살아왔기에 여전히 현역으로 즐겁게 일할 수 있다는 것이다! 돈에 연연하지 않는 태도는 어느 정도 돈이 있을 때 가능한 일이니 잠시 괄호를 치고, '자기 비위 맞추기'에 주목해보자. 그의 '자기 비위 맞추기'는 꽤 역사가 길고, 한국 사회에서 이 정도로 일관되게 자기 비위를 맞추며 살아온 여성은 흔치 않을 것이기 때문이다. 이 긴 '건달 정신'의 역사를 알려준 것은 다큐멘터리 〈노라노〉(김성희 감독, 2013년)였다. 2013년 서울국제여성영화제에서 〈노라노〉를 보고 또 관객과의 대화(GV)에 참석한 노라노를 만났을 때 꽤나 흥분했다. 관객들의 질문에 답하는 노라노는 스크린에서 본 그녀를 더욱 입체감 있게 보완하며 '가슴 설레게 하는 선배' 하나 확실하게 만났다는 믿음을 주었다. 관객석에서 누군가 '최근의 패션 유행과 사람들의 옷 입는 경향'에 대해 의견을 물었을 때, 그녀는 거의 도도하다는 느낌이 들 정도로 확신에 차서 말했다. "요즘은 사람이 옷을 입는 것이 아니라, 옷이 사람을 입는 것 같다. 누군가를 만나고 난 후 만일 그 사람보다 옷이 먼저 떠오른다면 그건 그 사람이 옷 입을 줄 모른다는 뜻이다." 평생 옷 만드는 일에 몰두한 사람답게 참 단단한 철학을 지니고 있다고 느꼈다. 전문가로서 그녀가 보여주는 자신감 또는 자기애에 기꺼이 동참하고 싶었다. 이런 느낌은 영화가 시작하자마자 바로 눈에 들어온 그녀의 긴 속눈썹에서 시작되었다. 80이 넘은 여성이 긴 속눈썹을 붙이고 귀족적 자태를 한껏 뽐내는 모습은 일단 보기에 좋았다. 80, 90까지 화장은 할 수 있다. 그러나 속눈썹은 좀 다르다. 그녀의 '내 멋은 내가 안다'는 태도가 자랑스러웠고 그만큼 마음에 와닿았다.

영화를 보고 난 후로 한동안 다양한 여성들에게 노라노의 이야기를 들려주곤 했다. 평생을 전업주부로 살고 난 지금 60대 후반에 들어서니 새삼스레 주눅이 든다는 친척 언니에게도, 일보다 두 아들 키우고 살림하는 게 훨씬 더 재미있다는 후배에게도, 롤모델이 있으면 좋겠다는 페미니스트 후배에게도, 20~30대 학생들에게도 노라노 이야기를 했다. 누군가의 아내나 어머니가 아닌 패션 디자이너로 평생을 산 노라노. 내가 들려주는 그녀의 이야기는 항상 '두 갈래 길'로 시작된다. 군수 공장이나 정신대로 끌려가는 것을 막기 위해 일본에 있는 육군 대위와 서둘러 한 결혼. 그러나 결혼 생활이라는 것을 해보기도 전에 전쟁터로 떠나야 했던 남편. 남편 없이 하루에 다섯 번 밥상을 차리며 시부모를 모시던 시집살이. 남편이 전사했다는 소문과 함께 시부모에게 강제 이혼을 당하고 다시 친정으로 돌아왔으나 전쟁후 살아 돌아온 남편. '당신을 가슴에 품고 있었기에 전쟁의 고통을 이겨낼 수 있었다'는 그의 낭만적인 사랑 고백에 노라노는 남편과 함께 시댁으로 내키지 않는 발걸음을 한다. 그러나 본인이 쫓아냈던 며느리를 대면하자마자 납득할 수 없는 가부장적 훈계를 시작하는 시아버지를 앞에 두고 그녀는 마음속으로 생각한다. 내 앞에는 두 개의 길이 놓여 있다. 하나는 가보지 않았어도 너무나 뻔히 짐작이 가는 길이다. 그러나 다른 하나는 그 누구도 가본 적이 없는 미지의 길이다. 어떤 길을 갈 것인가. "어떤 길을 가겠어요? 당연히 아무도 가본 적이 없는 미지의 길을 가지요. 뻔히 아는 길을 왜 가겠습니까?"

다큐멘터리 〈노라노〉에서 내게 가장 감동을 준 건 바로 이 말을 하는 그녀의 태도였다. 물론 아무리 다큐멘터리라도 상황 조절이 가능한 상태에서 인터뷰한 것이고 또 그 인터뷰 내용을 연출한 것이니, 실제로 몇십 년 전 열아홉 살 노라노가 어떤 태도로, 어떤 생각으로 그런 결정을 내렸는지는 알 수 없다. 사람들은 자신의 소망 이미지를 완성하기 위해 늘 기억을 재구성한다. 그러나 영화 속에서 재현된 젊은 얼굴의 노라노는 그 미지의 길을 가겠다고 망설임 없이 일어나 문지방을 넘는다. 당돌하고 간결하다. 그렇게 그녀는 '노라노', 한국의 '노라'가 되었다.

헨리크 입센의 희곡 〈인형의 집〉에 대해 사람들은 말하곤 했다. 우리가 알고 있는 것은 더는 가부장제 드라마의 인형이 되지 않겠다고 집을 나선 노라까지다. 그 뒤로 노라가 어떤 삶을 살았는지, '그 이후'에 대해서는 알지 못한다고. 이에 답하듯 〈인형의 집, Part 2〉가 공연되었지만, 15년 만에 집으로 돌아온 노라가 마주하는 현실은 집을 나갈 때와 크게 다르지 않다. 오히려 '노명자'에서 '노노라'로 개명한 노라노의 이야기가 훨씬 더 '드라마틱'하다.

사실 노라노 이전에도 노라가 있었다. 예를 들어 완전히 집을 나가지는 않았지만 나혜석 역시 입센의 노라와 같은 계보에 서 있는 자매다. 나혜석의 비극적 종말은 시인 김승희가 토로했듯이 '자신의 집을 지으려는' 여성들의 무의식에 '행려병자의 노상 죽음'이라는 일종의 트라우마를 새겨 넣기도 했다. 그래도 여성들은 세대를 이어 가며 험하고 어두운 파시즘과 군사독재와 가부장적 국가주의의 정글을 헤치고 나아가기를 멈추지 않았다. '자기'를 발견한 여성들이 '자기애'를 주장하면서 여성의 '인식애(認識愛)'를 사회적·정치적 일로 공식화하고자 '행려병자'의 두려움과 싸워 온 역사는 그리 길지 않다. 이제 겨우 3세대 정도로 이어졌을까. 여전히 중산층의 삶이나, 가부장제가 입력한 젠더화된 도덕주의 그리고 여성주의 이념 사이에서 분열을 느끼는 여성들도 많다. 용감하지 못했다, 솔직하게 살지 못했다고 부끄러워하는 선배들도, 아예 성찰적 질문 자체를 생략해버리는 선배들도 적지 않다. 그러나 여성들은 그 모든 음험한 집단주의를 가로지르고 거스르며, 여성에게도 '개인'이라는 개념을 통용 가능한 것으로 성립시키고, '자기만의 방'을 사회적 의제로 통과시켰다. '여성의 이름'으로 해낸 것이다. 이것만으로도 충분히 용감했고 정직했다는 증거다. 그렇지만 우리에게는 집을 나간 노라가 담대하게 자신의 길을 헤치고 나아간 구체적 여정이 '쓰여야 할 이야기'로 남아 있었다. 부정형이 아닌 긍정형으로, 우리 앞에서 웃으며 손짓하는 노라의 이야기 말이다.

나는 이 지점에서 '노라노'를 다시 만난다. 노라노, 1928년 3월 21일생. 본명은 노명자이며 대한민국 최초의 패션 디자이너. 한국 최초 패션쇼 개최(1956년), 최초의 디자이너 기성복 제작(1963년), 한국 디자이너 최초 미국 백화점 입점, 한국 디자인 최초 미국 〈보그〉 표지 장식 등 수많은 '최초'로 설명되는 그녀. 엄앵란, 조미령, 최은희 등 은막의 스타들과 교수들, 영부인들이 그의 의상을 입었고, 그가 만든 윤복희의 미니스커트와 펄 시스터즈의 판탈롱 바지는 한 시대를 대표하는 문화 아이콘이 되었다. 그녀를 아우라처럼 감싸고 있는 '최초'는 고종 황제의 영어 선생님이었던 할아버지, 한국 최초의 방송국인 경성방송국 국장이었던 아버지, 최초의 아나운서였던 어머니의 '최초'를 계승하고 있기에 더욱 주목할 만하다.

여러 개의 '최초' 면류관을 쓰고 있는 여성의 삶의 무게는 어땠을까? 이 질문을 품고 나는 노라노를 다시 생각하기 시작했다. 그 당시를 생각하다 보니 '자연스럽게' 일본에서 태어나 일본 여성으로 산 다른 동시대인이 떠올랐다. 1929년생인 쿠사마 야요이와 1933년생인 오노 요코다. 앞서거니 뒤서거니 태어난 이 여성들은 각각 한국과 일본에서 '알려지지 않은 길'을 선택하는 용기를 보여주었다. 주홍으로 물들인 머리에 물방울무늬 원피스를 입고 종일 여성들의 세계를 그리는 쿠사마 야요이(그녀의 드로잉 제목은 모두 여성과 관련된다). 그녀는 가부장적 도덕 관행과 쾌락에 묶여 있던 가족 때문에 광기의 삶을 선택했다(내게 그녀의 '광인'으로서 삶은 거의 선택으로 보인다). 오노 요코는 침착한 비판적 성찰과 실험으로 가부장적·폭력적 국가주의를 거스르는 다양한 미학 실천의 삶을 살아왔다. '최초' 면류관을 쓴 여성들이 자신의 삶의 무게를 느끼고 그 무게를 살아내는 방식은 동일하지 않다. 아직 채 만들어지지도 않은 길에 발을 내디딘 사람에게 우리는 후배로서 무엇을 기대할 수 있을까. 무엇을 얼마큼 기대할 권리가 있는가. 그들이 용기를 내서 걸어간 그 미지의 길은 시간이 지나면서, '뻔히 다 아는 길'이 자기 변신을 꾀할 수밖에 없도록 충분히 설득력 있고 힘 있는 대안이 되고 있을까. 안타깝게도 시간이 지나면서 '뻔히

다 아는 길'과 은연중 점점 더 닮은꼴이 되는 건 아닐까.

1956년 노라노가 최초의 패션쇼를 열었던 해는 영화 〈자유부인〉이 개봉된 해이기도 하다. 노명자가 이름을 노라노로 바꾸고 패션을 공부하기 위해 미국행 비행기를 탄 것이 1947년. 그로부터 약 10년쯤 지난 뒤 한국 사회에서 여성들 사이에 '춤바람/자유의 바람'이 거세게 불었던 것이다. 다큐 〈노라노〉는 노라노가 1960~1970년대에 한국 영화 산업에 얼마나 핵심적인 역할을 했는지 잘 보여준다. 1950~1970년대에 새로 탄생하고 있던 여성 주체의 형성에 노라노와 그녀의 패션이 직·간접으로 끼친 영향은 상당했을 것이다. 알려진 것보다 훨씬 더 넓고 깊을 수 있을 것이다. 한국은 패션 문화를 기록하고 보관해야 할 역사적 유물로 간주하지 않는 나라라서 이 분야에 대한 박물관적 계승이나 문화 연구가 매우 미흡하다. 그래서 더욱더 노라노, 그녀의 기억과 해석, 증언이 중요하다. 이때 기억과 해석, 증언은 '그때'와 '지금'이 만들어내는 제3의 시공간, 성찰적 재구성의 시공간에서 이루어지는 역사 쓰기가 될 것이다. 그때 인식하지 못했다 해도, 이 제3의 성찰적 시공간에서는 보이고 들리고 인식되는 장면들, 동시대인들, 사건들이 있을 것이다. 포착되고 해독되기를 기다리는 중얼거림들이 있을 것이다.

재구성을 기다리는 그 장면들에는 '은막의 스타, 교수, 연예인'뿐만 아니라 1960~1970년대 한국 수출의 '자랑스러운 역군'으로 혹독한 노동 조건 속에서 자기를 지켜내고자 투쟁했던 여성 노동자들도 있을 것이고, 자식들 먹이고 입히고 공부시키느라 밤낮없이 가위질과

바느질을 했던 여성들도 있을 것이다. 이들도 '일하는 여성'으로서 그전에 없던 길을 한 뼘 한 뼘 (아니, 한 땀 한 땀) 스스로 만들며 나아간 사람들이다. 다큐멘터리 〈노라노〉에서 방직 공장 노동자들이 등장하는 장면은 '단순 삽입' 정도로 그친다. 영화 속에서일망정 그들은 공존하거나 함께 대화를 나누지 않는다. 해외에 소개하는 옷을 만들 때는 반드시 국내 생산 직물을 사용했다는 노라노의 자존심과 자부심이, 바로 그 실을 잣던 동시대 다른 여성들의 삶을 껴안고 있지 않다고 안타까워하는 것은 부당할까. 당시에는 보이지 않고 들리지 않았을 수 있다. 그러나 노라노의 역사/쓰기, 노라노와 후배 여성들인 '우리'가 함께 채집하고 발굴하고 짜는 그녀의 기억에는 이 또 다른 여러 동시대인들이 드디어 모습을 드러내야 하는 게 아닐까. 사회학적으로 '문제적'이라는 형용사는 부정적 의미겠지만 철학적으로 '문제적'이라는 것은 다른 사유의 흐름을 촉발하는, 모두가 머리를 맞대고 함께 골똘히 생각하고 풀어야 하는 어떤 새로운 질문의 틀을 의미한다. 후자의 의미에서 노라노는 우리의 '문제적' 선배 여성이다. 그녀가 내디딘 저 다른 길의 형상은 아직 다 밝혀지지 않았다. '노라노'의 쓰임새는 저 다른 길의 형성을 좀 더 포괄적으로, 그리고 이데올로기 비판적으로 드러내는 데 있다. 그런 의미에서 노라노가 쓴 자서전 《노라노, 열정을 디자인하다》도, 평전 《노라노—우리 패션사의 시작》도, "여전히 하루 7시간 노동하는 90세 현역 디자이너"라는 인터뷰 기사도 노라노라는 이 역사적 인물의 쓰임새를 포착하는 데 실패하고 있다. 노라노는 '여성사'의 중요한 줄기로 기록되어야 한다. 해방 후 역사적 시공간을 구성하는 여러 다양한 힘들의 교차 속에서 '가본 적 없는 미지의 길'을 걸었던 여성'들'의 이야기 속에 등장해야 한다. 그리고 그의 삶을 감싼 그 많은 '최초'가 어떤 다른 '두 번째', '세 번째', '네 번째'……들에게 디디고 나아갈 등이 되어주었는지를 이야기해야 한다. 두 번째, 세 번째로 이어지지 않는 최초는 의미가 없다. 최초란 지도 만들기의 맥락 속에 위치할 때 비로소 의미를 획득하기 때문이다. 또한 노라노가 누린 그 많은 '최초'의 광휘가 얼마나 많은 다른 여성들의 어둡고 신산한, 억울한 삶을 배경으로 하고 있는지도 말해야 한다. 돈에 연연하지 않고 평생을 자기 자신의 비위만 맞추며 '백수건달'로 사는 것은 선택의 문제 이전에 특전의 문제다. 100세를 바라보는 고령에 이르러 자신의 삶을 돌아본다는 것은 100년간의 역사를 새롭게 조명한다는 것이기도 하다.

100세를 산다는 것은 그야말로 한 세기의 증인이 된다는 의미다. 이것은 어마어마한 일이다. 자신의 삶을 한 세기의 주요 지점들로 복기하는 일은 한 개인이 할 수 있는 가장 원대한 기획이자 도전일 것이다. 100세 시대가 되었다는 것은 이 원대한 기획에 개인들이, 호랑이 등에 올라타듯, 올라타는 일이 가능해졌다는 뜻이기도 하다. 귄터 그라스는 1999년 《나의 세기》라는 책을 썼다. 1900년부터 1999년까지 모두 100개의 장으로 구성된 이 책에서 그는 20세기를 '나의 세기'라고 부르며 자신의 삶을 한 세기의 사건들과 연결했다. 그보다 1년 늦게 출생한 노라노가 겪은 '나의 세기'는 어떤 세기일까. 이제 2021년이다. 노라노는 94세가 되었다. 그의 근황이 궁금했지만 2017년 인터뷰 이후로는 더 검색되는 것이 없다. '94세의 늙은 한국 여자'로 그는 지금 무슨 생각을 하며 어떤 나날을 보내고 있을까. '자기 자신의 비위를 맞추며' 살아온 그가 지금 94세의 나이에 새삼 되새김질하는 한 세기는 어떤 사건들을 어떻게 드러내고 있을까.

'어머니의 이름'으로

—

정치하는 할매들

여성주의 봇물이 터지다

치맛자락 휘날리며 휘날리며
우리 서로 봇물을 트자
옷고름과 옷고름을 이어주며
우리 봇물을 트자
할머니의 노동을 어루만지고
어머니의 보습을 씻어주던
차랑차랑한 봇물을 이제 트자
……
오랫동안 홀로 어둡던 벗이여
막막한 꿈길을 맴돌던 봇물,
스스로 넘치는 봇물을 터서

제멋대로 치솟은 장벽을 허물고

제멋대로 들어앉은 빙산을 넘어가자

……

하나보다 더 좋은 백의 얼굴이어라

백보다 더 좋은 만의 얼굴이어라

자매여, 형제여,

마침내 우리 서로 자유의 물꼬를 열어

황하에 이르는 뱃길을 트고

구구구구 구구구구

비둘기떼 날아와 하늘을 덮게 하자

끼룩끼룩 끼룩끼룩

갈매기떼 날아와 수평선을 덮게 하자[36]

페미니즘 대중화 이후 한국 사회를 뜨겁게 달구고 있는 페미니즘 지지나 페미니스트 선언, 발언, 고발 한가운데서 늘 떠오르는 시 한 편이 있었다. 고정희의 〈우리 봇물을 트자〉였다. 그래, 봇물이 여기저기서 터지고 있구나! 감회랄까 감동이랄까, 당연하다 여기면서도 즐거운 놀라움의 시간을 보내고 있다. 1987년에 발표한 《지리산의 봄》에 수록된 이 시는 시인이 세상을 떠난 이후 한국 사회 곳곳에서 터지고 있는 여러 여성주의 해방의 물꼬들을 위한 서시(序詩)로 나무랄 데 없다. 여전히 혐오와 차별, 폭력적 배제의 시커먼 구름이 여기저기 진을 치고 있지만, 뚫고 나오는 찬란한 햇살을 막을 도리는 없다. 빛의 봇물, 인식의 봇물, 의지의 봇물, 웃음의 봇물이 터져 나오고 있다. 분노와 슬픔의 물줄기까지 껴안고 도도한 페미니즘의 격랑(!)이 가부장-자본-국가 중심주의의 상투성과 타성을 강타하고 있다. 그동안 '여성주의 관점'으로 전환을 꾀하고 새판을 위해 투쟁해 온 역사가 이제 꽤 뚜렷한 계보를 만들고 있는 것이다.

지난 4~5년간 젊은 여성 감독들이 만든 다큐멘터리를 보면서 느낀 새로운 감흥도 이 봇물과 연관된다.[37] 일반화해 말하기는 힘들지만 뭔가 달라졌다. 의제 자체가 크게 바뀌었다고 보긴 힘들지만 태도와 입장, 스타일에서 다름과 뱃심이 감지된다. 이들은 '구체제', '기성세대의 가부장제/자본주의/국가주의 관습'을 추적하고 질문하고 고발함에 있어 자신이나 등장인물들이 능동과 피동 양면성을 지닌 상태로 연루되어 있음을 더 쿨하고 솔직하게, 덜 절망하는 자세로 시인하고 대책을 모색한다.

〈파란나비효과〉(박문칠 감독, 2017년)가 기록한 성주 사드(THAAD, 종말 단계 고고도 지역 방어 체계) 배치 반대 투쟁의 면면을 보면서도 나는 이 새로운 기운을 느꼈고, 그러면서 고정희의 〈우리 봇물을 트자〉를 다시 떠올렸다. 성주 투쟁을 이끈 여성들의 봇물은 한결 더 경쾌하고 명랑한 리듬으로 출렁이고 있었다. 99퍼센트 불가능하더라도 1퍼센트의 가능성을 믿고 푸르른 희망의 나비가 되고자 사람들 '사이'를 조직하고, 전단지를 돌리고, "사드 가고 평화 오라" 플래카드를 만들고, 그림을 그리고, 인간 띠 잇기를 기획하는 이 여성들은 스스로가 모두 물꼬였다. 이들의 활동은 이전에 있었던 나비 날갯짓의 효과이면서 동시에 새로운 날갯짓으로서 앞으로 일어날 효과들을 준비하고 있었다. 이들의 날갯짓을 보노라니 그동안 한국 사회 공기에 이전과는 다른 파동을 일으켰던 여성들의 날갯짓들이 떠올랐다. 2002년 효순이 미선이의 죽음을 추모하던 촛불과 2008년 광우병 위험 소고기 수입을 반대하던 촛불, 그리고 2017년 박근혜 탄핵을 완수해낸 촛불에 이르기까지 광장에서 일렁이던 촛불들, 이 촛불을 밝혔던 광장의 여성들은 서로서로 나비 효과의 진원지가 되어주었다. 10여 년이 넘도록 치열하게 지속되었던 밀양 할매들의 송전탑 반대 투쟁 또한 막강한 힘을 내장한 나비 날갯짓이었다. 성주 사드 투쟁이 합류하고 있는 물길의 '역사성'을 우리는 상이한 연령대의 다양한 여성들이 만들어낸 바로 이 날갯짓들의 계보에서 확인할 수 있다.

'모성 본능' 넘어 '어머니의 이름으로'

이 물꼬들 혹은 터진 봇물들이 만들어내고 있는 물길에서 세심하게, 즉 까다롭게 살펴봐야 할 핵심 동력 중 하나는 '어머니의 이름으로'라는 발화자의 정체성 선언과 서명이다. 까다롭게 살펴봐야 하는 이유는 완고한 가부장제와 신자유주의적 신가족주의 맥락, 그리고 고용 구조의 급격한 변화와 그로 인해 발생하는 계층이나 계급의 문제가 '어머니' 혹은 '모성'에 관한 사유를 더욱 복잡하고 난처하게 만들기 때문이다. (여성 혐오misogyny에서 연유한) '맘충'이라는 호명이나 '노 키즈 존(no kids zone)' 확산 같은 사회 현상은 어머니 노릇 하기를 둘러싼 오래된 이데올로기와 성별 정치학뿐 아니라 비혼/결혼을 둘러싼 연령과 계급의 정치학도 무대 위로 불러낸다. (비혼 여성들, 결혼한 여성들, 결혼했지만 아이가 없는 여성들 간의 갈등이 어제오늘 일은 아니지만 현재의 갈등 상황은 더 심각하다.) 늘 그래 왔지만, 그리고 근본적으로 분리 불가지만, 지금처럼 계층이나 계급 간 격차가 심해지고 '내일을 상상하는 게 어려워진 사람들'의 범위가 넓어지는 상황에서 성별 정치학과 계급 정치학은 더욱 겹치고 있다. 어머니 또는 어머니 노릇은 여성주의가 피해 갈 수 없는 의제인 만큼 더 까다롭게 살피고 더 조심스럽게 다루는 게 필요하다. 본질주의적 모성 주장은 여성에게 과도한 노동을 부과할 뿐 아니라 모성의 구성적·역사적 성격을 지워버리기 때문에 여성주의 인식론에 어긋난다. 반면에 모성을 철저하게 수행으로 보는 구성주의 관점은 인식에 미치지 못하는 현실 때문에 난감하다. 성별 정체성이나 성 정체성과 무관하게 (모든 이가 수행할 수 있고 수행해야 하는) 돌보고 성장시키고 필요에 반응하는 활동과 사유를 '모성적'이라고 부르자는 제안은 그래서 주목할 만한 변화를 가져오지 못하고 있다.[38] 이런 상황을 염두에 두고 성주 사드 배치 반대 투쟁을 살펴보자.

성주 사드 배치 반대 투쟁에서도 '어머니의 이름으로'는 중요한 출발 지점이다. 자라나는 아이들—그들의 건강하고 안전한 현재와 미래, 그들을 재난과 파국에서 보호해줘야 할 어머니의 의무, 아니 꼭 보호해주겠다는 어머니의 간절하고 비장한 의지는 여기서도 주요 서사 플롯이다. 이곳의 투쟁은 전적으로 여성들에 의해 전개되고 있으며, 이 여성들은 주저앉아 울부짖을 때조차도 밝고 활기차다. 이들은 "아이 자라는 곳에 사드를 배치할 수 없다"고 목청 높여 투쟁한다. 그렇다면 여기서 목청껏 발화되고 있는 '어머니의 이름'은 어떻게 이해해야 하는가. 우선 이들이 서 있는 구체적인 어머니/역할의 자리를 강조하는 것, 즉 이들을 '누구누구의 어머니'로 인지하는 것이 필요하리라. 그러나 동시에 그 사실에 함몰되면 안 된다는 필연성도 감지된다. 특히 페미니즘 대중화 이후 한국 사회에서 명백히 의미심장한 물길을 형성하고 있는 역사적 흐름의 진실을 놓치지 않기 위해서는 아이들의 현재와 미래를 지키겠다는 이 어머니들의 약속과 선언을 다른 지평에서 파악하는 게 필요하다. 이들이 피의 논리를 따르는 생물학적 어머니임을 넘어서 움직이고 결단하며 새로운 정치적 비전과 그에 따른 삶의 실천을 만들어내는 국면에 주목해야 한다.

"아이를 살려 달라"며 일인 시위로 시작한 이들의 투쟁은 '보통 여자들' 혹은 '보통 엄마들'이 당사자성에 입각해 지속적으로 각성과 실천 사이를 오가며 단단한 정치적 주체로 변태해 나가는 과정을 경쾌하게 보여준다. 부지불식간에 당사자가 되어버린 이들이 당하며, 놀라며, 당혹해하며 깨닫고, 이 깨달음을 바로바로 투쟁의 내용으로 전환하는 역동에서 나는 2008년 '모두의' 안전한 식탁을 위해 거리로 나온 여성들의 발랄했던 행보를 다시 확인한다. 그러나 생활 정치와 식량 주권의 담론을 폭넓게 확산시킨 2008년 투쟁은 다분히 글로/컬 소비/자의 삶의 질이나 환경에 머물러 있었다. 아쉽게도 동물권이나 먹거리 소비와 주권, 그리고 글로벌 소비-문화의 연결성을 비판적으로 맥락화하는 근본 성찰로는 이어지지 않았다. (그때 지연된 이 근본 성찰은 2021년 현재 전환을 고민하는 사람들의 주요 의제가 되고 있다.) 2016년 성주 여성들이 보여준 각성의 양상이나 보폭은 조금 달라 보인다. 이들은 당대 환경정치·정치환경의 맥락을 간파하는 그만큼 삶과 정치의 관련성 자체를 적극적으로 재해석하는 길로 나아가고 있(는 것으로 보인)다. 일단 이들은 그동안 자신들이 얼마나 공공성이나 사회 정의, 고통받는 '이웃' 등에 관한 생각이나 질문, 동참 없이 살아왔는지를 반성하고, 이곳의 '나'의 안녕한 삶이 다른 곳의 '다른 이들'의 안녕한 삶과 필연적으로 연결되어 있음을 체화된 감정으로 깨닫는다. 이제껏 선거 때마다 표는 당연히 보수당에게 주었고, 5·18은 북한군의 소행인 줄 알았으며, 강정이니 밀양이니 세월호니 하는 말들은 저 먼 곳 어딘가에서 떠도는 반사회적 인간들의 불온한 불평불만에 지나지 않았다. 이랬던 이들이 '이제까지 그렇게 살아왔으니 이제 당신들도 한번 당해보라'는 저 '이웃'의 독한 말을 화두 삼아 뼈아픈 당사자의 의식화 과정을 밟아 나간다. 투쟁 과정에서 자신들의 목소리가 사람들의 귀에 가닿지 않는다는 사실에, 체제 유지 목적으로 왜곡된다는 사실에 놀라고 절망한다. 특히 '외부 세력'이 거론될 때 그동안 비교적 안온했던 집회의 풍경은 도전받는다. 이제 말하고 듣기의 문제가 허울 좋은 '소통'의 외피를 벗고 '불화'의 관점에서 진지한 정치적 의제로 다루어진다. 이런 훈련의 격자들을 통과하며 〈파란나비효과〉는 사적·생물학적 어머니가 정치적 어머니로, 비판적 정치 주체로 변태하는 '과정'을 추적한다. 사실 이런 과정은 권력에 맞서는 당사자들의 의식화 과정에서 공통적으로 확인된 바 있다. 밀양 할매들도 '늘 1번을 찍던 자신들의 손가락'을 탓했으며, 2008년 광장에 모였던 여성들도, 거의 동일한 시기에 510일간 투쟁을 지속했던 이랜드 비정규직 기혼 여성 노동자들도, 세월호 유가족들도, 보통 여자, 혹은 보통 엄마로 '생각 없이 살던 상태'를 처절하게 반성하며 변태해 나갔다. 물론 이 반성과 변태의 과정이 언제나 긍정적인 방향으로 진화해 나가는 것은 아니다. 미끄러짐도 있고 후퇴도 있다. 그러나 긴 역사적 과정으로 볼 때 전진하는 의식화의 흐름을 부인할 수는 없다.

그런데 〈파란나비효과〉에서는 이 과정 중 어떤 사건 하나가 살짝 돌출해 있으며 내게는 이 사건과 그 후유증이 흥미로웠다. 사소해 보일 수도 있는 이 사건은 매우 뾰족하고 단단한 핵심을 품고 있으며, 젠더 관점에서 성주 여성들의 투쟁에 어떤 질적 도약을 마련한다. 이 사건을 일으킨 사람은 이것이 사건인 줄도 모르고 있으며, 사건으로서 이것이 어떤 중대한 전기를 마련했는지 전혀 짐작도 못하고 있다. 이제까지 '어머니의 이름으로'가 어머니의 역할이나 모성 수행을 정치적 무대 전면에 재/배치하는 효과를 낳았다면, 이 사건을 지나면서 '어머니의 이름으로'는 '어머니의 법'을 상상하고 개념화하는 데 꼭 필요한 수행적 실천으로 전환된다(고 이 기록을 보는 나는 느낀다). 이 사건이란 성주 군수가 정부의 사드 배치 장소 변경 발표 이후에도 (단순히 잔존하는 것이 아니라) 더욱 활기차고 다채롭게, 즐겁게 투쟁을 이어 가는 여성 군민들("사람들이 더 즐거워하는데 이걸 어쩌지?"라고 말하는 투쟁 여성도 등장한다)을 싸잡아 "전부 뭐 술집 하고 다방 하고 그런 것들"로 호명한 일을 가리킨다. 처음에 혈서를 쓰고 (혈서야말로 얼마나 젠더화된 투쟁 방식인가!) 단식을 하면서까지 사드 배치를 반대했던 군수 김항곤과 지역구 국회의원 이완영, 그리고 관변 사회단체들은 인구가 좀 적은 초전면 소성리에 있는 롯데 스카이힐 CC 골프장으로 사드 배치 장소를 옮기겠다고 정부가 발표하자 그에 감읍하며 열렬하게 환영한다. "아이를 살려 달라"고 눈물로 호소하는 어머니에게 다가가 어깨를 토닥이며 연대를 약속하던 어제의 그들은 오늘 국가 안보와 지역 경제의 중요성을 내세우며 이 모든 것에 '무지한' 여성들에게 (그들의 의도에 따르면!) '성적 방종'이라는 판결을 내린 것이다.

이 사건은 한국 사회 구성원들이 평등하게 상호 국민/시민/군민의 관계 속에 있지 않다는 것을 너무나 상투적인 방식으로 드러내서 시시할 정도지만, 이 상투적인 젠더 의식의 돌출 덕분에 〈파란나비효과〉는 예기치 않았던 새로운 나비 효과를 낳는다.

'아버지의 법'에 맞장 뜨다

다시 한번 환기하자. 성주 투쟁은 여성들의 투쟁이다. 투쟁에 함께하며 마찬가지로 각성의 여러 단계를 거치는 두 명의 남성이 등장하지만 조직과 결집 모두에서 성주 투쟁은 압도적으로 여성들의 깨어남과 일어남, 그리고 함께함의 행보였다. 다큐에 '모습을 나타내는' 대부분의 남자들은 권력의 하수인으로, 시간이 지나면서 결국 신념을 저버린다. 모습은 보이지 않은 채 투쟁하는 여성의 입을 통해 '들리는' 남자들은 싸워보기도 전에 국가라는 거대한 힘에 납작하게 눌려 있다. "국가랑 싸워서 이기겠나." 그들이 내세우는 변명이다. 이 말을 들으면 밀양 할매들은 뭐라 할까, 문득 궁금해졌다. 국가가 나한테 해준 게 뭐가 있냐며, 내가 죽더라도 내 시신은 가족의 것이 아니라 대책위의 것이라는 유서를 가슴에 품고 마지막 순간까지 신자유주의 국가와 맞붙어 싸웠던 밀양 할매들의 치열한 투쟁을 소문으로라도 들어봤다면 '창피해서라도' 저토록 섣부르고 나태하게 포기하지는 않았을 것이다. 국가가 안보를 내세워 군민/국민의 합의를 얻지 않은 채 군민/국민들의 삶 한가운데 죽음 장치를 배치하려는데, 도대체 국가란 무엇이며, 국가는 군민/국민을 ('누구'라고가 아니라) '무엇'이라 여기느냐 질문하기에 앞서 국가의 거대한 힘에 압도당하는 이 남자들은 그저 관습에 얼어붙은 무감각한 신체일 뿐인가.

국가는 특정한 행위 규범을 강제함으로써 '바람직한 국민/시민/군민'의 위상을 정하고, 이에 따라 특정 집단에는 무한한 정당성을 부여하는 한편, 다른 특정 집단은 '위법한' 집단으로 낙인찍는다. 합법과 위법을 나누는 최종 심급으로서 '아버지의 법'(이라 일컬어지는 법 체제)은 정의를 추구함에 있어 한 발짝도 물러설 수 없다는 주민들 사이를 뚫고 폭력을 위임받은 경찰들이 밀어닥칠 때 전략의 최저 수준을 드러낸다. 당대 한국 사회 국민/시민/인민은 이것을 가까이는 밀양에서 경험했고, 조금 멀리는 5·18 광주에서 경험했다. 성주에서도 우리는 동일한 전략을 목도한다. 그런데 성주 투쟁을 기록한 〈파란나비효과〉에서 눈에 띄는 것은 이러한 국가권력과 매우 나태하고 비루한 관계를 맺고 있는 가부장제 하수인들의 모습이다. 전락한 국가권력에 기생하는 이 하수인들은 더욱더 솔직하게 비루한 민낯을 드러내곤 하는데, 거기에는 역사의 시간들을 뭉개버리는 매우 일관되고 상투적인 젠더 고정관념이 똬리를 틀고 있다. 이 하수인들이 일말의 주저함도 없이 내뱉는 '판단'은, 아이의 평화로운 현재와 미래를 위한답시고 양육의 고유한 장소인 가정을 떠나 바깥에서 떠돌며 떠들어대는 여자들은 모두 '술집이나 다방'과 관련된 여자들이라는 것이다.

그런데 "전부 뭐 술집 하고 다방 하고 그런 것들"이라는 성주 군수의 발언에 즉각적으로 튀어 오르는 느낌과 질문들. '것들'이라니? 군수에게 여성 군민들은 도대체 누구인가? 아예 싸잡아 '무엇'인가? 사람도 아닌? 상행위는 자본주의 사회의 모든 구성원이 하는, 경제인으로 인정받기 위해 해야만 하는, 하지 못하면 낙오자로 찍히는 일 아닌가? 거리를 빽빽하게 채우고 있는 저 많은 술집, 카페, 식당, '고급' 레스토랑, 커피 체인점, 그 모든 곳에서 술과 커피를 팔지 않는가? 술과 커피 없이 이 팍팍하고 건조하며 동정 없는 신/자본주의 일상을 견딜 수 있는 국민/시민/군민이 얼마나 될까? 고급 레스토랑이나 술집에서 비싼 술과 비싼 커피를 마시는 것이 신자유주의 성공 키즈의 적법한 자기 과시 아니었던가? 지금 '잘 팔리는 것'을 잘 알아내 '파는' 사람이야말로 자기 계발을 가장 잘하는 사람 아니던가? 아하, 그렇다면 해답은 글로벌 '카페'와 로컬 '다방'의 차이에 있는 것인가? 아니면 남성 판타지를 빽빽하게 채우고 있는 망상의 한가운데서 요정과 룸살롱이 술 팔고 커피 파는 모든 상업 장소들을 블랙홀처럼 빨아들이고 있는 것인가? 그러니까 말하자면 술집과 다방에서 술이나 커피 등 음료가 아닌 다른 무엇을 구매한 경험자의 무의식적 자기-폭로 발언이었던 것인가?

감자처럼 줄줄이 딸려 나오는 이런 질문들에 관한 성주 투쟁 여성들(어머니들!)의 답변은 혼종적이다. 자신이 '그런' 여자로 '취급된다'는 것에 놀라움과 어이없음을 표현하는 여성이 있는가 하면("우리를 함부로 대한다." "저 사람한테는 내가 그렇게 보였나?"), 실제로 술집이나 다방을 경영하는 여성에 대한 안타까움을 표현하는 여성도 있다("제가 아는, 여기 투쟁을 하며 알게 된 분 중에 술집 하시고 다방 하시는 분들이 있습니다. 그분들이 뭐 어때서요? 정말 열심히 살고 정직하게 살고……"). 이러한 반응 내지 답변은 지독한 가부장제 한국 사회에서 여성들의 '내재화된 여성성' 풍경의 무/의식적 주체화를 당혹스럽게 드러낸다. 그러나 궁극적인 답변은 '김항곤 성주 군수의 막말과 성차별 발언 규탄 기자회견'에 실려 있다. 핵심은 더도 덜도 말고 성차별이다. 여성이 실천하는 구체적 경제 활동으로서 술·커피 등 음료 판매를 성별화된 남성 중심 성 문화와 연결해 음란하고 음험하게 폄훼하는 것이나, 집 밖으로 나가 목소리를 높이는 '모든' 여성을 오로지 그 성 문화의 대상일 뿐인 존재로 지정하는 것이나 별 차이 없이 다 오래된 여성 혐오의 표출이다. 여성을 대상으로 설정한 성적 계약이, 남성을 개인/시민/주체로 설정하는 근대의 사회계약론을 가능케 했다는 캐럴 페이트먼의 논의를[39] 성주 군수는 단 한 줄의 문장으로 설파한 것이다. 성주 군수의 말은 전혀 놀랍지 않은 동시에 매우 놀랍다. 그가 자신의 정치적 결정과 행동에 부여한 합리성이나 논리적 근거가 다름 아닌 성적 계약이라는 사실을 두고 새삼 놀란다면 순진함의 정도가 심한 것이고, 그렇다고 전혀 놀라지 않는다면 정치적 피로감의 정도가 심한 것이리라. 그러나 그동안 함께 투쟁해 온 너와 나의 역사가 엄연한데, 피로감이 종착지일 수는 없다! 내재화된 여성/성 이미지와 명백한 성차별 비난 사이에는 실제로 또 다른 다양한 항변이 포진하고 있었는데, 이 항변들이야말로 피로감이 종착지일 수 없음을 통쾌한 일상의 반란 언어로 선언한다.

"술 팔고 커피 판 돈이 니 월급이다", "나는 커피 파는 여자다. 너는 성주 파는 군수냐", "술 팔고 커피 팔아 세금 낼 때는 국민이고 생존 위해 사드 반대하니 미친 여자 취급받네", "술집을 하든 다방을 하든 성주군민이다", "다방 하고 술집 하면 사드 반대 안 되나? 말이가 방귀가", "다방 하고 술집 하면 최소한의 안전도 보장받지 못하나 막말 군수 사퇴하라."

이것이 바로 그동안 '아버지의 법/이름'을 빙자해, '아버지의 법/이름'에 기생해 권력의 부스러기라도 낱낱이 핥겠다고 납작 엎드린 남성들의 현주소에 부친 성주군 여성들의 메시지다. 아버지의 이름으로 한국 사회 남성들 대부분이 가장 잘해 온 일은, 일터에서든 가정에서든 (카페나 술집 등) 쉼터에서든 여성의 모든 행위와 견해와 정체성을 '성애화해' 성적 계약의 대상으로 만듦으로써 남성성의 신화를 강화하고 남성 연대의 균열을 막는 것이다. 공공연히 부정의를 행하면서 사회 전체를 윤리적으로 무감각하게 평준화하는 일이야말로 이들의 변함없는 공적이다. 이들이 '견해'를 지녔다고 볼 수 있는가? 견해를 지닌다는 것은 무언가를 선택하고, 선택에 따르는 과정과 결과에 책임을 진다는 것을 의미한다. 권력에 기생해 온 오랜 습속과, 모든 여성을 성적 대상으로 삼으며 '우리 남자들'이라는 정체성을 즐겨 온 동성사회적 행동 방식 외에 이들에게서 기대할 수 있는 '어떤 견해'라는 건 존재하지 않아 보인다. 〈파란나비효과〉가 증언하는 바에 따르면 그렇다. 그리고 이런 정황은 비단 보수 지역에만 국한되지 않는다. 어디에서건 견해 없이 관행만으로 사는 이들을 발견할 수 있다. 이게 그동안 가부장제 사회가 옹호한 '남근중심주의적 아버지의 법'의 그늘 아래서 아들의 자격으로 근거 없는 수혜를 누려 온 (생물학적) 남성들의 현주소다. 이 현주소는 상징적 규범 질서를 가리키는 '아버지의 법/이름'이 얼마나 상징계와 무관한, 남성 집단의 나르시시즘적 편짜기/편들기 게임에 지나지 않는지 또렷이 보여준다. 현실 속에서 남성'들'이 공모해서 관철시키는 법'들'은 편파적으로 고착된 상상계에 지나지 않는다. 여자들의 섹슈얼리티라는 이해관계를 두고 '아버지'와 그의 '아들들' 사이에서 교환되는 상호 인정은 보편적 정의에 토대를 둔 공동체 구성의 갈망과는 아무런 상관이 없다. 그저 알을 깨고 나오지 못한 남성 판타지의 반영일 뿐이다.

사회 계약의 개인/시민/주체로서 오랜 시간 특권을 누려 온 남성들이 현재 한국 사회에서 어떤 모습으로 '아버지의 법'을 한층 더 부패와 전락의 민낯을 향해 밀어붙이는지 최근에 알려진 몇몇 사례를 들어보자. 청춘일 때는 아프거나 객기 때문에(안경환, 탁현민, 홍준표), 갱년기 때는 문득 인생이 막막하고 허무해서(김훈, 임권택), 늙어서는 저도 모르게(박범신) 여성을 성적 타자로 만들면서 자신을 '생산하는 욕망 기계'로 구축하고 유지하는 남자들. 이들은 또한 부친 살해를 실행하지 못한 부채감이나 수치심은커녕 민망함조차 없이 서로 '우쭈쭈' 해주며 철부지 놀이에 정신을 빼앗긴 채[40] 시대 착오적 시대 정신의 한 갈래를 형성하고 있다. 그러나 물론 이런 남성성을 추구하는 남자들만 있는 것은 아니다. 이 글에서 '아버지의 법/이름'과 관련해 '남자들'이라는 말을 부정적으로 사용할 때, 그 남자들은 아버지의 법/이름에 기생해 그 '법'을 본래 출발점인 정의와는 정반대 방향으로, 즉 부정의의 알리바이로 만드는 성별화된 집단을 일컫는다. 그러나 이들과는 다른 선택을 하는, 생각과 견해가 있는 남자들도 적지 않다. 저 시대 착오와 부정의에 갇혀 있는 아재들을 향해 "그러나 여성을 향한 폭력을 딛고 서 있던 '당신들이나 좋았을 그 시절'은 이미 끝났다"고 단호하게 파문(破門)을 선고하며[41] 강간 문화와 성적 계약의 종결을 선언하는 남자들이 하나둘 늘고 있다. 현재 대한민국 정치를 주도하고 있는 586 남성들, 여전히 상징적으로 아버지를 죽이지 못한 채 어른의 몸에 갇혀 있는 이 '자라지 않는 아재들'이 일종의 시대 정신을 이루고 있다면[42] 그것은 오류가 만들어낸 역류일 뿐이다. 그것과는 완연히 다른 진정 새로운 시대 정신이 부상하고 있다. 이 새 시대 정신 속에서, 저 역류하는 사람들은 그 수와 상관없이 상징적 차원에서는 잔류하는 세력에 지나지 않는다. 오래전부터 형성되어 왔고 이제 돌이킬 수 없이 도도하게 부상한 여성/주의-류(femi/n/ism-wave)의 봇물이 바로 이 새로운 시대 정신을 실어 나른다. 세상살이에 관한 질문과 생각을 멈추지 않고 사는 동시대인이라면 이 시대 정신이야말로 당대를 대표한다고 인정할 것이다. 그동안 여성들이 공사 영역의 이분법 자체를 질문하며 다양한 공론장을 펼치고, 개별적 살림의 실천을, 이념을 공유하는 집단적·공동체적 '서로 살림/함께 살림'의 정치학으로 벼려낸 다중적 행위가 터 온 물꼬들은 필연적으로 여성/주의-류로 흐르고 있다. 소수자·약자 집단을 향한 시대 착오적 혐오와 차별의 악한 기운도 만만치 않지만 도처에서 터지고 있는 여성주의 인식론과 세계관의 봇물은 지금 한국 사회에서 뚜렷한 전환을 일으키고 있다.[43]

새로운 시대 정신은 아버지의 법/이름을 정의의 법정에 소환한다. 이 소환이 가리키는 지평은 여성주의 관점에서 정초되는 어머니의 법/이름이다. 이 법정에서는, 카프카의 블랙 유머를 빌려 말하자면 '포르노'에 코 박고 있는 이른바 전문가들의 판단은 더는 정의와 부정의를 분별하는 전거가 될 수 없다.[44]

'어머니의 법'이 질문하다

어머니의 권위 대 아버지의 법이라는 상징계의 대당[45]이 도전받고 있으며 실제로 흔들리고 있다는 징후는 현재 한국 사회 곳곳에서 발견된다. 오염과 정화, 윤리적 책임 의식과 생활 태도를 가르쳐 질서체계/법 세계로의 진입을 돕는, 즉 국가와 사회의 온전한 구성원이 되게 하는 책임을 지는 어머니의 권위는 아버지의 법의 근본을 질문하지 않은 채 법의 유지를 도왔다. 그러나 아버지의 법이라는 기표는 결코 생물학적 아버지/아들의 현실과 무관한 상징 질서로만 의미화될 수 없다. 이 기표는 오히려 현실에서 거의 생물학적 아버지/아들의 권력으로 미끄러지고 오용되며 그에 따른 다양한 폭력을 야기한다. 정초하는, 그래서 정초된 것으로서 법은 그 자체로 이미 폭력적 국면을 지닌다. 법을 정초하는 위력이나 법을 보존하는 위력이나 모두 (○○을 하도록 강제하는) 힘의 작용이기 때문이다. 그런데 이 법을 어머니의 권위 대 아버지의 법이라는 대당 속에서 개념화할 때 그 폭력적 국면은 젠더화된 현실의 맥락에서 더욱 강화될 수밖에 없다. 여성주의 관점에서 어머니의 권위 대 아버지의 법이라는 대당을 근본에서부터 질문하고, 상징계의 대표성을 아버지의 법이 아니라 어머니의 법이 떠맡게 하는 시도가 필요한 이유다. 그러나 궁극적으로 모든 법에 폭력성이 내재한다는 것, 즉 정의의 현실적 구현으로서 법은 언제나 정의의 타락과 배신일 수밖에 없다는 모순은 어머니의 법에도 똑같이 적용될 것이다. 또한 아버지의 법이 현실 속 생물학적 아버지나 아들의 세계와 무관(해야만)하듯이 어머니의 법도 현실 속 생물학적 어머니나 딸의 세계와 무관(해야만)하다는 것을 잊어서는 안 된다. 어머니의 법은 법과 상징계의 성찰 자체를 가리키는 기표일 뿐이다. 이런 면에서 어머니의 법 역시 논리적 당위성과 현실적 구현 사이에서 끊임없는 비판적 성찰의 대상이다. 어머니의 법/이름이 과연 어떤 상징적 규범 체계의 새로운 지평을 마련할 수 있을지, 그 지평과 현실 속 여성/주의 실천은 얼마나 유연하고 창의적인 반성–실천의 순환 궤도를 만들어낼 수 있을지, 어떤 설득 가능한 지향들을 제시할 수 있을지는 미지수다. 그러나 일단 나타나고 있는 시도들과 힘들에 (한계를 무릅쓰고라도) 이름을 붙이는 것은 필요해 보인다. 그렇다면 어머니의 법/이름은 어떤 맥락 속에서 명명 가능한가?

일단 어머니의 법/이름으로 터지는 봇물은 아버지의 법/이름이라는 규율/통치 장치가 벌이는 전쟁과 폭력, 죽음의 정치에 이의를 제기하며 구현되는 다양한 삶 정치, 생활 정치의 실천들을 규합한다. 어머니의 법/이름과 조응하는 현실에서는, 접촉 가능하고 오감이 살아 있는 관계와 경험을 존중하며, 윤리적 상생을 향한 꿈이 조롱의 대상이 되지 않고, 남을 해치지 않고 '평화롭게' 먹고살기 위한 일이 정치적 책임과 무관하지 않다. 여기서는 생물학적 남성성으로 오인되는 남근(Phallus)이 아니라, '모든' 생명의 기원을 가리키는 배꼽(Omphalos)을 상징계의 반성적 중심 혹은 시작으로 간주한다.[46] 이 신생 공화국에서는 돌보고 기르는 손의 다양한 활동에 깃든 사유와 감정이, 도구화된 이성과 이데올로기적으로 자동화된 감정의 비판적 잣대가 된다. 이곳으로 이주하는 사람들이 늘고 있다.

이런 면에서 〈파란나비효과〉의 첫 장면이 자본이 아닌 의미를 찾아 상주로 이주한 여성의 이야기로 시작되는 것은 주목할 만하다. 이주의 시대에 국가 간뿐 아니라 일국 내에서도 여러 형태의 이주가 실행된다. 이 일국 내 이주는 종종 국가주의나 지역주의의 틀을 벗어나는 삶의 지향, 목적, 의미 추구, 소비 형태, 신념 등을 따른다. 작은 마을 성주에서 진행된 투쟁은 가부장제와 자본주의, 그리고 국가가 상호 지지 속에서 용인하고 추동한 젠더 기반 폭력에 대항해 현재 한국 사회 곳곳에서 여성주의 이름으로 벌어지고 있는 고발과 선언, 촉구 등과 동일선상에 있다. 앞에서도 말했듯이 이것은 한국 남성들의 동성 사회적 연대와 자본주의, 국가가 저지르는 불의에 대한 법정 소환이다. 나는 성주 여성들의 투쟁을, 적대와 불화, 암묵적·명시적 배제와 차별 같은 통치 기술 기계로 전락한 국가가 아버지의 법을 내세워 행했던 규율들에 무효 선언을 하고 다른 전거를 세우는 실천으로 해석한다. 이 실천은 자기 반성과 분화, 목표 재설정을 통과한다. 〈파란나비효과〉가 기록하고 편집한 서사에서 여성들이 진화하는 모습은 이 과정을 보여준다. 이제까지의 정치적 무관심과 무지를 통렬히 반성하며 사드 배치를 막아내려는 성주군 여성들의 시도는 전화 몇 통화로, 문서 몇 장으로 사드 배치를 결정하려는 아버지의 법 하수인들의 그것과 선명한 대척점을 이룬다. 적어도 성별 이분법과 이성애에 토대를 둔 가족 제도를 보호하거나 사적 재산의 증식을 위해 '아이들'을 전면에 내세우는 것이 아님을 드러낸다. 이들의 반대는 궁극적으로 체제를 법정에 세운다. 이 법정 앞에서는 국가(와 자본, 가부장제)가 관리해온 '모성 보호'의 가면이 벗겨지고, 의식화를 향해 거듭 진화 중인 여성들의 '모두의, 모두를 향한 마음 씀'이 개화한다.

의식했든 의식하지 못했든 성주 시위를 주도한 어머니-여성들이 가리키고 있는 어머니의 법은 일방향 명령이나 일괄 규정이 아닌 감응이 있는 규범, 혹은 규범을 반성하는 감응과 맞닿는다. 이 여성들의 어록이나 행동 방식에 따르면, 이들이 정초하는 법은 강제나 배제가 아니라 청유나 포함이며,[47] 먹고사는 사회적 삶과 옳고 그름에 관한 도덕적 판단, 함께 있어 행복한 삶의 일치를 지향한다.[48] 이 법은 각자도생을 부추기는 정치경제가 아니라 일종의 탈자본주의적 경제 '활동'이라 일컬을 수 있는 즐거운 공생을 지원한다. 이 어머니의 법은 언어적 수행성의 능력을 제거당한 채 추상적인 조항들로 박제되어 법전에 갇힌 기표가 아니다. 이 법은 몸이 기억하고 손이 행하는 만들기와 면 대 면 주고받기가 활발하게 이루어지는 구체적 장소들에서 수행적으로 구성된다. 이 법의 모토를 대라면 "성주에서 자급자족하는 공간 하나 만들어보자"일 것이다. 진심이 통하는 이곳에서는 "사회적 인간, 건설적 만남만 주장하는 사람들" 사이에서 치인 마음이 위로받는다. "그분들과 지내는 게 너무 좋고 그분들께 배우는 것이 많고 그분들과 함께 뭐 하면서 정말 행복한 순간들이 많았다."는 고백을 하게 된다. (여기에서 '그분들'은 처음 모습 그대로, 변심하지 않고 자신이 맡은 일을 한다는 점에서 뜻이 맞고 성향이 비슷한 사람들이다.) 이 고백은 "미친 여자처럼" 돌아다니면서 "정치는 생활"임을 절절히 깨닫는 과정에서 흘러나온다. 법이라고 부르기에는 너무 단순하고 소박한가? 그렇게 생각한다면 우리는 안으로 들어가지 못한 채 '법 앞에서' 너무 오랫동안 법을 우러르고 있었던 것인지 모른다.

정치하는 할매들

한국에서 정의롭지 못한 정치경제 행태에 맞서 저항이 있을 때마다 주류 반동 세력이 예외 없이 꺼내는 이름은 '배후 세력'이다. '종북 빨갱이' 같은 호명은 분단국인 만큼 여전히 일정 부분 효력이 있어 그들이 걸핏 하면 주저 없이 빼 쓰는 만년 적금 같은 것이다. 성주 사드 배치 반대 투쟁의 경우에도 역시 '배후 세력' 혐의가 대두되었고, 혈서 쓰고 단식하는 군수와 함께 투쟁을 시작했던 군민들은 이 어이없고 어리석은 게임에 유희의 정신과 진지한 의지로 맞섰다. 〈파란나비효과〉를 여러 번 되돌려 본 나는 이 투쟁에 아닌 게 아니라 배후 세력이 있음을 확인했다. 할매들이다. 쑤시는 무릎을 참아 가며 집회 현장에 앉아 "사드는 안 된다" 외치고, 인간 띠 잇기를 벌일 때 아픈 허리를 참아 가며 긴 시간 꼿꼿이 서서 버틴 할매들. 정부의 사드 배치 장소 이전 발표 후 군수와 함께 보수 사회단체들이 인근 지역에서 사람들을 동원해 사드 찬성 집회를 열 때 이 할매들, 거침없이 일갈한다. "(저 사람들) 딴 데서 들고 왔대매? 늙어빠진 것들 어데서 들고 왔노? 쪼까내지(쫓아내지)! 그 미친놈, 군수 놈이 오라 캤나? 그 군수 놈 쪼까내라, 그 왜 가만 냅두노?" 이 할매들이야말로 "미친 여자처럼" 돌아다니며 투쟁을 조직하고 펼친 여성 군민들의 진정한 배후 세력이다. 이 할매들은 지금도 서울까지 올라와 투쟁에 맵고 걸출한 기운을 북돋는다. 사실 죽음 장치인 사드 배치는 "성주 어디에도 안 되고, 대한민국 어디에도 안 된다"는 외침은 단지 아이들의 미래를 위한 것만은 아니다. 할매들도 죽는 날까지 건강하게 살아야 하고, 현재 중장년인 군민들도 건강한 삶의 환경에서 안전한 노년기를 보내야 한다. 아이들이 대표성을 띨 뿐이다. 아이들은 대표성을 띠고 할매들은 언제나 어디서나 배후 세력이 되는 사회, 어머니의 이름으로 도모하고 어머니의 법을 지키는 사회의 모습이다.

마지막으로 곧 다가올 미래의 할매로서 나는 이런 이야기를 하고 싶다. 당장은 안보니, 미 제국이니 하는 말들이 피할 수 없는 것처럼 보여도, 외침은 "왜 미국이 아니고 성주냐"가 아니라 "미국에도 안 된다"가 되어야 하며, "일본에는 돼지 두 마리만 있는 곳에 사드를 배치했다는데 왜 우리나라에서는 아이들 자라나는 성주에 배치하나"가 아니라 "돼지든 개든 생명 있는 곳은 안 된다"로, 더 나아가 "미사일 따위는 전부 안 된다"로 바뀌어야 한다고. 고고도 미사일 자체를, 그것의 배경인 전쟁이나 파괴 자체를 도무지 상상하기 힘든 역사가 여성주의의 목표다. 이것을 정치가 뭔지 모르는 여자들의 순진한 백일몽이라고 치부하는 태도의 경직된 역사 의식을 흔들어 깨울 수 있어야 한다. 지금 만들어지고 있는 어머니의 법/이름이 정초되어야 하는 필연성 중 하나는 왜곡된 인간 중심주의에 대한 통렬한 반성이다. 안전하고 평화로운 공존은 모든 생명 사이의 상호 의존에 관한 자각에서 자양분을 얻는다.

성주에서 사드 배치 반대 투쟁이 한창이던 2017년, 정읍에서는 시민들이 소싸움장 건립 반대를 외치며 11개월 동안 221회에 걸친 일인시위를 벌였다. "유순한 동물인 소를 억지로 싸움시켜 인간의 오락으로 삼는 것, 이것이 소위 전통 소싸움"이며, 동물 학대요 폭력임을 호소하는 시민들의 확대된 '이웃 사랑'이 소중하다. 성주 사드 배치 안 되고, 정읍 소싸움 안 된다. 안 되는 건 진실로 안 되는 것임을 받아들이자.

시간의 춤
—
'죽어 가는' 사람의 존엄

'죽다'와 '죽어 가다' 사이

'죽어 간다'라는 말이 가능한가. 죽음을 진행 과정으로 기술하는 말이 용인될 수 있는가. 오랜 시간 누군가의 병상을 지키며 생의 마지막 시간을 동행해본 사람이라면 누구나 이런 질문을 한 번쯤은 해보았을 것이다. '죽다'와 '죽어 간다'의 의미론적 차이를 정확하게 가려내기란 쉽지 않다. 그러나 많은 사람들이 이 차이를 중요하게 생각했다. 예를 들어 카프카에게 죽어 가는 것은 죽는 것이 불가능해진 사람이 처한 영원한 비-구원의 상태를 의미했다. 죽을 수 있음과 제대로 살아 있음을 동일한 것으로 보았던 그에게 날마다 조금씩 죽어 간다는 것은 삶도 죽음도 무한정 유예된 상태를 가리켰다. '살고 있다'는 유현(幽玄)하면서도 또렷한 감각, (개인 차원에서든 공동체 차원에서든) 약속의 지연이나 유예가 아닌 약속이 충족된 현재를 살고 있다는 감각 속에는 이미 '완성된 삶'의 형태로 죽음이 함께하고 있다. 그러니 언제라도 죽을 수 있고, 그때의 죽음은 자체로 구원이다. 반면에 지연과 유예로 연명되는 하루하루의 시간은 늘 죽어 가는 삶이고, 이런 삶에 죽음은 완성된 삶, 즉 구원으로 주어질 수 없다. 이것은 매 순간이 메시아, 즉 구원이 들어설 수 있는 시간의 틈새임을 강조했던 유대교 신비주의와 맥이 닿는 관점이다.

그러나 철저한 세속의 장면 속에서도 우리는 '죽다'와 '죽어 간다'의 엄연한 차이를 느낄 수 있다. 이 두 단어는 한편으로는 몸의 상태와 관련해, 그리고 다른 한편으로는 정신과 마음의 상태와 관련해 삶과 죽음의 연관성을 질문하도록 촉구한다. '건강할' 때 몸의 존재를 잊는 것처럼, 우리는 삶이 일상 속에서 의문의 여지 없이 자족적으로 당연하게 가동될 때 죽음을 잊는다. 수명을 다해 죽는 일 못지않게 질병이나 사건 사고로 죽는 일도 빈번하지만, 우리의 범속한 삶은 (살아 활동하는) 낮과 (일시적으로 유사 죽음 상태에 있는) 밤의 전환 정도에 익숙할 뿐, 삶과 죽음의 전환에는 둔감한 채 하루 또 하루를 산다. '살고 있다'는 감각이 활성화되지 않는 나날의 이면에서는 어쩌면 '살고 있는 건지 죽고 있는 건지 알 수 없다'는 체념이 번지고 있을지 모른다. 이 차이를 언제나 투명하게 각성하며 사는 것은 역시나 쉽지 않은 일이다. 그것보다는 하루나 한 달, 일 년 단위로 일상이 부여하는 과제를 수행하고 제 몫의 안전과 안녕, 행복을 관리하는 게 더 절실할 수 있다. 그러나 '살고 있는 건지 죽고 있는 건지'를 묻는 '유령적/영적' 목소리는 목적과 의미가 있는 삶을 포기하지 않을 때 필연적으로 우리를 멈춰 세운다. 죽음의 순간을 상상하게 하는 유언장 쓰기나 죽음 연습 등에 대한 사람들의 관심을 떠올려보자. 그것은 헛되지 않게, 충일하게 살고 싶다는 좀 더 근원적인 소망에 뿌리를 내리고 있다.

'죽음 체험'에 참여하는 사람들이 의외로 많다. 이전에도 드물지 않았지만 고령화와 함께 잘 늙고 잘 죽는 것에 대한 이야기가 더욱 대중화되면서 죽음 체험과 관련된 문화 프로그램이 늘고 있다. 죽음 체험의 일환으로 시행되는 유언장 쓰기는 무감각해진 자아를 각성시키고, 어제와 오늘과 내일을 '목적이 있고 의미가 있는 삶'이라는 전체 안에서 새롭게 만나도록 돕는다. 오래전 세계통과의례페스티벌을 기획하고 조직하면서 나 역시 죽음 체험이라는 수행적 프로그램을 시도해본 적이 있다. 프로그램에 참여하는 사람은 검은 천으로 꾸민 1미터 정도의 어둑어둑한 통로를 지나 관이 있는 장막 앞에 도달한다. 검은 장막을 들추고 안으로 들어가면 촛불 하나로 희미하게 밝힌 직사각형 공간이 있다. 한가운데에는 관이 있다. 한쪽 귀퉁이에는 작은 탁자가 있고 그 위에 흰 종이가 놓여 있다. 참여자는 그 종이 위에 뭔가를 적는다. 떠오르는 생각, 느낌, 프로그램에 참여하게 된 동기 등등. 참여자는 호흡을 가다듬고 입관하겠다는 신호를 보낸다. 그가 관 속에 들어가 누우면 밖에서 관 뚜껑을 닫고 소리 내어 못질을 한다. 관 속에 머물면서 그는 '저승 세계'를 느낀다. 이윽고 그가 신호를 보내면 밖에서 관 뚜껑을 열고 그를 일으켜 세운다. 그는 다시 탁자로 가 흰 종이 위에 또 뭔가를 적는다. 입관 전에 적은 글과 입관 후에 적은 글을 들고 이제 그는 촛불을 든 바리공주의 안내를 받으며 장막 밖 빛이 있는 세상으로 나간다. (프로그램은 숲이 조성되어 있는 공원에서 진행되었다.) 바리공주와 함께 1미터 정도 말없이 나무들 사이를 걷는다. 서로 가볍게 무언의 인사를 하고 헤어지는 것으로 죽음 체험은 끝난다. 당시 우리 팀은 바리공주를 저승 세계로 안내하는 신이 아니라 이승 세계로의 귀환을 안내하는 신으로 설정했다. 참여자가 입관 전에, 그리고 입관 후에 무엇을 적었는지 우리는 알지 못했다. 그러나 프로그램에 참여한 사람들이 입관 전과 입관 후에 '발산'한 몸의 기운이 달랐다는 사실만은 분명했다. 짧은 시간이지만, 그래서 '체험'의 수준에 머무는 것이지만, 삶과 죽음의 경계를 통과'해보는' 것만으로도 잃어버린 어떤 감각이 일깨워진 것이 아닐까. 잠시라도 일깨워진 이 감각은 '살고 있는 건지 죽고 있는 건지' 알게 된, 혹은 적어도 알 것 같은, 미세하지만 선연한 깨달음과 상관있을 것이다. 유대교 신비주의에서 구원의 메시아는 이미 성문 앞에, 내 집 문 앞에 와 있다. 이미 와서 기다리고 있다. 시간의 틈새가 열리길, 사람들이 그를 발견하길. 시간의 틈새는 구원을 갈구하는 사람들이 온전히 깨어 있는 삶을 살 때 열린다. 유대교와 아무런 상관이 없는 우리네 세속의 삶에서 우리는 이런 말을 할 수 있을 것이다. 영적이고 정신적인 차원의 각성은 늘 우리를 기다리고 있다고. 각성은 삶을 통째로 다시 만나는 순간적 열림이다. 극한 위험의 순간처럼, 삶이라는 시간 연쇄에서 튕겨져 나가는 순간. 이 순간에 죽음은 이마에 넓게 그림자를 드리우고, 이제까지 살아온 삶은 그 그림자 아래서 낯설게 떠오른다.

많은 사람들에게 큰 위로를 주고 공감을 불러일으킨 드라마 〈나빌

레라〉에서 70세 주인공 남성은 '알츠하이머'에 걸리고 나서 비로소 자신이 소년 시절 간절히 품었던 꿈을 다시 만난다. 알츠하이머 증상으로 잠시 길을 잃고 헤매다 닿은 곳이 발레 개인 연습실이었고, 그곳에서 춤추는 청년의 모습을 본 그는 자신의 마음 가장 내밀한 곳에서 소망해 온 것이 발레였음을 깨닫는다. 그 시점부터 그는 온 마음과 온 힘을 다해 발레를 하는 사람이 된다. 발레는 그에게 자신이 살아낸 삶의 '바로 그 이야기'이고 의미이며, 특히 '구원'이다. 일상을 살면서 사람들은 요가와 명상과 예배, 참선, 여행을 통해 잊거나 혹은 잃어버린 본래의 자기 모습을 되찾으려 시도한다. 마음 공부를 하면서 자아의 영적 본성을 회복하고자 한다. 평범한 사람들도 거주 공간 안에 영적인 장소를 정해놓고 정해진 시간이면 늘 그곳에서 영적 세계와 만남을 시도하던 역사적 시기가 있었다. 이성적 합리성과 경제적 발전이 문명을 지배하는 근대가 시작된 이래로 영적 장소는 사생활의 공간에서 빠르게 사라졌고, 동일한 이유와 속도로 죽음 또한 사라졌다. 영적 장소는 특정 종교의 예배 건물들 안으로 재배치되었고, 죽음은 병원의 영안실이나 장례 건물에서 따로 관리된다.

살고 있는 건지 죽고 있는 건지. 현실 속에서 이 질문은 특히 질병이나 노화로 생의 위기에 직면해 있거나, 생의 마지막 시간을 살고 있는 사람들에게 절실하다. 이 질문은 구체적인 치료와 치유, 돌봄의 과정과 관련되어 있다. 매우 구체적인 그만큼 영적이고 윤리적이며 철학적이다. 병상을 지킨 경험이나, 신체적으로든 정신적으로든 기능 저하나 장애가 심각한 고령자의 곁을 지킨 경험이 있는 사람은 '살고 있는 건지 죽고 있는 건지'라는 말의 의료적 애매모호함뿐 아니라 윤리적 불편함 또한 느꼈을 것이다. 당사자가 아닌 의료 전문가나 돌보는 사람 혹은 제삼자가 누군가를 두고 '죽어 간다'는 말을 쓸 수 있을까. 이 말의 의미는 무엇이며, 어떤 효과를 발생시키는가. 죽음의 순간이 정확히 언제일지 모르지만, 죽음이 이미 문지방을 넘어섰다고 짐작할 수 있을 때라면 '죽어 간다'는 말을 해도 되는 것일까.

미미한 움직임마저 힘겨워진 상태에서 타인의 도움에 전적으로 의존한 채 하루하루 사위어 가는 환자나 노년을 대할 때면 나는 혹시라도 '죽어 간다'는 동사가 떠오를까 봐 긴장하곤 한다. 본능적으로 어떤 금기의 목소리를 듣는다. 죽음의 오고 감을 당사자 아닌 내가 어떤 '판단'의 태도로 감지하면 안 될 것 같은 마음에서. 초/고령 노년의 여전한 '식욕'을 '걱정'하는 말들이 있다. "저렇게 음식을 좋아하시면 (용변) 치우는 사람만 고생이지", "돌아가실 때 얼마나 고생하시려고……." 드물지 않게 듣는 말들이다. 노인요양원에서, 역시 드물지 않게 책임자로부터 듣는 말이 있다. "적당한 때 돌아가셔야 하는데…… 올해도 넘기실 모양이네요. 보호자 분들께 괜히 죄송한 마음이 들어서요." 이 말을 처음 들었을 때 몹시 부끄러웠다. '참 이상한' 이 말의 의미는 어떻게 만들어지는 것일까. 사회에서의 사용과 그로 인한 행위성의 결과가 언어의 의미를 만드는 것이라면, 저런 말들은 어떤 결과를 만들어내는 사용일까. 십 년이 넘도록 여러 노인요양원을 드나들면서 특정 발화들에 대한 경각심이 커지고 예민해졌다. 생각이 복잡해지고 마음은 심란해졌다.

94세 노모의 '마지막 날들'을 기록한 다큐멘터리 〈Twilight of a Life〉(실뱅 비겔레이션 감독, 2015년)를 보면서 나는 '죽다', '죽어 간다', '살고 있는 건지 죽고 있는 건지' 등과 관련해 평소에 품고 있던 이런 질문들, 생각들에 좀 더 가까이 다가갈 수 있었다. 우선 '죽다'와 '죽어 간다'와 관련해 영화 속 노모의 단호한 견해를 들어보자. 이제 시간이 얼마 남지 않은 것 같다고 의사가 말한 뒤로도 8개월이나 더 살고 계시다는 아들의 경탄에 노모는 "어떻게 감히 남의 날들을 셀 수 있는가"라고 응대한다. (다큐멘터리의 한국 제목을 '남아 있는 나날'로 정한 건 따라서 당사자의 뜻에는 맞지 않는다. 그 특별한 삶의 시간은 영어 제목인 'Twilight of a Life'가 더 적합하게 포착하고 있다. 여기서 나는 Twilight를 어원에 입각해 삶과 죽음이라는 두 개의 영역, 두 개의 세계를 동시에 품고 있는 빛, 즉 사이-빛tween-light으로 이해한다.) 영화 속 노모의 이 말을 들으며 나는 한국의 어느 호스피스 병원과 그곳에 머무는 환자들을 기록한 다큐멘터리 〈목숨〉(이창재 감독, 2014년)을 보면서 내내 불편했던 마음을 떠올렸다. 〈목숨〉은 삶과 죽음의 경계에 머물고 있는 사람을 기록하는 일의 어려움이 고스란히 드러나는 영화였다. 나는 이 영화가 죽음을 앞둔 사람들에게, 또는 죽음을 앞둔 사람을 매개로 해서 살아 있는 사람들에게 제대로 죽는 태도를 (그와 더불어 건강할 때 제대로 사는 태도를) '가르치려 한다'는 느낌을 받았다. 호스피스 병원 원장이 입원해 있는 환자들을 대하는 태도에서나 아니면 장면들을 하나의 텍스트로 구성한 감독의 입장에서 감지되었다고 할까. 아무리 다큐멘터리라고 해도 텍스트는 구성되고 편집된 것이니까. 이것은 영화가 나쁘다거나 좋다거나 하는 이야기라기보다 삶과 죽음의 경계에 있는 사람을 기록하는 것이 그만큼 어렵다는 이야기다. 그러한 기록에는 죽음에 관한, 그리고 죽음과 삶의 관계에 관한 (감독과 편집자의) 어떤 관점이 이미 설정되어 있을 확률이 높기 때문이다.

'역전된 죽음'의 시대

죽음이야말로 모든 사람을 예외 없이 평등하게 만드는 보편적 진실이다. '어떤 죽음을 맞이하는가'에 있어서는 물론 평등을 말할 수 없다. 계급과 자원과 환경 등에 따라 사람들은 각자 매우 상이한 죽음을 맞이한다. 그러나 죽는다는 사실 그 자체는 절대 타협할 수 없다. "당신 몸 내부의 섬유질까지 파고드는 죽어야 할 운명이라는 인식의 경험"[49]은 그만큼 가차 없는 단절이자 절대적 낯섦의 직면이다. 그래서 사랑하던 사람의 죽음은 도나 해러웨이처럼 거의 40여 년이 지나서야 비로소 자기 것으로 '경험할' 수 있는 상실이기도 하다. 오랜 시간 참을성 있게 가까운 이의 병상을 지키는 사람에게 주어지는 선물 하나를 들라면, 죽음을 이미 세포 안 섬유질에까지 품고 있는 존재의, 운명을 향한 깨어 있음이라고 말하고 싶다. 범속한 삶에서 오늘과 내일의 안녕은 죽음이라는 명백한 한계 혹은 경계를 직면해야 방향 감각을 잃지 않는다. 역사가나 죽음 연구가들은 현대인의 삶-의식 속에서 죽음의 흔적이 점점 더 빠르게 지워지고 있음을 지적한다. (자살이나 살인이 증가하는 현상은 이러한 사실의 반증이 아니라 오히려 또 다른 증거다.) 이것은 질병이나 장애를 극복의 대상이나 결핍, 실패, 불완전성 등으로 보는 근대식 의료 체계의 왜곡된 시각과 밀접하게 연결되어 있으며, 소비문화의 유행 속에서 부정되는 지속성이나 영원성의 시간 감각과도 맞물린다. 그리고 이 모든 변화의 한가운데에는 불안하고 소외된 개인의 자아 의식이 있다.

아날 학파의 역사학자 필리프 아리에스에 따르면 죽음을 대하는 태도와 개인의 자아 의식 사이에는 상관관계가 있다. 자명해 보이는 이 사실을 역사적으로 파악하기 위해 그는 문학, 종교 전례, 유언장, 묘비명, 도상 등을 중심으로 거의 천 년에 가까운 긴 세월을 탐색한다. 탐색의 결과는 길들여진 죽음, 자신의 죽음, 먼 죽음과 가까운 죽음, 타인의 죽음, 역전된 죽음 등 다섯 가지 죽음 모델이다.[50] 이 죽음 모델들은 자기 의식, 야생적 자연에 대항하기 위한 사회적 방어 시스템, 내세에 대한 믿음, 그리고 악의 존재에 대한 믿음 등 네 가지 요소의 변주에 따라 구성된다. 11세기에서 시작해 근현대에 이르기까지 역사가 진행되면서 공동체의 한 부분에 지나지 않았던 개인은 자율적 개체로 독립해 나간다. 이 분화 과정의 핵심이 '자기' 의식이고 이것은 물론 죽음을 맞이하는 태도에도 반영된다. 구성원들이 집단 의례를 통해 자연의 폭력적 힘으로부터 죽음을 빼내 길들이고 죽음과 친해짐으로써 공동체의 결속을 다지는 '길들여진 죽음'이 있는가 하면, 공동체에서 거리를 둔 단독자로서 자기 의식에 기반해 맞이하는 '자신의 죽음'이 있다. 감수성의 변화와 함께 적나라한 죽음의 목격이 불러일으키는 감정도 변한다. 두려움의 대상이 된 죽음은 점점 더 먼 야생 쪽으로 밀려나게 되고 그럼으로써 동시에 매혹의 대상이 된다. '먼 죽음과 가까운 죽음'의 공존이 가능한 이유다.

좀 더 심미적인, 비장함을 포함한 여러 감정이 풍요롭게 표현되는 죽음 의례가 형성된 것은 자기 의식이 '특별한 타자'를 발견하면서부터다. 19세기에 낭만주의와 함께 출현한 '사생활'은 특별한 타자와의 의미심장한 관계 속에서 온전한 자기가 되는 개인을 찬양했다. '낭만적 사랑'이라는 말에서 우리는 이런 변화의 흔적을 확인한다. 이 관계에서 죽음의 순간은 특별한 타자와의 육체적 이별을 의미했으나, 남아 있는 사람이 느끼는 비통함은 죽음 자체가 비장하고 아름다운 것으로 변용(變容)되는 과정의 일부로 통합되었다. 변용은 단순한 변형이 아니라 존재 자체가 '신성의 현현' 속에서 구원의 빛에 둘러싸이는 것을 가리킨다.[51] 천상의 세계는 지상의 감정들이 완벽하게 정제된 상태로 복원되어 영원성을 확보하는 곳, 그 복원된 감정으로 특별한 타자와 재회하는 곳으로 상상되었다. 그러나 역설적이게도 현대로 오면서 사랑과 연애는 점점 더 정체성과 자아감의 핵심이 되는 동시에, 철저하게 계급과 연동된 상품소비문화에 포섭된다. '특별한 타자'와의 관계도 달라질 수밖에 없다. 앤서니 기든스는 (자신의 모든 것을 내던지는 열정적 사랑도 아니고, 연인과의 하나 됨에 자아의 완성이 있다고 믿은 낭만적 사랑도 아닌) 각자 상대방의 타자성을 인정한 상태에서 서로 상대방에게 자신을 열어 보임으로써 유대 관계를 조형하는 합류적 사랑을 언급했지만,[52] 사랑과 연애의 상업화는 이마저도 원천 봉쇄하고 있다. 이런 상태에서 서로 특별한 타자가 되어주는 관계는 점점 더 힘든 과제가 되고 있다.[53] 여기에다 죽음 또한 질병에 부과된 비정상적 추함과 함께 더는 친숙함도 매혹도 없는 두려움과 수치심의 대상이 되면서,[54] 특별한 타자와의 육체적 이별이 지닌 의미라든가, 그 이별의 장면을 고양하는 내밀함이나 친밀함, 비장함 등의 정동도 같이 사라지고 있다. 이것을 아리에스는 '역전된 죽음'이라고 부른다. 여기서 죽음은 더는 죽어 가는 사람의 것이 아니다. 신이나 산 사람들과의 마지막 교류가 죽어 가는 사람의 가장 큰 특권이던 시기는 지나갔다. 다른 이의 죽음에 관련되어 있다고 느꼈던, 그래서 애도 행위를 존중하는 것이 자신의 의무라고 여겼던 예전의 공동체와 달리, 이제 죽음 앞에서 수치심을 느끼게 된 사회는 죽음과 애도 행위를 금기시하고 마치 죽음이 존재하지 않는 듯이 행동한다. 질병이나 통증, 이별의 고통은 해결해야 할 '문제'이기에, 해결에 실패했을 경우 막지 못한 추문으로 전락한다. 세월호 참사의 희생자나 미수습자들의 유가족과 친지에게 가해지던 '이제 그만하라'는 은근한 압박은 많은 이들을 분노케 했지만, 더 많은 이들에게는 당연한 반응이었다.

현대 사회는 분명 아리에스가 명명한 '역전된 죽음'에 의해 지배되고 있다. 그러나 한편에서는 죽음을 은폐하거나 의료기술로 지연하는 데 반대하고, 앎이나 추측의 외부에 위치한 절대적 타자로서 직면하려는 움직임도 작게 일고 있다. 갈수록 더 많은 사람들이 각종 보조 장치에 의한 생명 연장을 거부하거나, 치료의 전망이 없는 상태에서 고통스런 의료적 시도를 계속하기보다는 호스피스 병원에 머물면서 살아온 삶과 화해하고 다가올 죽음과도 평온하게 만나겠다는 의지를 밝힌다. '좋은 죽음'에 대한 소망과 함께 죽음을 삶에, 혹은 삶을 죽음에 통합하려는 이론적·실천적 노력도 점차 확산되는 추세다. 의료 기술 '덕분에' 이제 대략 십여 년 정도는 질병과 기능 저하 또는 장애, 고통을 껴안고 살아야 한다. 늘어난 생존 시간 속에서 가까웠던 동년배 친구들이 하나둘 사라지는 슬픔도 감내해야 한다. 삶의 조건이 척박해지면서 혈연 혹은 유사 가족과의 관계가 서서히 끊어지는 일 또한 드물지 않다. 인생의 마지막 시간을 홀로 살다가 홀로 죽음을 맞이하는 일은, 본래도 그러하지만 지금은 더더군다나 사적 불행으로 간주할 수 없는 공적 의제가 되고 있다. 길이 꺾이는 지점/시점인데 이 길이 어느 방향으로 꺾일지 알 수 없다. 죽음, 자아, 타자가 어떤 방식으로 만나게 될지, 이제 과연 누가 '특별한 타자'일 것인지, 특별한 타자와의 관계성은 어떤 모습일지, 삶과 죽음의 시간성에 관해서 현재 생성 중인 사유와 감각이 있는지, 있다면 어떤 건지 세심하게 살피지 않을 수 없다. 우선 말할 수 있는 것은, '특별한 타자'가 흔히 일상에서 사용되듯이 성적 긴장을 품고 있는 '연인'을 넘어서 다양한 동반자나 반려로 확장되고 있다는 사실이다. 예를 들어 이미 많은 사람들에게 반려동물은 특별한 타자다.

새로 생성 중인 변화의 단초들 속에서 삶과 죽음의 경계 지대에 있는 사람들을 기록하는 작업이 늘고 있다. '죽어 가는' 사람들의 말, 느낌, 행동, 표정에 관심을 기울이고 표현하는 것은 매우 조심스러운 일이다. 이러한 작업은, 홀로 맞는 죽음 이전에 고립된 삶이 있다는 사실을[55] 정치경제·사회문화의 맥락에서 올바르게 환기하기보다는 비윤리적인 관음증으로 미끄러질 수 있고, 그로써 산 사람들의 무례한 침범이나 오만한 자기 위안이 될 수도 있다. 그러나 한편으로 그와 같은 기록들은 삶과 죽음, 그리고 죽어 감에 대한 지각과 성찰을 되살리고, '잘 늙어 가기'의 길라잡이가 되어주기도 한다. 또한 특별한 타자에서 '특별함'이란 무엇일까에 대한 질문을 다른 각도에서 촉구하기도 한다.

대상화되는 삶과 죽음

다큐멘터리 〈목숨〉은 호스피스에 머무는 말기 암 환자들의 마지막 날들을 기록하고 있다. 〈목숨〉이 우선 증언하는 것은, 호스피스에 들어왔다고 해서 죽음에 대한 두려움과 삶에 대한 안타까움을 다 내려놓을 수는 없다는 사실이다. '바깥 병원'에서 기계적으로 알려준, 선택할 수도 있는 몇몇 치료들이 계속해서 환자의 뇌리 속을 맴돈다. 산업이 되어버린 의료 체계는 진단 후 있을 수 있는 모든 상황을 일종의 자율적 선택지인 것처럼 (거의 진열된 상품 수준으로) 제공한다. '치료'라는 이름으로 제공된 정보는 삶과 죽음 '사이'에 있는 환자들에게 계속 달라붙는다. 특히 40대 가장 박수명의 경우처럼 가족이 이별을 못 견뎌 할 때, '식물인간으로라도 좋으니 살아만 있어 달라, 하루라도 좋으니 더 곁에 있어 달라'고 눈물로 호소할 때, 그 눈물에서 새로 싹 트는 어떤 사랑의 진정성을 느낄 때, 환자는 죽음 수용의 단계로 '나아가기' 힘들다. 이런 '지체'를 환자에게 일깨우는 것은 과연 바람직한 가? 바람직하다면 과연 어떤 방식으로 일깨워야 할 것인가?

"걸어 다녀야 살아 있는 거지."라고 말하며, 걷기 힘든 몸으로 굳이 바깥에 나가 '짜장면'을 사먹는 박진우 할아버지의 '일탈'과 그로 인해 얼굴에 남은 상처는 삶과 죽음을 가르는 경계선처럼 느껴진다. 이제 '방에 머물며' 살아온 삶을 정리해야 할 시간 아니겠냐는 호스피스 병원 원장의 말은 그래서 더욱 수행적 힘을 발휘한다. 호스피스 병원에서도 여전히 수학 선생님 이력을 자랑하던 장난기 많고 유쾌한 환자 박진우 할아버지는 긴 시간 방에서 나오지 않고 자신과 씨름하다가 결국 '죽음을 수용'하는 환자가 된다. 그리고 그의 죽음의 침상에 실제로 도래한, 저 엄연한 죽음의 실체를 목도하고 두려움에 흔들리는 남은 환자들이 있다. (다큐멘터리를 보는 관객인 나는, 의도하지 않았음에도, 이 '남은' 환자들을 '아직 죽지 않은' 환자들로 지각하게 된다. 두 시간짜리 다큐멘터리는 등장인물, 즉 환자들 모두가 죽으면서 끝나기 때문이다.) 박진우 할아버지가 장난기 많은 유쾌한 환자에서 명백히 '죽어 가는' 환자로 넘어가는 경계선에 짜장면을 향한 욕망이 있다. '안전한' 삶의 지대에 있는 관객은 '짜장면 너머'의 시공간으로 그와 함께 가지 못한다. 그곳은 그 혼자만이 가야 하는 곳이다. 영화는 이 사실을 무겁게 각인시킨다. 물론 모든 사람은 혼자서 죽는다. 바리데기 여신 외에 어떤 살아 있는 사람도 죽음에 동행할 수는 없다. 그러나 죽음은 '누군가의 곁'에서의 죽음이기도 하다. 지금은 이것 역시 모든 사람이 누릴 수 없는 특별한 '행운'이 되어 가고 있지만, '누군가의 곁'

에서 죽는다는 것은 현실에서의 가능성 여부를 떠나 '혼자 죽음'을 이해하기 위한 의미론적·실존적 짝패가 되어야 한다. 죽는 순간 혼자였어도 마찬가지며, 곁에 있는 그 누군가가 어떤 관계에 있는 사람인지 또한 부차적인 문제이다.

"사는 게 좋은 걸 잊은 당신에게(권합니다)." 영화 홍보 문구가 암시하듯이, 영화는 죽음이 당신을 찾기 전에 살아 있음이 줄 수 있는 기쁨과 행복을 충분히 누리라는 교훈으로 마무리된다. 죽음을 삶의 결여로 보는 이러한 관점은 당혹스럽다. 그 앞에서 나는 삶과 죽음의 경계에 있는 사람의 마지막 시간을 기록하는 행위의 타당성을 질문한다. 이러한 기록이 치료에 관한 의료과학의 집착과 권위 곁에서, '살고 있는 사람'뿐 아니라 '죽어 가는' 사람 모두를 일종의 '계몽'이 필요한 미완의 존재로 보이게 한다면 한숨이 나오지 않을 수 없다. 영화는 의료인도, 돌보는 사람도, 멀리서 바라보는 수많은 제삼자도 '몸으로 살다 몸으로 죽는다'는 사실을 물리적으로 지각하고, 투명하게 각성하기를 원했을 것이다. 그러나 과연 이 모든 이들에게 '연결된 사람', '곁이 될 수도 있는 사람'의 자리를 마련해주었는지? 〈목숨〉에서 이제까지 살아온 삶을 고요하고 평화롭게 '정리'하는 초탈한 환자의 모습은 드물다. 같이 막걸리를 마시며 웃고, 마술 쇼를 하며 박수를 치던, 과자를 나눠 먹고 복도를 거닐던 환자가 죽었을 때, 아직 삶에 머물고 있는 환자가 그에게 하는 작별 인사는 평온하기 힘들다. 이것이 문제인가, 그렇다면 누구에게 문제인가. 또는 '어떤' 문제인가.

영화가 끝날 때쯤이면 이런저런 모습으로 관객에게도 익숙해진 얼굴들이 (한 사람만 빼고) 모두 '죽은 이들'이 된다. 솔직하게 말하자면 영화를 보고 난 후의 내 느낌은 '이런저런 모습으로 관객에게도 익숙해진 얼굴들이 (한 사람만 빼고) 모두 '죽은 이들'이 되자 영화가 끝났다'였다. 마치 무대 위에서 모든 사람이 사라지고 나면 커튼이 내려지고 불이 꺼지는 것처럼. 앞에서도 말했듯이 95분이라는 제한된 시간 안에 등장인물 모두의 죽음을 담는 방식으로 편집되고 구성된 이 다큐멘터리의 재현이 나는 불편했다. '죽어 가며 살았던, 살면서 죽어 갔던' 삶의 시간, 그 시간의 물질성이 사려 깊게 존중되지 못했고, 그로써 그들의 (그리고 이 다큐를 보는 '우리'의) 삶-죽음의 존엄도 훼손되었다고 느꼈다. 삶과 죽음이 서로 소외하고 서로 대상화한다는 느낌을 떨치기 어려웠다. "어떻게 감히 남의 날들을 셀 수 있는가." 나의 느낌은 앞에서 소개한 〈Twilight of a Life〉의 노모가 한 이 말과 같은 윤리적 태도에 뿌리내리고 있다. 죽음을 향한 '나'의 기다림은 '내' 살아온 생의 리듬 안에 포함되어 있지만, '당신네들'이 내 남은 날들을 셀 때 그것은 내 생의 리듬이 '이미 멈추었다'고 선언하는 것이기도 하다. 이러한 셈법의 어긋남은 우리가 살게 된 이른바 100세 시대에 죽음이 처한 곤경의 한 모습이기도 하다.

메멘토 모리와 카르페 디엠

이제 어머니에게 시간이 얼마 남지 않은 것 같다고 의사가 말한다. 아들은 노모의 이 마지막 시간을 함께하기로 결심한다. '불확실하고 신비로운' 이 시간을 카메라로 동행하겠다는 아들에게 그녀는 거의 호탕하게 말한다. "나는 미래를 구상하고 있지, 과거가 아니라 미래를." 아들은 묻는다. "죽음에 관해서요?" 그녀는 대답한다. "죽음이 아니라 삶에 관해서. 죽음이라면 TV에서 보지 않니."

시작부터 영화 〈Twilight of a Life〉는 의미심장하고 유머러스하다. '삶'의 마지막 시간과 임박한 '죽음'의 상관/갈등/관계를 무대 앞에 내세운다. 자신의 '마지막' 날들을 기록하겠다는 아들에게 94세 노모가 쐐기를 박듯이 강조한 저 말을 좀 더 분명하게 표현하면 이런 것이리라. '그렇다면 그건 죽음이 아니라 삶에 관한 것이어야 한다. 저 돼먹지 않은 카메라들이 뻔뻔하게 찍어대고 전시하는 죽음이 아니라!' 그녀의 말에서 나는 이중 메시지를 듣는다. 죽음은 현실에서 내쫓겨 겨우 TV에서나 센세이셔널하게, 혹은 낭만화된 방식으로, 혹은 불편한 죄책감을 강요하면서 전시된다. '타인의 고통'을 승리감에 찬 태도로 이미지화하는 것에 대한 수전 손택의 경고는 죽음의 이미지화에도 해당된다.[56] 그러나 재현 불가능성에 '도전'하는 것이 아니라, 그 재현 (re-present) 불가능성에 응답하는 방식으로 죽음을 현현케(present) 하는 고뇌 어린 시도를 만나기란 쉽지 않다. 다큐멘터리 속 노모는 죽음의 현현과 멀어진 현대인의 삶의 습관과, 고뇌가 삭제된 죽음 전시 모두에 간단명료하게 '아니'라고 말한다. 그녀가 말하는 "과거 아닌 미래"라는 것은 살아낸 삶의 부정이나 (정신분석이 말하는 '~임을 알고 있다. 그러나 받아들일 수 없다'는 식의) 죽음의 부인이 아니다. '나의 죽음'은 이제까지 그래 왔듯이 지금 여기에서 숨 쉬고 느끼고 행위하고 반응하는 '나의 삶'이라는 것이다. 그녀는 내내 유머와 에로스 에너지를 잃지 않는다. 정신이 혼미할 때조차 삶을 추동하는 에로스 에너지의 반등은 멈추지 않는다. 〈Twilight of a Life〉에는 삶의 화두로 삼기에 딱 맞춤인 지혜가 풍부하다. 거의 모든 문장에 밑줄을 긋는 책과 같다. 장면은 장면대로 다 정지시키고 싶고, 어머니와 아들이 주고받는 말들은 말들대로 다 받아 적고 싶다. 편집을 거쳐 한 편의 드라마로 탄생했으니 감독이 '마 셰리(ma chérie, 나의 사랑)'라는 애칭으로 부르는 어머니가 일관되게 이런 언어와 태도로 죽음의 문지방을 넘었으리라 보긴 어렵지만, 장면 하나하나가 파편이 아니라 온전한 하나, 즉 일종의 단자(monade)로 존재한다. 이 단자들은 긴 시간 삶을 살아낸 '늙은이'의, 그것도 죽음과 대면한 채 하루하루를 사는 늙은이의 지혜의 해저(海底)로 우리를 이끈다. 그 해저에서는 시간의 주름들 사이사이로 경구가 된 지혜들이 조개 속 진주처럼 은은히 빛난다. 진주 몇 개만 꺼내보자.

진주 하나

영화 속 주인공은 두 사람이다. 사랑하는 어머니, '마 셰리'를 떠나보내야 하는 아들과 아들을/이곳을 떠나야 하는 어머니. 두 사람은 아리에스가 '길들여진 죽음'에서 설명한 대로, 떠나는/죽는 사람과 떠나보내는/남는 사람으로서 각자의 역할을 잘 수행하고 싶어 한다. 적어도 아들의 경우는 확실히 그렇다. 그러나 '역전된 죽음'의 시대를 살고 있는 아들에게 '나의 사랑'을 떠나보내는 일은 이제껏 배워본 적이 없는 일이다. "사랑하는 사람을 떠나보내는 법을 배우지 못해서 알지 못하니 답답하다."고 아들은 근심 어린 얼굴로 어머니에게 털어 놓는다. 그런데 이에 대한 어머니의 반응은 "평생 배우며 사는데, 살아왔는데…… 알 것 같으면 이미 알았어야지…… 뭘 새삼스럽게 새로 배우나."이다. 잘 헤어지는 '법'은 평생 살면서 누군가와 만나고 헤어질 때마다 설렘과 웃음, 고통과 눈물 속에서 겪어낸 경험들의 총합으로 우리 몸속 혈관을 돌고 있다고, 그러니 그냥 맞닥뜨리면 되는 거라고 노모는 말하는 것 같다. '~하는 법 ~가지' 식의 자기 계발서가 끝도 없이 필요한 이 시대, 자기 계발 주체들의 시시포스 노력에 관한 명료한 코멘트가 아닐 수 없다. 노모가 아들에게 건넨 저 말은 생의 마지막 시간을 보내는 그 자신에게도 해당하는 말이었으리라. 그는 지금 이날에 이르기까지 (담배를) 피우고 (감자를) 먹고 (언론 기사를) 읽고 (노래를) 부르고 (춤을) 추고 (포도주를) 마시며, 그리고 싸우며(!) 살아온 대로, 멈춤 없이 계속해서 그렇게 살면서, 자신의 삶을 채운 사물들이 있는 집에서 죽음을 기다린다. 노모가 살고 있는 이 '사이-빛(twilight) 시간'에는 '죽음을 앞두고 있으니'라며 무언의 목소리들이 집단적으로 조언하는 화해나 내려놓음, 무심 등과는 거리가 먼 명랑함과 놀라움, 추구와 질문이 있다.

죽는 과정은 삶의 마지막 '사건'이다. 그가 살아온 삶과 그의 마지막 모습이 서로 '어울려야' 한다는 것이야말로 죽음의 존엄성을 구성하는 기본 개념이다.[57] 삶이 그렇듯 죽음 또한 '개별적이고 유일한 개인'의 정체성 관점에서 배려되고 존중되어야 한다. 어떤 목적에 자신의 삶을 정향시켰는지, 자신이 정의한 자아 이미지는 어떠한지가 죽는 과정을 선택하는 데 핵심 기준이 되어야 한다.[58] (인지 장애가 심해져 본인이 스스로 선택하기 어려운 경우라면 정체성에 따른 존엄의 존중은 돌보는 사람들의 몫이다.) '평소에 당신이 살아내는 일상에 죽음을 기다리고 맞이하는 당신의 모습이 깃들어 자리 잡는다'고 다큐 속 노모가 넌지시 전한다. 꼭 준비된 죽음이나 자연사가 아니라도 죽음은 그 죽음의 시점까지 살아온 삶 속에 이미 또렷한 형상으로 깃들어 있다. 그러나 어쩌면 당연하게 들리는 이 말은 '메멘토 모리(죽음을 기억하라)'와 '카르페 디엠(현재를 즐겨라)'의 동시적 사유와 지각이 없이는, 지혜연할 뿐 정작 지혜와는 거리가 먼 빈정거림이나 빈말에 지나지 않는다.

진주 둘

이 94세 여성은 앞에 있는 아들을 비껴가는 시선으로, 마치 무대 위에서 관객을 향해 방백을 하듯이 "나는 계속해서 기다리고 있는데 무엇을 기다리는지 모르겠다……. 왜 우리는 평생 무언가를 기다리며 사는 것일까. …… 고도를 기다린다고 했지……."라고 중얼거린다. 이 질문은 '생 전체'라 할 수 있는 무엇을 끌어당겨 하나의 점으로 응축시킨다. 그의 생뿐 아니라, 그의 마지막 시간을 함께하는 아들의 생과, 다큐를 보고 있는 '우리' 모두의 생을 불러 세우는 두 가지 질문. 무엇을 기다리고 있는가. 왜 평생 기다리는가. 이 질문은 그녀 내면의 독백이면서 관객을 향한 전언이다. 생은 마지막 순간까지 기다림이라는 질문으로 구성된다는 전언. 철학은 끊임없이 새롭게 열리는 질문으로 구성된다는 하이데거의 말에 '질문은 그런데 기다림이지'라고 늙은 노파의 지혜가 응수한다. 그녀의 질문 속에서 메멘토 모리와 카르페 디엠이 만나 하나의 변증법적 이미지로 멈춰 선다. 바로 이 질문을 하는 그녀의 얼굴 말이다. 영화에서 94세의 여성이 기다리는 어떤 '최종적인 것(the terminal)', 미지의 것, 불확실한 것은 생 전체를 관통하는 기다림의 핵심이면서 삶-죽음/죽음-삶의 은유이고 또 실제다. 어쩌면 이미 곁에 와 있지만 아직 완전히 자기 주장을 하지 않는, 그러니까 여전히 '도래할 것'이라고 불러야 할 '그 시간'을 기다리기. '그 시간'은 의사가 확인하고 선언할 죽음의 순간인가, 종교가 말하는 구원이나 해탈의 순간인가, 인민과 역사적 유물론이 목적으로 삼는 해방의 순간인가. 아니면 범속한 일상에서 찰나적으로 맞이하는 의미 충만한 행복의 순간인가. 어떤 것이든 이 '질문으로서의 기다림'들은 서로 연결되어 있(어야 한)다. 이것을 지탱하는 힘은 타나토스가 아니라 에로스다. 아니, 더 정확히 말하자면 타나토스를 여유 있게 품고 있는 에로스다. 적어도 다큐가 증명하는 노모의 경우는 그렇다. 그는 '고도'를 언급하고 있지만, 사뮈엘 베케트의 〈고도를 기다리며〉와는 달리 그의 무대에서는 누군가가 목매는 일은 없을 것 같다.

죽음을 앞둔 이들의 에로스

프로이트는 생명체의 통일성과 관련해 에로스와 타나토스라는 두 개의 에너지 욕동(Trieb)을 공식화했다. 그에 따르면 타나토스는 덜 분화되고 덜 조직화된 이전 상태로 회귀하려는, 최후에는 에너지의 수준 차이가 없는 상태로 되돌아가려는 욕동으로서 열반(nirvana)의 원칙이기도 하다. 우리는 잠을 자고 싶고(그래서 자고), 때론 잠에서 영원히 깨어나고 싶지 않으며, 혹은 긴장이 완전히 해소된 평정의 상태(열반)에 들고 싶다. 마지막으로 언급한 것의 실천은 '자살/자유죽음'일 것이다. 이것들은 모두 근본적으로 통일성의 파괴나 해체를 향하는 타나토스의 욕동이다. 반면에 에로스는 존재하는 생명체의 통일성을 유지하고, 더 나아가 좀 더 포괄적인 통일성을 구성하려 한다. 자기 보존 욕동이나 자기애(自己愛)적 리비도, 그리고 특히 성적 욕동과 연관되는 에로스는 좀 더 분화되고 좀 더 조직화된 형태, 좀 더 큰 통일을 이루어 존재를 유지하려 한다. 프로이트는 에로스의 모든 에너지를 리비도로 부를 것을 제안한다.[59]

우리는 몹시 늙은 사람, 거동이 거의 불가능한 사람, 크고 작은 질병으로 아픈 몸을 살고 있는 사람, 특히 명백히 죽음을 앞둔 사람에게서 에로스보다 타나토스의 욕동을 더 빈번히 보곤 한다. 그러나 이것은 이분법적으로 이미 머릿속에 입력되어 있는 상투적 이미지에 따른 결과일 확률이 높다. 통증이 심한 사람이나 '죽을 날을 받아놓은 사람'에게 에로스란 가능하지도 않고 어울리지도 않는다고, 깊이 생각하거나 관찰할 필요도 없다고 간주해버리는 것이다. 그러나 〈Twilight of a Life〉나 또 다른 다큐멘터리 〈아흔 살 소녀 블랑슈(A Young Girl in Her Nineties)〉(발레리아 브루니 테데스키·얀 코리디앙 감독, 2016년)

의 주인공들은 죽을 날을 받아놓았어도, 아흔 살에 인지 장애가 있어도 높은 에로스 지수를 유지할 수 있음을 또렷이 보여준다. 영화 속 '할매들'은 감성적으로 지각하며 적극적으로 표현하고(〈Twilight of a Life〉), 또한 새로 다가온 관계에 몰입하며 사랑에 빠진다(〈아흔 살 소녀 블랑슈〉). 두 영화 모두 에로스는 리듬과 밀접하게 연결되어 있음을, 아니 리듬임을 감동적으로 보여준다. 리듬의 두 요소, 즉 노래와 춤이야말로 부분과 부분을, 사람과 사람을, 사람과 사물을 연결하는 활기임을 노년은 그 어떤 다른 연령대보다 더 분명하게 확인시킨다.

다큐멘터리 〈그 노래를 기억하세요?(Alive Inside)〉(마이클 로사토베넷 감독, 2014년)도 우리의 인간 이해, 혹은 생명 이해가 서너 뼘 확장되도록 돕는다. 무기력이나 전면적인 비활성의 상태에 빠진 인지 장애 노년들은 노래의 리듬에 힘입어, 리듬을 타고, 생기와 활기를, 더 나아가 사라진 기억을 되찾는다. 인지증이 심해져 깊고 어두운 침묵에, 우물 같고 갱 같은, 미로가 아닌 미궁에 갇혀 있는 사람의 세포에도 여전히 리듬이 '기다리고' 있다. 리듬은 에로스의 중추다. 분절되어 파편으로 흩어져 있던 삶의 각 요소들이 리듬에 따라 '하나의 기억'으로 모이고 (마치 뼈들이 서로를 찾아 다시 하나의 형체로 맞춰지는 것처럼) 비인격, 탈정체성의 상태에 있는 것처럼 보이던 그녀/그는 자기 삶의 주인공으로 돌아온다. 이러한 사실은 노년을 직접 대하거나 상상할 때 노년을 이러저러하게 이해/오해하는 비-노년에게 중요한 각성의 계기를 마련한다. 또한 제도 차원에서 (인지 장애) 노년들에게 어떤 의료 환경을 제공해야 하는지와 관련해 근본적인 인식의 전환을 촉구한다.

이제 나의 각성을 말해보자.

〈Twilight of a Life〉에서 아들은 음악을 틀어놓고 침대 위 어머니와 춤을 춘다. 어떻게? 손과 손으로. 손과 손의 듀엣. 허공에서 만나 기뻐하고 미소 지으며 품어주고, 사랑한다 고맙다 전하는 두 손. 손과 손이 어우러져 추는 이 우아하고 아름다운 춤은 '춤이란 리듬에 따라 몸이 움직이는 것'이라는 춤의 정의를 모자람 없이 충만하게 구현할 뿐 아니라, 손과 손의 접촉 자체가 이미 춤임을, 즉 마음과 마음의 접속을 '따라하는' 미메시스임을 증명한다. '손은 센슈얼(sensual)하다'는 그녀의 말에 나의 심장 박동이 빨라진다. 나는 허공에서 부드럽게 유영하는 노모와 아들의 손과 손에서 에로스가 생성하는 몽환적 세계를 느낀다. '죽음'이 아니라 '미래'를 구상하고 있다던, 대항해 싸우는 일을 멈추지 않을 거라던 그녀의 말은 모두 에로스 에너지를 가리키고 있음이 분명해졌다. 거동이 불가능한 채 침대에 누워 있던 엄마의 손을 잡고 쓰다듬고 기껏해야 내 뺨에 갖다 대곤 했을 뿐인 나는 이 손과 손의 듀엣 장면에서 크게 놀랐다. 각성의 순간이었다. '사랑은 매번 재발명되어야 한다.' 랭보의 말이었던가. 죽음을 앞둔 94세 어머니와 그녀를 어떻게 떠나보내야 할지 모르겠다는 아들이 리듬에 따라 맞대고 떼며 유희하는 손과 손의 '감각' 속에서 이전에 알지 못했던 사랑이 발명되고 있었다. 새로 태어나는 사랑의 삶 곁에서 죽음이 온유한 얼굴로 어깨를 내주고 있었다. 카르페 디엠과 메멘토 모리의 평화로운 공존이었다.

시간의 춤은 윤무다

삶은 그 첫 순간부터 죽음을 품고 펼쳐지며, 죽음은 삶의 필연적 귀결이다. 삶이 누군가들과 더불어 할 수 있는 여행이라면 죽음은 홀로 감당해야 하는 사건이다. 그러나 〈Twilight of a Life〉에서 우리는 노모와 아들 사이의 유대감과 친밀감, 애정의 감각이 어떻게 죽음이라는 이 단독자의 사건을 '격이 있는 함께의 삶'으로 만드는지 본다.

혼자 죽는 것이 모든 사람에게 언제나 나쁜 것은 아니다. 혼자 죽는 것을 선택하는 사람도 있을 수 있고, 경험의 주체로서 자율과 소멸의 만남을 스스로에게 이해시킨 상태라면 혼자서라도 큰 충격 없이 죽을 수 있을 것이다. 기능 저하와 고통이 견딜 수 있는 수준을 넘었다면 혼자든 누구와 함께든 원하던 종결을 맞이할 수도 있다. 그러나, 아니, 그렇기 때문에 인생의 마지막 시간을 홀로 살다가 홀로 죽음을 맞이하는 일은 (본래도 그러하거니와) 지금은 더더군다나 사적 행·불행으로 여길 수 없는 일이 되었다. 삶과 죽음은 똑같이 안전과 존엄을 누려야 하고, 그 보편성에서 '모두'의 일이며 정치적인 사안이다. 혼자 사는 빈곤 노년들이 '대학병원 시신 기증'을 선택하는 이유 중 하나가 자신이 죽은 후 발견되지 않은 채 오랜 시간 방치되는 것을 막기 위함이라는 사실을[60] 단지 사적 개인의 불행한, 그래서 공적으로 사소한 일로 여기면 안 된다. 죽음 자체가 단독자의 사건이라고 해도, 지금 현실이 허용하는 죽음이 점차 홀로의 죽음 쪽으로 기운다고 해도, 누군가의 진솔하고 따뜻한 배웅을 받으며 죽는 죽음의 가치나 의미까지다 부정하거나 포기할 수는 없다. 현실과 상상의 세계 모두에서 가능의 폭을 넓히는 쪽으로 방향 조정을 하자고 제안한다.

삶과 죽음, 생성과 소멸은 자연사와 역사에 동시적으로 귀속된다. 긴 연쇄로 이어지는 삶과 죽음, 생성과 소멸은 자연사와 인간사 모두에서 시간의 춤이다. 그리고 이 춤은 단독자의 춤이 아니라 여럿이 어울려 추는 윤무다! 이 윤무가 구체적으로 어떤 리듬으로, 어떤 형상으로, 어떤 결단과 사랑과 상처와 비탄과, 돌봄과, 허무와 자유와 욕망을 품고 이어지는지 알고 싶은 사람은 영화 〈안토니아스 라인〉(마를렌 고리스 감독, 1995년)을 보라고 권하고 싶다. 〈안토니아스 라인〉이 설득력 있게, 유머러스하고 당당하게, 거침도 타협도 없이 그려내는 포스트 가부장제, 포스트 자본주의 공동체의 삶에서, 자연스럽게 그리고 사회문화적으로, 탄생은 죽음을 배웅하고 죽음은 탄생을 축복한다. 무언가를 남기지 않는 죽음은 없고, 죽음이 남긴 그 무언가를 기억하지 않는 탄생은 없다. 이 유토피아에서 시간의 윤무는 당연하게도(!) 첫 가모장 안토니아의 죽음 침상에서 시작된다. 안토니아는 그녀의 침상에 둘러선 4대 식구들 한 명 한 명에게 눈으로 작별 인사를 한다. 이제 날개가 안에서부터 계속 펼쳐져 나오듯, 4대의 삶-죽음 이야기가 펼쳐진다. 역사가, 씨 뿌리고 수확하는 자연사가, 윤무의 이야기가.

시간과 노니는 몸들의 이야기

나이 들며 아프며 살며

십대 소녀

십대 소녀인 나?
그 애가 갑자기, 여기, 지금, 내 앞에 나타난다면,
친한 벗을 대하듯 반갑게 맞이할 수 있을까?
나한테는 분명 낯설고, 먼 존재일 텐데.

태어난 날이 서로 같다는
지극히 단순한 이유만으로
눈물을 흘려 가며, 그 애의 이마에 입맞춤할 수 있을까?

우리 사이엔 다른 점이 너무나 많다.

단지 두개골과 안와(眼窩),

그리고 뼈들만 동일할 뿐.

그 애의 눈은 아마도 좀 더 클 테고,

속눈썹은 더욱 길 테고, 키도 좀 더 크겠지.

육체는 잡티 하나 없는 매끄러운 피부로

견고하게 싸여 있겠지.

친척들과 지인들이 우리를 연결해주는 건 분명하지만,

그 애의 세상에서는 거의 모두들 살아 있겠지.

내가 사는 곳에서는

함께 지내 온 무리 가운데

살아남은 사람이 거의 없는데.

우린 이토록 서로 다른 존재,

완전히 다른 생각을 하고, 다른 말을 한다.

무슨 일이 벌어질지 그 애는 아무것도 모른다 ―

대신 뭔가 더 가치 있는 걸 알고 있는 양 당당하게 군다.

나는 훨씬 많은 걸 알고 있다,

그래서 아무것도 함부로 확신하지 못한다.

그 애가 내게 시를 보여준다.

이미 오랜 세월 내가 사용하지 않던

꽤나 정성스럽고, 또렷한 글씨체로 쓰인 시를.

나는 그 시들을 읽고, 또 읽는다.

흠, 이 작품은 제법인걸.

조금만 압축하고,

몇 군데만 손보면 되겠네.

나머지는 쓸 만한 게 하나도 없다.

우리의 대화가 자꾸만 끊긴다.

그 애의 초라한 손목시계 위에서

시간은 여전히 싸구려인 데다 불안정하다.

내 시간은 훨씬 값비싸고, 정확한 데 반해.

작별의 인사도 없는 짧은 미소.

아무런 감흥도 없다.

그러다 마침내 그 애가 사라지던 순간,

서두르다 그만 목도리를 두고 갔다.

천연 모직에다

줄무늬 패턴,

그 애를 위해

우리 엄마가 코바늘로 뜬 목도리.

그걸 나는 아직도 간직하고 있다.[1]

이 시는 노벨문학상 수상자였던 폴란드의 여성 시인 비스와바 쉼보르스카의 시집 《충분하다》에 실려 있는 작품이다. 이 시집은 저자가 세상을 떠난 직후 2012년 4월에 유고집으로 출간되었다. 추측컨대 시인은 죽음을 얼마 앞둔 시점에 이 시를 썼을 것이다. 세상을 떠날 때 그의 나이는 88세. 이 정도 늙은 여자의 구체적인 모습을 떠올리며 '십대 소녀'라는 제목이 붙은 이 시를 읽다 보면 첫 연부터 마지막 연까지가 압축적으로 쓰인 한 편의 자서전처럼 읽힌다. 이 자서전의 주제는 시 쓰기, 그리고 다른 무엇보다도 시간이다. 시인은 자기 연민에도, 자기애(自己愛)의 유혹에도 빠지지 않고 거리 두기가 보장하는 은근한 유머로 10대 소녀와 80대 늙은 여자 '사이'에 놓인 시간에 대해 이야기한다.

이 시는 70~80대 노년들이 느끼고 생각함직한 것들을 단순하고 담백한 언어로 전달한다. 변형된 신체, 달라진 피부, 점점 줄어드는 '아는' 사람의 수(그렇게 혼자가 된다!), 삶의 무수한 경험이 데려간 판단 유보의 자리 등등. 그리고 시간과의 매우 특별한 관계. 이 나이에 들어선 사람이라면 시간에 대한 생각이나 느낌을 베개 삼아 하루를 마감하고 시작하는 데 익숙해졌을 것이다. 살아온 날들과 살아갈 날들 사이에서 시소가 어느 쪽으로 더 기울고 있는지, 그 사실이 무엇을 의미하는지 짐작하는 것은 지혜까지는 아니더라도 마땅한 앎일 것이다. 저 시가 실려 있는 시집의 제목이 '충분하다'인 것을 나는 이런 관점에서 이해한다. 기울기가 이쯤 되면 살아낸 자기 삶의 이야기를 짜고, 그 이야기의 주제나 음조, 소실점 등을 정하는 게 필요함을, 시의 제목은 그야말로 충분하게 환기한다.

모든 자서전적 글쓰기에서 매혹과 동시에 난제가 되는 핵심은 글쓰기의 대상인 과거의 자기와, 그 과거의 자기를 탐색하는 현재의 자기 사이의 간극이다. 쓰는 '나'와 써지는 '나', 이 두 주체는 동일성 속에서 서로를 반영한다기보다 불일치의 모순 속에서 낯설게 조우한다. 자서전적 글쓰기를 시도해본 사람이라면 종종 여러 상이한 감각의 파편들, 잡힐 듯 말 듯 희미하게 스쳐 지나가는 장면들 사이에서 길을 잃어본 경험이 있을 것이다. 어디에서 시작하나, 무엇에서 멈추나, 저 사람은 내게 누구였나……. 그러다 불현듯 선명하게 떠오르는 어떤 이미지가, 낡긴 했어도 오롯이 존재하는 어떤 사물이 안개 속 이정표가 되어 까마득히 잊었던 장소로 자신을 데려가는 것 또한 경험해보지 않았을까.

앞에 인용한 시에서도 데우스 엑스 마키나(deus ex machina)[2]처럼 등장해 10대 소녀와 80대 늙은 여성 사이의 간극을 뛰어넘도록 도와주는 것은 목도리라는 사물이다. 이 목도리의 출현으로 시는 한 여성의 고유한 '자아' 이야기를 직조하는 데 성공한다. 목도리는 '저' 10대 소녀와 '이' 80대 여성을 생애사의 동일한 주인공으로 인증해주는 사물이다. 어머니가 손수 짠 목도리는 또한 시라는 형식을 통해 자신의 생애를 짜보고자 시도하는 주체와 환유적으로 만나면서 '자아'의 문제가 '직조하기', 즉 이야기하기의 문제임을 은밀하게 가리킨다. 짜 나가는 과정에서 내가 나에게 모습을 드러낸다. 에피파니[3]. 살아갈 날들의 소실점을 응시하며 살아온 날들을 회상할 때 이윽고 모습을 드러내는 '자기'라는 이 사건은 신적 존재의 에피파니와 유비 관계에 있다. 살아낸 삶은 예기치 않은 찰나에 은총처럼 신적인 빛을 발한다.

시간을 증언하는 사물들은 가벼운 센티멘털에서 긴 (사회문화적) 사유로 이끄는 묵직한 정동에 이르기까지 이런저런 감동을 주곤 한다. 이사가 끝난 후 쓰레기가 되어 나뒹구는 사진첩이나 아이들의 장난감, 갓등, 목도리 같은 것들은 우연히 스쳐 지나가는 사람의 발길을 문득 멈춰 세우기도 한다. 〈십대 소녀〉의 목도리에 좀 더 집중해보자. 시인의 어머니가 10대 딸에게 짜준, 천연 모직 줄무늬 목도리. 이 목도리는 시간을 증언할 뿐만 아니라 일정 부분 시대를 증언하기도 한다. 바느질이나 뜨개질이 '취향'이 아니라 필수였던 시기가 있다. 어머니들이 삯바느질로 자녀들을 먹이고 공부시켰으며, 뜨개질로 겨울의 한기에 맞서 자녀들을 지켜냈던 시기 말이다. 스웨터나 장갑, 목도리, 조끼, 양말 등 어머니들이 코바늘이나 대바늘로 뜨거나 짰던 겨울 필수 품목들은 시장으로 간 지 오래다. 그리고 어머니들의 손의 역사(役史)는 충분히 역사(歷史)가 되지 못한 채, 소소하고 아름다운 일화처럼 다루어지곤 한다.

속옷과 겉옷의 경계에 있는 목도리는 또한 친밀성과 관련해 흥미로운 감각을 일깨운다. 목도리는 살에 직접 닿을 수 있다는 점에서 착용하는 사람의 몸이 물질적으로 느껴지는 반면 어디에서든 풀어놓을 수 있어 다른 겉옷과는 달리 잃어버릴 확률도 높다. 그래서 목도리는 우연과 필연을 다룬 사적 이야기의 중요한 소품이 되기도 한다. (물론 장갑도 종종 잃어버리는 의류 품목이지만 문화적으로 손은 좀 더 공적인 의미를, 목은 좀 더 사적이고 내밀한 의미를 담고 있기에 각각 잃어버림의 지각이 다르다.)

그런데 손으로 직접 짠 목도리는 친밀성과 관련해서뿐 아니라 시간과 관련해서도 사소하다고만은 할 수 없는 특성이 있다. 손으로 짠 목도리에는 짠 사람의 손의 온도와 마음의 온도 즉 심정이, 그리고 특히 시간이 함께 짜 들어가 있다. 과거의 나와 지금의 나 사이에 놓인 시간의 간극을 묘사하는 시 〈십대 소녀〉에서 목도리는 시적 자아의 저 미련 없이 간단명료한 거리 두기에 확실하게 감각이 살아 있는, 즉 체화된 시간성을 부여한다. 긴 여정 후에 되돌아보는 생애는 흔히 '눈 깜짝할 사이'에서처럼 짧게 느껴지거나 '까마득히 먼 과거'에서처럼 길게 느껴진다. '눈 깜짝할 사이'와 '까마득히 먼'이라는 짐짓 상이한 두 개의 시간 감각을 하나로 만드는 이 목도리는 사물이면서 사물 그 이상, 즉 유사-몸이다. 이 목도리는 10대 소녀인 나, 그리고 노년이 된 지금의 나가 각각 따로 존재하는 것처럼 지시하는 '나이'를, 한 사람의 통합된 정체성을 보장하는 '시간'으로 전환한다. "잡티 하나 없이 매끄러운 피부로 견고"하던 뺨과 목을 감싸던 목도리는 지금 검버

섯과 주름투성이 피부로 늘어진 뺨과 목을 감싸고 있다. 목도리는 그 전에도 계속 변하는 몸을 감싸며 동행했을 것이다. 과거의 시간 속에서 탄생한 이 목도리는 하나의 사물이지만 뚜렷한 상징으로 작용하면서 이 시에 자서전의 진실, 즉 한 여성의 자기 정체성(selfhood)을 보장해준다.

아우구스티누스의 고백처럼,[4] 우리는 막연히 알고 있는 듯해도 '시간이란 무엇인가'라는 질문을 받으면 정작 뭐라고 답해야 할지 몰라 당혹스러워한다. 현상학은 '시간은 무엇인가'라는 질문을 '시간은 어떻게 지각되는가'라는 질문으로 바꿈으로써 이러한 당혹스러움에서 벗어나고자 시도했다. 현상학적 서사 이론을 펼친 폴 리쾨르에 따르면 시간은 이야기 속에서 비로소 존재하며, 이때 이야기는 '자기' 이야기로 전개된다.[5] 동일성(the identical)과는 다른 정체성인 '자기(selfhood)'는 타자에게 한 약속과 그 약속을 지키(려)는 책임의 행위 속에서 구성된다. 이 행위의 이야기에는 실수나 패배, 그리고 망각과 배신이 없지 않겠지만, 그것들까지 포함해서 생의 모든 국면은 약속과 책임이라는 지평 위에 재구성된다.[6] 그 재구성 속에서 이야기의 주인공(character)은 특정 성격(character)을 지닌 '자기'로 남는다.

시 〈십대 소녀〉가 범속하게 그러나 명백하게 보여주는 것은, 10대 소녀와 80대 늙은 여자는 동일하지 않지만 '자기임'에는 변함이 없다는 사실이다. 두툼한 분량의 에세이나 소설이 아닌 시로 작성된 이 텍스트에서, 타자와의 관계와 약속, 그리고 책임의 이야기는 '목도리'와 목도리에서 연상되는 '손'에서 암시된다. 누군가를 위해 또는 누군가를 향해 손이 하는 일은 대부분 암묵적인 혹은 명시적인 약속과 책임의 장 안에서 펼쳐지지 않는가.

몸으로 산다는 깨달음

젊은이들이 지각하거나 인지하지 못하는 것 둘을 꼽으라면 아마도 몸과 시간/성을 꼽을 수 있을 것이다. 예컨대 "죽음을 잊는 것은 젊음의 특권이나, 잊힘을 사유하는 것은 노년의 숙명이다."[7]는 이에 대한 대중적 표현의 하나다. 그러나 몸과 시간/성이야말로 유한한 삶을 사는 주체의 이해에 가장 중요한 두 축이다. 이 두 축을 바탕으로 삼아 몸-정체성이 물질적으로, 사회문화적으로 구체화된다. 몸과의 연관 속에서 이해되지 않는 시간/성은 너무 추상적이고, 시간/성과의 연관 속에서 이해되지 않는 몸은 너무 생리학적이다. 추상적인 공간을 질료적인 장소로 만드는 것도 시간의 속성이다. 이렇게 볼 때 몸과 시간/성을 지각하지 않는 (왜냐하면 지각하지 않아도 되기에!) 젊은이들은 그야말로 역설과 아이러니의 삶을 사는 셈이다. 몸과 시간/성의 두 축이 만들어내는 좌표로 자아(self)를 이해할 때 삶은 살아낸 시간의 경험으로, 시간과 장소의 이야기로 남는다. 젊은이들뿐 아니라 현대인들은 대부분 몸이 구시렁구시렁 자기 말을 시작하기 전에는 마치 몸이 없는 듯 산다. 이것은 생산과 소비 중심으로 삶이 구축되는 자본주의 체제의 강요 때문이기도 하고, 몸의 움직임과 활동이 '자연스러울' 때 몸은 스스로를 의식할 필요가 없기 때문이기도 하다.

이제 적지 않은 사람들에게는 매일 아침 거울을 보고, 체중계에 올라가 몸무게를 확인하고, 헬스장에 가서 특정 신체 부위를 콕 짚어 단련을 하는 등 몸을 늘 관리(심지어는 감독)하는 것이 자기 계발의 필수 항목이 되었다. 그러나 몸을 관리의 대상으로 삼는 이러한 몸 이해에서 정작 몸-정체성의 이해는 누락되기 십상이다. 시간의 경우도 마찬가지다. 근대가 시작된 이후로 사람들은 달력이나 시계의 시간, 즉 시점(時點)들의 연속체로 이해되는 시간과는 단단히 묶인 채 달리기 경주를 하지만, 존재의 근본 토대나 조건이 되는 시간과는 내밀한 관계를 맺지 못한 채 하루하루를 살아간다. 아마도 여성들은 매달 경험하는 (월경 전 증후군을 포함한) 생리와 임신·출산 등을 통해 몸-정체성이라 부를 수 있는 자아의 느낌에 접속할 기회가 좀 더 많을 수 있을 것이다. 그러나 통상적으로 우리는 심각한 질병을 겪을 때, 또는 자아와 언어를 부술 정도로 지독한 고통이 우리의 모든 감각을 몸에 집중시킬 때 비로소 자신이 "몸으로 사는 존재임"을 통렬히 자각하게 된다.[8] 자신의 세계가 몸이라는 하나의 점으로 축소되는 위기의 순간이 깨달음의 계기가 되는 것이다. 아서 프랭크의 《아픈 몸을 살다》는 이를 증언하는 뛰어난 질병 서사다. 질병은 그를 삶의 경계로 데려갔고, 거기서 그는 "예전의 자신을 회복하기보다는, 앞으로 될 수 있는 다른 자기를 발견"하자고 결의한다.[9] 이러한 결의는 균질적으로 이어지는 일상의 평균적 안온함 속에서는 출현하기 어렵다. 삶과 죽음이 종이의 앞뒷면처럼 맞붙어 있는 순간에 어떤 각성이 일어나는지 보여주는 또 다른 질병 서사가 있다. 폴 칼라니티가 쓴 《숨결이 바람 될 때》

이다.

　나는 나 자신의 죽음과 아주 가까이 대면하면서 아무것도 바뀌지 않은 동시에 모든 것이 바뀌었다는 사실을 깨닫기 시작했다. 암 진단을 받기 전에 나는 내가 언젠가 죽으리라는 걸 알았지만, 구체적으로 언제가 될지는 알지 못했다. 암 진단을 받은 후에도 내가 언젠가 죽으리라는 걸 알았지만 언제가 될지는 몰랐다. 하지만 지금은 그것을 통렬하게 자각한다. 그 문제는 사실 과학의 영역이 아니다. 죽음은 사람을 불안하게 만든다. 그러나 죽음 없는 삶이라는 건 없다.[10]

　신경외과 의사로서 그는 '죽음'을 잘 알고 있었다. 인간은 유기체이고, 물리 법칙에 복종해야 하며 슬프게도 그 법칙에는 엔트로피의 증가도 포함되어 있다는 것, 질병은 분자의 탈선에서 비롯되고 삶의 기본 요건인 신진대사가 멈추면 인간은 죽는다는 것 등의 과학적 지식을 그는 매우 잘 알고 있었다. 또한 삶과 죽음이 교차하는 순간 필연적으로 생물학의 경계를 넘어선 철학의 질문이 발생하고, 죽음은 삶의 의미를 '향해', 삶의 의미와의 '연관' 속에서 의미를 부여받는다는 것도 알고 있었다. 신경외과 의사라는 직업을 소명으로 택한 이유 중 하나가 "죽음을 뒤쫓아 붙잡고, 그 정체를 드러낸 뒤 눈 한 번 깜빡이지 않고 똑바로 마주보기 위해서였다."라고 그는 말한다. "삶과 죽음 사이의 공간에서 일생을 보낸다면 연민을 베풀 줄 아는 사람이 되고 스스로의 존재도 고양시킬 수 있으리라. 하찮은 물질주의, 쩨쩨한 자만에서 최대한 멀리 달아나 문제의 핵심, 진정으로 생사를 가르는 결정과 싸움에 뛰어들어 그곳에서 어떤 초월성을 발견할 수 있으리라."고 그는 희망했다.[11] 그런 그가 '죽음 없는 삶이라는 건 없다'는 사실이 무엇을 의미하는지 적확하게 깨닫게 된 것은 아주 가까이 다가온 자신의 죽음을 대면하면서였다. 이후 그는 이전과는 다른, '순간의 현재적 삶'을 살았고, 그 결과 중 하나가 《숨결이 바람 될 때》라는 기록이다.[12] 이 책은 폴 칼라니티가 신경외과 의사로서 인간 존재의 생물학적 의미를 넘어서는, 아니, 생물학적 의미에 내재한 철학적·영적 질문을 발견하고 그 답변을 추구해 온 시간들을 매우 내밀하게 기록하고 있다. 삶과 죽음의 '신비'를 질문하는 이 기록에서 뇌와 도덕과 감정과 영성은 하나의 통일성 있는 '자기' 정체성의 이야기로 엮인다. 삶의 근본 의미에 대한 질문도, 사회문화적 환경도, 의료 시스템의 세부도, 일상의 균형과 흔들림도, 죽음을 앞둔 순간 선택되고 직조되는 '자기 이야기' 속에서 새로운 빛을 받는다. 몸 실존을 느끼는 더듬이가 온전히 작동한 덕분이다.

　몸 실존을 향한 더듬이는 누구에게나 있을 것이다. 잘 계획되고 또 실현되는 시계-시간의 질서정연한 진행과 그것이 제공하는 안온함 속에서 이 더듬이는 지각되기 어렵다. 이러한 질서와 안온함이 일상 유지에 필요한 그만큼, '죽음을 앞둔 순간'이라는 시간성의 자각은 멀 수밖에 없다. 그러나 도적 떼처럼 갑자기 들이닥친 질병과 극심한 통증, 노화가 요청하는 전환 등은 시계-시간의 중단 없는 균질한 똑딱거림에 완전히 다른 시간성의 차원이 열리는 계기가 된다. 질병과 통증, 어두운 예후, 치명적인 손상을 '직면'한다는 것은 다른 시간 이해에 '몸-의식'이 깨어난다는 의미이기도 하다. 이 직면은 죽음과 삶을 영원성이라는 시간 속에서 동시적으로 이해하게 만든다. 일상의 유지가 요구하는 시계-시간의 질서 속에서도 훈련을 통해 그런 시간/역사 감각을 얻을 수 있겠지만, 실제로 내 앞에 서 있는 죽음이 촉구하는 직면은 "모든 것의 가장자리에서"[13] 중심 내부와 가장자리 너머를 동시에 날카롭고 섬세하게 지각한다는 면에서 그야말로 다른 시간성의 출현이다.

우리는 자신의 의지와는 상관없이 어떤 세계 안으로 던져짐으로써 삶을 시작한다. 그러나 의지와 상관없는 내던져짐의 수동적 상태가 태어남의 순간에 끝나는 것은 아니다. 사람에 따라 다르겠지만 우리는 일생을 두고 여러 번 수동적 강제에 빠질 수 있다. 하이데거는 매 순간 선택적으로 삶을 기획함으로써 (수동적 태어남의) 과거와 (열린 상태의) 장래를 '이 순간, 여기'에서 현재화할 수 있다고 주장하면서 '결의'를 강조한 바 있다. 수동적으로 내던져짐으로써 삶이 시작되었다면, 이제 스스로 무엇인가를 향해 능동적으로 자신을 내던짐으로써 적어도 장래의 내 모습만은 내 의지대로 형성할 수 있다는 것이다. 그러나 폴 칼라니티의 경우처럼, 예기치 않게 다시 찾아온 그 철저한 수동적 내던져짐의 상태에서, 능동적 의지의 개입이 거의 불가능한 그 절망적 상태에서 '선택'할 수 있는 건 과연 무엇일까, 어떤 '결의'가 가능할까.

이 부분에서 하이데거의 현상학과 앞서 언급한 리쾨르의 현상학이 만난다. 두 사람 모두 선택 가능한 결의를 타자와의 관련성에서 찾기 때문이다. 리쾨르가 타자와의 약속과 그 약속을 어떻게든 책임지려는 삶의 태도와 행동들에서 일관되게 자기로 남을 수 있는 가능성을 찾았다면, 하이데거는 타자의 존재 의미에 본래적 방식으로 올바르게 마음을 씀으로써 자기를 의지적으로 형성할 수 있다고 믿는다. 그에 따르면 "시간성은 본래적 마음 씀의 의미로서 드러난다."[14] 이 시간성은 달력이나 시계의 질서에 따라 계산하고 계획하고 예비하는 방식으로 '자신에게 시간을 허용하고 배려하는' 시간 이해와는 다르다. 마음 씀으로 구현하는 본래적 시간성은 세계-내-존재로 사는 우리의 근원적인 자립성과 전체성을 포함한다. 이 자립성과 전체성을 향한 흐트러짐 없는 응시야말로 삶의 의미가 드러날 수 있는 가능성이다.

《숨결이 바람 될 때》에서 폴 칼라니티가 들려주는 자서전적 이야기는 자립성과 전체성을 향한 흐트러짐 없는 응시가 바로 '자신의 죽음'을 향한 흐트러짐 없는 응시에서 가장 순수하고 유현(幽玄)한 형태로 일어남을 증언한다. 신경외과 의사로서 그는 다른 사람의 죽음 또한 흐트러짐 없이 응시하고자 애써 왔다. 삶과 죽음이 칼의 양날처럼 날카롭게 공존하는 수술실은, 그가 불편의 해소라는 방식으로 타인을 배려하는 평균적 일상을 벗어나 가능한 한 본래적 의미에서 타인의 곁이 되고자 선택한 약속과 책임의 공간이었다. 그럼에도 차이는 있었다. 다름 아닌 자신의 죽음을 이미 도래한 삶의 결정적 모멘트로 응시하는 순간, 그 자신의 삶을 하나의 고유한 전체로서 재구성하는 일이 가능해졌다. 그 전체 안에서 이미 존재하는, 그리고 아직 존재하지

않는 다른 사람들과 사물들 또한 그들에게 마땅한 의미의 자리를 찾았다.[15]

　목숨이 위태로울 정도의 위급 상황은 아니어도 늙어 감 역시 몸-정체성의 지각을 일깨운다. 나이가 들어 가며 점점 더 낯설게 변화하는 몸 '덕분에' 우리는 자기 동일성의 상실을 맛보게 된다. 싫든 좋든, 쓰든 달든 이 상실의 맛으로 우리는 몸-정체성을 좀 더 구체적으로 자각하게 된다. 몸이 곧 의식이고, 몸이 곧 사건이 발생하는 시간과 장소이며, 몸이 곧 나라는 이 자각은 '나이'가 불러일으키는 건강 염려(증)의 불안이나 조바심과는 다른 차원에 속한다. 나이 듦이 확실하게 알려주는 몸의 변화를 마주하며 당혹과 초조함에, '적어도 1~2년 후에는 그 일이 꼭 완성되어야 하는데', '앓아눕기 전에 그 일만은 끝내야 하는데', '지난번 실패해서 놓친 일을 이제 어떻게든 만회해야지' 같은 마음으로 시간을 사용하려 하는 사람들도 적지 않을 것이다. 그러나 나이가 들면서 몸을 잊고 지내기 어려운 상황이 일시적·간헐적 현상이 아닌 지속적 환경이 되면 자기 자신뿐 아니라 외부와 맺는 관계도, 삶의 의미나 목적에 대한 질문도, 그리고 그에 따라 목표 설정도 바뀐다.[16] 이때 마주하는 시간은 기대와 실패, 그리고 만회의 시도 속에서 '사용하는' 시간과는 다르다. 어쩌면 처음인 양, 혹은 오래 기다린 재회인 양 드디어 마주하는 시간의 의미라고, '낭만적 사랑'의 어법을 전유해 말할 수도 있으리라.

　마르크 오제가 '거울 단계로의 회귀'라고 부른 이 계기는 위기라고 부를 만큼 위험한 기회는 아니지만 예기치 않은 인식의 순간인 것만큼은 부정할 수 없다. 이제 '거울 앞에 서서 자신의 몸과 여러 다양한 자아를 모아 자기의 재조합'에 나서게 되는 이 국면은 "나는 늙어 간다. 그러므로 나는 존재한다."는 새로운 깨달음이 열리는 지점이기도 하다.[17] 나이를 먹어 감으로 존재한다는 사실을 더 깊게 깨달을수록, 우리는 불가역적인 시간의 선형적 흐름과 그에 따른 축적의 논리에서 벗어날 기회를 더 많이 만나게 된다. 시간을 불가역적인 직선의 흐름으로 이해하고, 그에 따른 축적의 당위성을 앞세우는 것이야말로 '나이'의 상투적 이해에 핵심 아닌가. 이런 나이 이해는 우리로 하여금 나이가 들수록 덜 존재하고 더 결여하게 만든다. (마르크 오제가 '나이 없는 시간'이라는 명제를 내세우는 것도 이런 고정관념에 저항하기 위해서다.) 이에 반해 늙어 감으로 존재한다는 지각은 관료화되고 자본화된 나이 규범의 족쇄에서 벗어나 기억/기억 작업과 망각의 상상적 이야기 차원인 시간에 더 가까이 다가가게 만든다.

늙어 가는 이들이 변화하는 몸을 단순히 '기능들의 저하라는 노화의 관점'에서만 이해한다고 생각하면 큰 오산이다. 오히려 변화하는 몸을 계기로 현재나 심지어 미래가 과거로 되접히는 이야기의 시간을 만나기도 한다. 여러 겹으로 덧써지며 동시에 지워진, 기억과 망각의 크고 작은 물결로 생의 시간을 이해하는 문리가 트이기 시작하는 것이다. 이제 필멸의 삶을 사는 '나'에게 중요한 것은 동일한 반복으로 끝없이 이어지는 시간의 점들이 아니라 의미를 형성하고 또한 형성된 의미를 해석하게 도와주는 시간성이다. 속도전을 치르는 생산-소비-노동 활동의 연쇄 속에서는 거의 사라지거나 '옛날 옛적에⋯⋯' 식의 이야기에 구태로만 남아 있는 것 같던 지속이나 영원이라는 시간 개념 또한 구시렁거리는 몸의 전(前) 언어적, 또는 비(非)문자적 발화 속에서 구체성을 띠기 시작한다.

몸의 기억

우리는 우리가 이야기한다고 생각하지만, 종종 이야기가 우리에게 말을 걸기도 한다. 사랑하라고, 미워하라고, 두 눈으로 보라고 혹은 눈을 감으라고. 종종, 아니 매우 자주, 이야기가 우리를 올라탄다. 그렇게 올라타서, 앞으로 나아가라고 채찍질을 하고, 우리가 해야 할 일을 알려주면, 우리는 아무 의심 없이 그걸 따른다. 자유로운 상태가 되기 위해서는, 이야기를 듣는 법을 배워야 한다. 그 이야기에 질문을 던지고, 잠시 멈추고, 침묵에 귀 기울이고, 이야기에 이름을 지어주고, 그런 다음 이야기꾼이 되어야 한다.[18]

'우리를 올라타는 이야기.' 리베카 솔닛이 언급하는 저 '이야기'의 속성은 특히 몸이 말을 걸어올 때 두드러진다. 조금은 뜬금없이 들릴 수도 있겠지만 나는 '치매' 노인들의 배회에서 이야기가 우리를 '올라타는' 순간을 목격한다. 그들의 배회에는 나름의 정향성이 있으며, 그 배회야말로 몸이 이야기가 되어 그들을 올라타는 순간을 표현한다.

늙어 가는 사람들에게 '가장 힘든 때가 언제냐'고 물어보면 많은 이들이 '내가 아는 사람들이 하나둘씩 세상을 떠날 때'라고 답한다. 최고령이 되었다는 것은 '알고 지내던 사람이 거의 남아 있지 않아 세상 속에 낯선 존재로 남게 된다는 것'을 의미하기도 한다. 이념 공동체에서 치열하게 정치적 방향을 논의하고 실천을 실험하던 사이나 혹은 느슨하게라도 연대하며 활동하던 사이가 아니라, 그냥 알고 지내며 시간과 공간을 함께한 사이라 해도 그들이 사라지면서 그들과 공유한 사회문화적 유행, 관습, 취향이 사라지고, 그것들로 이루어진 '나' 또한 조금씩 사라진다. 이 '나'의 사라짐에서 핵심은 '내가 나에게 낯설게 된다'는 것이다.

'나는 어디로 갔지?' 나는 나를 잃고, 나를 찾아 배회한다. '치매'에 걸린 사람들의 배회는 이미 오래전에 시작된 이러한 배회가 깊어진 단계에 지나지 않는 건 아닐까. 자신을 자신으로 확인해주는 사람들이 사라진 곳에서 시작되는, 일종의 사회심리적 배회라고 부를 수 있는 배회는 치매 환자들의 배회를 이미 준비하고 있는 것일 수 있다. 또는 치매 환자들의 배회 속에는 그러한 사회심리적 배회들이 거미줄처럼 망을 이루고 있는지 모른다. 그렇다면 몸을 이동시키는 것은 무/의식에 자리 잡고 있는 상실의 체화된 느낌일 것이다. 낯익은 얼굴들이 거의 다 떠나고, 그나마 곁에 남아 있던 생의 반려마저 더는 옆에 있지 않게 될 때 이러한 현상은 더욱 두드러질 수 있다. 얼마나 서로 살갑게, 애틋하게 챙기며 고마워하는 사이였는지는 별로 중요하지 않다. 중요한 것은 오랜 시간 시시콜콜 일상을 같이 살아낸, 물리적으로 가장 가까이 있던 사람이 사라졌다는 사실이다.[19]

서울에서 한 시간 정도 떨어진 경기도 지역에 사는 친구 집에 며칠 머물 때였다. 어떤 할머니가 두 번이나 친구 집 대문 앞에 오셔서 '집에 데려다 달라'거나 '문을 열어 달라'며 꼼짝 않고 주저앉아 계시는 일이 있었다.

개가 짖기에 처음에는 종종 그렇듯이 집 앞을 지나가는 자동차나 사람들이려니 했다. 그러나 개는 계속 짖어댔고, 뭔 일인가 싶어 나가 보니 작은 몸집의 할머니가 대문 앞에 앉아 계셨다. '누구시냐, 여기서 뭔가 찾으시는 게 있느냐' 여쭈었더니, 집에 가야 하는데 길을 모르겠다, 집에 좀 데려다 달라 하셨다. '집이 어디시냐' 다시 여쭈었더니 친구 집 오른편으로 난 산길을 가리키며 '저 너머에 있다'고 하셨다. 사시는 동네 이름을 물으니 모르겠다고 하시더니 이어서 ○○리와 □□리 이름을 대셨다. '그런데 여긴 어떻게 오셨냐' 하니 이번엔 왼편으로 난 길 위쪽을 가리키시며, '저기 저 집에 밥해주러 왔다. 그런데 다들 나만 떼어놓고 가버렸다' 답하셨다. 할머니 말씀으로는 도저히 집을 찾아드릴 수 없겠어서 할머니를 차에 태우고 마을회관의 이장님을 찾아갔다. '어? ㄱㄱ 할머니네.' 이장님은 금방 알아보셨고 이장님의 설명에 따라 할머니를 집에 모셔다드렸다. 길가에 바로 면해 있는 작은 집이었다. 아니, 집이라기보다는 창고 같은 네모난 건물이었다(나중에 알고 보니 실제로 곡물 창고로 쓰였던 곳이다). 집의 문을 열면 바로 주방이 있고 거기서 계단 서너 개를 짚어 올라가니 방이 있었다. 이불이 깔려 있는 그 방으로 올라가시는 것까지 보고 돌아왔다.

그런데 이틀 후 자정도 한참 넘은 시간에 다시 개가 짖어댔다. 지나가는 사람이려니 했지만 개 짖는 소리는 멈추지 않았다. 시계를 보니

2시쯤이었다. 문을 열고 나가니 예의 그 할머니가 쪼그리고 앉아 계셨다. '들어가야 하는데 문이 닫혀 있다' 하셨다. '어디 들어가시게요' 여쭈니, '이 집이 내 집인데 문이 왜 닫혀 있는지 모르겠다'고 하셨다. 이제는 할머니 사시는 곳을 알고 있으니, 더 묻지 않고 차에 태워 집에 모셔다드렸다. 치매 증상이 있는 할머니가 옛 창고 건물에 혼자 사시는 게 마음이 쓰였다.

그 뒤로 두 달쯤 지나 다시 친구 집에 가게 되어 할머니 집 근처로 가보았다. 마침 바로 앞집에 사시는 어르신을 만난 김에 (혼자 사시는 이 어르신 역시 70대 후반으로, 할머니와는 겨우 서너 살 차이밖에 나지 않는다) 할머니 상태를 물어보니 요즘은 괜찮아지셨단다. 차로 20분 정도 떨어진 곳에 사는 딸이 자주 와서 약을 챙겨드리고 있다고. 동네 사람들도 오며 가며 들러보고 챙긴다고. 이장님이 주선해서 근처 밭 뙈기를 가꾸기도 하신다고. 그런데 왜 두 번씩이나 친구 집으로 찾아오셨을까 궁금해했더니 할머니가 십여 년 전 그 근처 집에서 사신 적이 있다고 한다. 할머니의 치매 증상은 남편이 돌아가신 뒤 잠깐 동안 심해지셨단다. 남편 사진을 머리 위에 얹고 그 위에 모자를 쓰고 다니시는가 하면, 방 안의 에어컨을 뜯어 달라고, 그 안에 남편이 갇혀 있다고 하소연하시거나, 주방에 난 아주 작은 창문을 넘어 집 밖으로 탈출을 시도하시거나. 할머니가 탈출을 시도하셨다는 창문을 올려다보니 손바닥만큼 작았다. 유치원생 정도나 간신히 몸을 빼낼 수 있을까. 할머니는 두 번이나 그 창문을 넘다가 땅에 떨어지셨지만 별로 다친 데는 없었다. 그 모든 '증상들'은 갑자기 사라진 남편을 찾아

나서는 '시도들'이었다. 내 친구의 집에 오신 것도 그런 시도 중 하나였을 것이다. 한때 할아버지와 함께 생활하신 그 집이 어떤 기억으로 할머니의 몸에 새겨져 있는지, 그때 그 집에서 할아버지와 어떤 시간을 보냈는지 알 수 없다. 그러나 그 집은 할아버지를 다시 붙잡고, 그럼으로써 사라질 위험에 처한 자기 자신을 붙잡을 수 있는 장소였을 것이다.

할아버지를 다시 찾아내려는 할머니의 시도들은 '사라지는 자기'를 다시 만나려는 몸, '이야기가 올라탄 몸'의 움직임이었다(고 나는 생각한다). 어떤 이야기인가? 그 이야기 속의 할머니는 어떤 '자기'로 존재하는가? 잠시 멈춰 제대로 귀 기울이면 우리는 그 이야기에 이름을 붙여줄 수 있을까? 80이 넘은 저 할머니의 '이야기가 올라탄 몸'은 가야 할 곳의 방향을 알 뿐 아니라 위험도 감수하게 만든다. 손바닥만한 창문 밖으로 몸을 빼내 밖으로 탈출하는 유연함과 용감함은 아마도 어른으로 살면서 오랫동안 잊고 있던 몸의 능력이었을 것이다.

신경과학의 발달로 이제 우리는 몸과 뇌, 그리고 의식을 분리해서 생각할 수 없게 되었다. 신경과학자들은 저 할머니의 행동을 반복이나 정기적 학습을 통해 저장된 절차 기억(procedural memory)으로 설명하겠지만, 나는 '몸의 기억'으로 부르고 싶다. 치매라는 인지 장애 상태에서 몸이 적극적으로 표현하는, 다시 말해 활성화하는 무의지적 기억은 절차 기억을 넘어서 몸과 마음, 뇌의 통합적인 상호 교류를 가장 탁월하게 가리키기 때문이다.[20] 몸이 활성화하는 무의지적 기억은 (일정 시간을 특정 공간/장소에서 살아낸) 몸을 아카이브로서 이해할 수 있는 단초를 제공한다. 예를 들어 팔이나 다리 등 환부를 수술로 절단한 후에도 통증과 함께 그 환부를 '여전히 느끼는' 환상 사지 증상은, 몸의 지각과 그러한 지각에 입각해 형성된 뇌의 몸-지각 지도 간의 긴밀한 상호 교류 구조를 여실히 보여준다. 통증 지각 신호를 보낸 몸의 특정 부위가 더는 존재하지 않아도, 뇌 지도에서 그 특정 부위가 지워지기까지는 시간이 걸린다. 지각 신호와 뇌 신경 세포의 관계는 경우에 따라 상이한 정도와 양상을 나타낸다. 단순한 사고나 질병으로 인한 손상의 경우 신체의 지각과 신경 세포 간의 연결은 그다지 견고하지 않아서, 신체의 변화가 뇌 지도에서의 변화로 간단히 이어질 수 있을 것이다. 그러나 사회 제도나 문화 관습 등이 특정 신체 부위의 감각을 다층적으로 만들었다면, 신체 변화와 신경 세포 지도상의 변화 간 상호 연결은 그렇게 깔끔하게 일대일로 조응하지 않는다. 성 정체성과 관련된 신체 변형의 예에서 알 수 있듯이, 이전에 신체가 겪고 감각한 것은 외과적 혹은 물리적 개입 이후에도 완전히 사라지지 않고 일종의 팰림세스트(palimpsest, 이미 쓰인 글자를 지우고 그 위에 다시 쓴 양피지) 흔적으로 남아 있게 된다.

몸이 간직하고 있는 무의지적 기억은 해독되어야 할 비밀스런 암호가 아니라 사라지지/지워지지 않은 흔적으로서 기억 작업을 통해 비로소 어떤 의미를 띠게 된다. 즉 기억 작업 자체가 의미 생성 과정인 것이다. 사회 제도나 문화 관습, 개인의 성향과 습관, 그리고 이 모든 것과 연관된 정체성 등이 남긴 흔적들의 아카이브가 몸이다. 기억 작업이 어떤 양상으로 진행되는가에 따라 몸 아카이브의 보관 내용이 달라질 것이다. 앞에서 소개한 할머니처럼 치매 증상이 있는 사람의 배회에서 발휘되는 몸의 방향성은 아직 기억 작업이 시작되기 이전의 기억 흔적, 또는 몸이 무의식적으로 수행한 기억 작업을 가리키고 있다. 몸은 어디론가 움직임으로써 자기(self)를 무의식적으로 의식하는 것이다.

신경과학이 설명하는 치매는 아밀로이드 딱지들과 타우 침전물들 때문에 세포와 세포를 연결하는 시냅스가 파괴되거나,[21] 세포와 세포의 연결을 원활하게 하는 신경 전달 물질이 감소하면서 신호 전달이 저해되는 증상이다. '파괴'와 '저해'가 초래하는 증상의 구체적 모습은 어떠한가.

마치 피를 흘리는 아버지를 슬로모션으로 지켜보는 느낌이다. 삶이 아버지에게서 한 방울 한 방울 새어나가고 있다. 아버지의 인품이 아버지라는 사람에게서 한 방울 한 방울 새어 나가고 있다. 이분이 나를 낳아주시고 키워주신 아버지라는 느낌은 아직 고스란히 남아 있는데, 예전 모습을 찾아볼 수 없는 순간이 점점 늘어나고 있다. 무엇보다도 저녁 시간에. …… 어둠과 함께 두려움이 찾아온다. 그러면 아버지는 유배당한 늙은 왕처럼 안절부절 어쩔 줄 모르고 서성인다. 눈에 보이는 모든 것이 두렵고, 모든 것이 금세 해체되어버릴 듯 불안하게 요동친다.[22]

오스트리아 작가 아르노 가이거가 치매 환자인 자신의 아버지를 곁에서 경험하고 관찰한 것의 묘사다. 가까운 기억부터 먼저 사라지고 새로운 것은 더해지지 않는 치매 환자의 뇌. 그 뇌가 야기하는 신체적·심리적 변화를 가까이에서 지켜보는 사람이라면 거의 누구나 동의할 만한 느낌과 마음을 전한다. 그러나 이것이 진실의 전부는 아니다. 가이거의 아버지는 '나름대로' 자신의 삶을 이어 나가고 있다.

> 아버지의 입에서는 낱말들이 거침없이 쑥쑥 나왔다. 아버지는 느긋했다. 생각나는 대로 말했고, 그렇게 생각나는 것은 종종 독창적일 뿐만 아니라 깊이가 있었다. …… 표현이 어찌나 정확한지, 어조가 어찌나 적절한지, 또 단어 선택은 어찌나 능숙한지 감탄스러울 지경이었다. …… '난 이제 나이 든 사람이야. 이젠 내가 하고 싶은 걸 하고 그 결과를 지켜봐야지.' '지금 뭘 하고 싶은데요, 아버지?' '아무것도 안 하는 것. 그거야말로 가장 근사한 일이지. 사람은 그럴 수 있어야 해.'[23]

가이거의 아버지가 기억의 저장 여부와 상관없이 독창적인 표현력을 과시할 때, 리베카 솔닛의 어머니는 시냅스가 파괴되었음에도 몸이 간직하고 있는 무의지적 기억에 따라 원하는 장소로 정확히 찾아가는 능력을 보여주었다. 자식들이 어머니를 30년 동안 산 교외의 집에서 "독립적인 생활이 가능한 근사한 노인 전용 아파트"로 옮겨드렸을 때 어머니의 몸-뇌 지도는 불안과 동요, 혼돈의 소용돌이를 견뎌내지 못했다. 길을 건너 반 블록만 가면 나오는 식료품점에 가는 길도, 건물의 생김새는 물론 본인의 방도 익히지 못했다. 돌봄 시설의 2

층 창에서 나와 1층 지붕으로 내려옴으로써 탈출을 시도하거나 문에 달린 유리창을 깨버리는 등 '공격성과 폭력성'을 보이던 이 어머니는 어느 날 차를 얻어 타고, 버스를 갈아타 가면서 20마일 떨어진 이전의 자기 집으로 되돌아가는 데 '성공'한다. 솔닛이 말하듯, 어머니는 도중에 치명적인 사고를 당할 수도 있었다. 중요한 것은 치매 증상이 심한 그의 몸이 '어디로'를 알고 있었다는 사실이다.

치매를 앓고 있는 사람들이 보여주는, 전문가들이 '괴력'이라고 부르는 놀라운 힘과 특이한 방향 감각은 역설적이게도 몸의 아카이브 속성을 강하게 환기한다. 우리들의 몸이 무엇을 품고 있는지, 몸에 어떤 시간들이 담겨 있는지, 아카이브인 몸에 들어가면 어떤 기록물들을 만날 수 있는지, 우리는 (신경과학이 제공하는 지식을 참조한다 해도 여전히) 과학적으로 정밀한 답을 내릴 수 없다. 그러나 치매를 앓고 있는 사람들의 괴이한 행동과 반응에서는 '이야기가 올라탄 몸'의 어떤 원형이 보이고 들린다. '이야기가 올라탄다'는 것은 의식의 통제를 넘어서는 이야기가 주도권을 쥔다는 뜻이다.[24]

신경과학을 정신분석 임상과 결합해 몸 자아(somatic self)를 설명하는 정신분석가 노먼 도이지는 "단편적 기술로는 뇌 질환을 가진 사람을 이해할 수 없다. 다시 전체로 합쳐야 한다. 전체는 부분의 합이기 때문이 아니라, 인간의 경우 전체가 항상 부분의 합보다 크기 때문이다. 그래서 병력이 필요하다."[25]고 강조한다. 치매 환자가 아무리 심한 인지 '손상'[26]을 겪고 있다고 해도 그만의 구체적이고 특정하고 개인적인 면모는 사라지지 않는다. '병력'은 단순히 특정 질병이나 통증들의 병렬이 아니다. 병력은 환자가 질병이나 통증을 어떻게 '경험'했는지, '살아'냈는지, 그 질병이나 통증이 그의 정체성과 어떤 연관성을 지니는지/지니게 되었는지, 그 '되어 감'의 과정을 가리킨다. 이 과정이 드러내는 특이성(particularity)은 여전히 그의 몸과 마음과 뇌가 협업하며 지켜내고 있는 그의 '자기임(being selfhood)'이다.

치매 환자들을 이해하기 위해 우리는 특이성을 드러내는 몸의 표현에, 그리고 통사론적 의미망을 벗어나 기이한 조각들로만 남아 있다해도 언어 행위임이 분명한 개별 화자들의 특수한 발화, 즉 파롤적 발화들에 주목해야 한다. 이 파롤적 발화는 (가이거의 아버지처럼) 문법체계 밖의 '방언'으로, 또는 (솔닛의 어머니처럼) 몸으로 나타난다. 표현이라는 점에서는 둘 다 동일하다. 무엇을 표현하는가? 적어도 정서적으로는 여전히 고유한 '자기'다.[27] "아이는 능력을 얻고, 치매 환자는 능력을 잃는다. 아이와 같이 지내면 발전을 보는 안목이 날카로워지고, 치매 환자와 같이 지내면 상실을 보는 안목이 날카로워진다."는[28] 가이거의 말을 나는 수정하고 싶다. 치매 환자와 같이 지내면 '상실 자체'에 대한 안목이 날카로워진다고 말이다. 치매 환자와 같이 있게 되면 '상실이란 무엇인가', '치매 환자가 피해 갈 수 없는 그 상실은 어떤 상실인가', '상실의 과정 속에서 우리는 상실 외에 또 무엇을 **발견할** 수 있는가'라는 질문과 만나게 된다. 치매 환자가 겪는 상실은 한 개인에게서 확인할 수 있는 계통 발생과 개체 발생을 함께 사유하고 느낄 수 있는 시간의 깊이와, 오래전에 잊어버린 순연(純然)하고 단순한 감각의 복원 과정이기도 한다. 이런 의미에서 치매 환자는 어린아이 같다는 말이 가능하다.

치매 환자뿐 아니라 노년 일반과 어린아이가, 당사자들은 원치 않는데 사회의 관점에 따라 겹치거나 동일시되는 경우가 또 있다. 바로 '위험'에 대처할 만한 능력이 부족하거나 아예 없다는 관점이다. 이 관점에 따르면 노인과 아이들은 안전을 위해 가능한 한 보호 장치 안에 머물거나 위험한 일은 삼가야 한다.

리베카 솔닛은 《걷기의 인문학》에서 걷기와, 걷기가 허락된/금지된 길의 젠더-사회정치적 측면들에 대해 흥미로운 이야기들을 상세히 들려주는데,[29] 나는 그것을 '위험한 놀이'라는 관점에서 다시 생각하고 싶다. 걷기의 허락과 금기는 일반적으로 위험과 관련해 두 가지 경고를 담는다. 하나는 위험한 곳이니 삼가야 한다는 경고이고, 또 다른 하나는 자격이 없는데 걸어 들어온다면 침입으로 간주하고 그에 따른 위험이 발생해도 책임지지 않겠다는 경고다. 전자의 경우는 비교적 자명하지만, '경계'와 관련되는 후자의 경우는 논쟁과 투쟁을 불러일으킨다. (세계 곳곳에서) 밤거리를 활보하거나 인적 드문 곳, 또는 '유흥가'를 지나간 대가로 목숨까지 잃는 여성들이나, (한국에서 최근 몇 년간) 모든 시민에게 열려 있다는 광장의 사용을 둘러싸고 퀴어 퍼레이드 주최 측과 그 반대 집단이 벌이는 격한 싸움의 예에서 보듯이, 특정 공간의 사용 자격은 제도와 관습의 젠더 정치학과 관련된다. 젠더화된 권력은 안전을 볼모 삼아 은밀하게 혹은 노골적으로 선을 긋고, 월경하는 이들은 처벌을 면치 못할 것이라 위협한다. 그러나 권력 행사가 아닌 것으로 의도된 경우에도, 즉 진정으로 위험을 염려하는 것처럼 보이는 경우에도 종종 배제나 차별이 내재한다. 노인들이 여기저기서 듣는 '충고' 중 하나는 '위험한 놀이'를 삼가시라는 것이다. 얼핏 듣기에는 몸과 인지상의 취약성을 고려한 당연한 제안처럼 들리지만, 곰곰이 생각해보면 어떤 '금'이 그어지고 있음을 알 수 있다.

일상에서 노년들은 늙어 갈수록 도전과 모험, 특히 위험 요소가 있거나 다른 사람의 적극적인 협력이 필요한 운동이나 활동은 절제하는 게 어떻겠냐는 암묵적이거나 명시적인 권고를 받는다. 그러나 이것은 집단별 분리의 관점에서도 논의의 여지가 있다. 마사 누스바움은 '신노년 혁명(prosenior revolution)'의 한 예로 노년 맞춤형 트레이닝 방식을 소개하는데, 이에 따르면 트레이너들은 노년들에게 운동을 덜 시키지 않는다. 오히려 그 반대다. 전형적으로 달리기 운동에서 생길 수 있는 뒷다리 관절의 힘줄 통증이나 아킬레스건의 염증 경우를 생각해보자. 트레이너는 '이젠 연세도 있으시니 운동을 살살 하시죠'라고 조언하는 대신 '코어 운동을 늘리고 발의 힘줄을 움직이는 운동도 더 열심히 하셔야겠다'고 명확한 지시를 내린다. 이것은 결코 사소한 일이 아니며 노년들의 다양한 활동의 효율성 관점에서도 중요하다.[30]

노년을 위험에 도전하고 위험을 감당할 수 있는/없는 사람으로 여기는 사회의 관점은 개별 노년들의 삶의 질과 매우 긴밀하게 연결되어 있다. "흔히 노년기에 이르면 역량을 상실하는 것이 '자연스럽다'고들 생각한다. 바로 그런 편견이 우리에게 절실히 필요한 토론에 큰 장애물로 작용한다."[31] 노년의 삶을 '역량'의 관점에서 조직할 때 경제적·사회적 제도 환경의 개선에만 초점을 맞추는 것은 한계가 있다.

나이가 들면서 몸의 기능이 떨어지고 체력이 약해진다고 해서 나이 드는 사람의 몸을 그저 쇠락하는, 무엇이든 줄임으로써 가까스로 보존할 수 있는 존재로만 여기는 건 암묵적인 노년 차별이다. 위험한 놀이의 '위험 정도'에 대한 세밀한 구분은 쇠약해지는 노년의 몸의 '쇠약 정도'에 대한 세밀한 구분만큼이나 필요하다. 나이 들어 시도하는 위험한 놀이에는 여러 가지가 있을 것이다. 노년 관련 강의를 다니며 그동안 내가 들은 이야기들을 떠올리자면, 강도가 센 트레이닝 받기, 멀고 낯선 곳으로 혼자 여행 떠나기, 칼과 불을 써서 무언가를 만들기, 생애 처음 스노클링 하기, 몇 시간이고 자전거 페달 밟는 재미에 빠지기, 심야 극장 가기, (브레히트의 단편 소설 〈품위 없는 노파〉에 나오는 늙은 여자처럼) '점잖지 않은 사람들과 친구 되기' 등이 있다.

노인이 몸의 쇠약뿐 아니라 인지 능력의 쇠약까지 보이게 되면 '위험한 놀이'를 삼가라는 권유는 거의 당연한 합리적 배려가 되다시피 한다. 도시에 사는 치매 환자의 경우, 황망히 걷다가 혹은 계단을 오르내리다가 넘어질 위험, 차에 치일 위험, 길을 잃고 헤맬 위험 등등 집 밖으로 나서는 모든 활동이 '위험한 놀이'가 된다. 이들이 집 밖 어딘가를 '향해' 나아갈 수 있다는 건 더는 인정되지 않는다. 이들의 움직임은 어떤 의미에서도 산책이 될 수 없다. 도시에서나 여행지에서 '길을 잃기'는 가장 매력적인 걷기 형태로 언급되기도 하지만,[32] 치매 환자의 길 잃기는 묘미도 매력도 아닌 '위험한 배회'일 뿐이다. 치매 환자들이 길을 잃고 헤매는 건 위험하다. 번잡한 도시 한가운데라면 그 위험은 더욱 커진다. 그러나 이들의 '배회'에도 방향과 목적과 의미가 있다. 이들을 이끄는 것은 소망과 그에 따른 기억 작업이다. 이 소망과 기억 작업은 규범적 일상의 규칙과 질서에서 벗어나 있는 것처럼 보이지만, 그 어느 때보다도 그동안 살아낸 시간과 장소의 품 안에 있다. 이들의 '배회'는 몸과 마음, 신경 지도 간의 연결이 끊어지거나 뒤죽박죽이 되어 발생하는 오작동이 아니라, 그 상태에서(도) 작동하는 '자기'의 표현이다. 이들의 배회가 위험하지 않을 수 있는 삶의 환경이 마련된다면 이 배회도 얼마든지 매력적이고 미묘한 '길 잃기'가 될 수 있다. 파국으로 끝나지 않기 위해 일어서서 걸어 나가는 몸의 주체성. 치매 환자들의 위험한 놀이가 가능할 수 있는 삶의 환경은 거의 사라지고 있다고 해도, 그래서 현실 속에서는 금지될 수밖에 없다고 해도 이 주체성 자체는 부인될 수 없다.

앞에서 소개한 (내 친구가 사는 마을의) 치매 초기 할머니의 배회 이야기는 파국에 맞닥뜨렸을 때 주저앉지 않고 앞으로 나아가는 몸의 이야기다. 이것은 어느 정도 위험한 놀이를 허용하는 삶의 환경 속에서였기에 가능했던 시도다. 서로 속사정을 아는 이웃이 있고, 논밭과 낮은 산이 마을의 윤곽과 경계를 이루고, 차들은 드문 이런 '촌마을'에서라면 치매 환자도 치매 환자인 듯 아닌 듯 살아오던 대로 계속살 수 있다. 이 마을에는 70~80대의 노년들이 여럿 혼자 사신다. 주로 여성 노년들이지만 남성 노년도 서넛 있다. 이 글에서 소개한 할머니 외에도 경증 치매 증상을 보이는 분도 계시지만 노년들은 큰 문제 없이 서로 '들여다보며' 일상을 살아 나가신다. 살던 곳에서 죽는 것이 매우 특별한 '축복'이 되는 시대에, 몇몇 (소비 중심) 기능과 (명목상

관계를 강조하는) 가치론에 멈추지 않는 '마을' 만들기가 관건이다. 이런 마을이 이런저런 신체적·정신적 손상이 있는 사람들의 삶터가 되기 위해서는, 즉 이들이 '장애' 없는 일상을 유지할 수 있는 장소가 되기 위해서는 사회문화적 환경과 지리적 환경이 바뀌어야 한다. 아마도 지리적 환경이 가장 관건일 것이다. '위험한 놀이'가 최소한도라도 가능한, '위험하지 않은' 지리적 환경을 마련해야 한다. 당장 그러한 환경을 만드는 것은 불가능할 것이다. 그렇다면 포기하지 않고 조금씩, 계속해서, '조금 덜 위험한'의 '덜' 부분을 늘려 가면서 이 불가능성을 가능성으로 전환하는 것은 어떤가. 만약에 '우리─사회'가 치매 걸린 노년들을 위험에서 '보호'하고 싶다면 그 보호의 내용과 양태는 어때야 하는지를 좀 더 분명하게 노인들의 자리에서 고민해야 하는 것 아닐까.

이 글을 마감하면서 요양보호사로 일한 경험을 글로 기록한 이은주가 들려주는 요양원 안에서의 '배회' 이야기를 떠올려본다. '배회의 위험'이 염려되어 요양원에 모셔진 노인들은 사면이 벽으로 둘러쳐진 요양원 안에서도 배회를 한다. 더는 걸을 수 없어 휠체어에 탄 상태에서도 배회는 이어진다. "잠가놓은 휠체어를 팔 힘으로 몰고 다니며 선풍기를 쓰러뜨린다. 에어컨이 가동되는 문을 닫아버린다. 잠시도 가만히 있지 않고 배회하는 어르신이 있다. 어르신들의 배변을 돕거나 간식을 준비하던 요양보호사가 어르신이 위험하지 않은지 눈으로 좇는다. 일반인들도 잠긴 휠체어를 밀기 쉽지 않은데 얼마나 팔이 아플까. 또 선풍기에 손이라도 다치시면 어쩌나 싶어서 휠체어를 못 움직이게 잠그고 붙잡고 있는 내게 요양보호사님이 말했다. '못 움직이게 하는 것도 학대에 속하는 거예요. 자유롭게 움직이도록 두고 보호하는 게 우리들의 일이죠."[33] '자유롭게 움직이도록'. 이 기본적인 명제가 생활 영역에서도 가능하다면, 그래서 요양원에 입소하지 않아도 된다면 가장 좋을 것이다. '위험에서 보호하기'는 타인의 도움이 필요한 모든 사람에게 해당된다. 정말 중요한 일이다. 그러나 보호하는 방식에 대해 더 고민하고 더 상상력을 발휘하자고, 이미 조금씩 타인의 도움이 필요해진 나는 위험한 배회를 할 수도 있는, 하고 있는 미래의 나를 위해, 미래의 내 자리에서 지금의 내게 제안한다.

어떻게? 누가? 무슨 수로? 흰머리 휘날리며 배회의 자유를 누리고 싶은 모든 사람들의 연대가 필요하다. 반드시 맞이하게 될 '늙은 자기'의 자유로운 삶을 꿈꾸는 젊은이들의 연대가 필요하다. 젊은이들부터 '중늙은이'에 이르기까지 이 연대의 띠는 길면 길수록 사회문화적·정치적 힘을 지닐 것이다. 노년의 삶에 대한 상상력이 자본주의를 넘어, (신)가족 중심주의를 넘어, 이동·통신 테크놀로지 신앙을 넘어, 인간 중심주의를 넘어 흐르고 펼쳐질 때, 연대의 힘은 규범적 당위성의 껍질을 벗고 '안전하고 아름다운' 구체적 현실로 실현될 수 있을 것이다.

1부 변화하는 몸, 욕망하는 자아

1) 크리스티안 노스럽(2011), 《폐경기 여성의 몸 여성의 지혜》, 이상춘 옮김, 한문화.

2) "성을 파는 노년 여성의 삶을 이해하기 위하여—〈내 목소리를 들어라〉1탄. 순자의 이야기", 〈일다〉 2015년 12월 23일. http://www.ildaro.com/sub_read.html?uid=7322&section=sc1

3) 이 글은 2016년 영화 〈죽여주는 여자〉를 보고 나서 쓴 글이다. 당시의 느낌을 살리기 위해 연도를 수정하지 않고 그대로 둔다.

4) 한국 사회에서 나이 든 사람을 부르는 대명사는 통상 '노인'이다. 그러나 노인은 당사자들이 원치 않는 호명이며, 다른 생애 단계를 부르는 호명과도 일치하지 않는 차별적 용어다. 그래서 본 책에서는 '노년'이라는 용어를 사용하지만 사회적으로 통용되는 용례를 언급하거나 정책 등과 관련한 문맥에서 사용할 때는 '노인'이라는 용어를 사용한다.

5) '소영'은 'So young!'을 한국어로 표기한 것이고, 소영 스스로도 "할머니, 할머니 하지 말아요. 듣는 할머니 기분 나쁘니까!"라고 톡 쏘듯 말한다. 현실적으로도 100세까지 기대 수명이 늘어나고 있는 상황에서 65세의 여성을 '할머니'라 부르는 것은 어울리지 않는다. 더군다나 젊은 여성들의 '워너비'인 윤여정이 연기하는 소영은 '할머니'와는 거리가 꽤 있다.

6) 일베 등에는 박카스 판매 여성 '구매 후기'가 실리는데, 여기서 이들은 '할줌마',

즉 할머니와 아줌마의 혼합형으로 불린다. 박카스 파는 여성들이 50대에서 80대에 이르는 넓은 스펙트럼을 보이기 때문이다.

7) 이 모노드라마는 송기원의 단편 소설 〈늙은 창녀의 노래〉에 토대를 둔 것이었다.

8) 오근재는 《퇴적 공간—왜 노인들은 그곳에 갇혔는가》(민음인, 2014)에서 탑골공원과 종묘시민공원을 "이 사회에서 더 이상 쓸모를 인정받지 못해 질료적이고 잉여적 존재가 되어 가고 있는 인간군이 하구의 삼각주처럼 퇴적되어 있는 공간"(68쪽)이라고 부른다.

9) '어리석다'는 의미를 가진 한자의 조합인 '치매'라는 용어가 인지 장애에 대한 부정적인 낙인을 강화한다는 비판이 제기되어 왔다. 이 책에서는 인지 장애에 대한 인식의 변화를 위해 '인지 장애증'이라는 용어를 사용하는 동시에, 의료계나 사회에서 통용되는 '치매'라는 용어도 병행해서 사용한다. '치매'와 결부된 두려움을 직면하는 동시에 이에 대한 다른 이야기의 필요성을 제기하기 위해서다.

10) 장 아메리(2010), 《자유죽음—삶의 존엄과 자살의 선택에 관하여》, 김희상 옮김, 산책자.

11) 에르빈 슈텡겔(1986), 《인간은 왜 자살하는가》, 전종숙 옮김, 조선일보사.

12) 인터뷰에서 감독은 세 남자의 자살 이유를 이렇게 밝히고 있다. "첫 번째 남자 같은 경우엔 사는 게 창피하다고 하지 않나. 평소 댄디하게 차려입고 부족함 없이 돈을 써 가며 멋지게 살아왔던 사람이 한순간에 제 몸도 못 가누고 침대에 누워 여생을 보내야 된다면 정말 죽고 싶겠더라. 그리고 치매에 걸린 채 자신이 누군지도 모르고 떠돌면서 남에게 폐를 끼칠 거라 생각하니 끔찍했다. 마지막으로 의지할 가족들이 모두 떠나갔을 때 무슨 낙으로 살아갈 것인지 막막했다. 그런데 알고 보니 그게 노인 자살을 부추기는 전형적인 유형 세 가지라는 걸 알게 됐다. 정확하게는 거기에 빈곤이 겹쳤을 때라더라." [어떤人터뷰] '죽여주는 여자'의 이재용 감독", 〈허프포스트코리아〉 2016년 11월 11일. http://www.huffingtonpost.kr/yongjun-min/story_b_12859224.html?utm_id=naver

13) 정희진(2015), 〈언어가 성별을 만든다〉, 윤보라 외, 《여성혐오가 어쨌다구?》, 현실문화.

14) 영화 〈아무르〉를 맥락적인 이해 없이 가장 날 것의 사건으로만 본다면, 신체적

으로나 정신적으로 더는 자신이 누구인지 알지 못하게 된 아내를 남편이 살해한 이야기다. 일종의 '간병 살인'이라고 할 수 있다. 그러나 〈아무르〉는 자아 정체성과 돌봄의 불/가능성, 존엄한 죽음 간의 관계를 매우 미세한 촉감으로 질문한다. 더 상세한 논의는 이 책에 실린 '사랑하는 사람이 죽어 갈 때―영화〈아무르〉가 묻는 것들'을 참조할 것.

15) "'화장' 임권택 행복하니까 거장이다", 〈스포츠투데이〉 2015년 4월 7일.

16) 크리스티안 노스럽(2011), 《폐경기 여성의 몸 여성의 지혜》, 이상춘 옮김, 한문화.

17) Beth Montemurro · Jenna Marie Siefken(2014), "Cougars on the prowl? New perceptions of older women's sexuality", in *Journal of Ageing Studies* 28, 35-43.

18) 베티 도슨(2001), 《네 방에 아마존을 키워라》, 곽라분이 옮김, 현실문화연구.

19) 콜라텍이 어떤 곳인지 궁금한 사람들, 특히 은퇴를 앞두고 노후의 여가시간을 어떻게 보낼까 궁리 중인 사람들은 정하임의 《콜라텍을 다녀보니》(노드미디어, 2018)를 참조하면 좋을 듯하다. 42년간 초등학교 교사였던 그는 은퇴를 앞두고 콜라텍에 다니기 시작하면서 자기만의 색깔이 분명한 노후를 구상할 수 있었다. 은퇴 후 그는 콜라텍에 춤추러 다니랴, 콜라텍 전도사로 글 쓰며 강연하랴 바쁜 나날을 보내고 있다. 정하임의 중앙일보 칼럼 '더 오래'를 참조하라. https://news.joins.com/article/23780260.

20) 발터 벤야민(2007), 《1900년경 베를린의 유년시절》, 윤미애 옮김, 도서출판 길, 81쪽.

21) 발터 벤야민(2008), 〈미메시스 능력에 대하여〉, 《언어 일반과 인간의 언어에 대하여/번역자의 과제 외》, 최성만 옮김, 도서출판 길.

22) 파울로 코엘료(2011), 《11분》, 이상해 옮김, 문학동네, 198~199쪽.

23) 같은 책, 226쪽.

24) 작가 후기에 따르면, 코엘료는 1970년대에 섹스에 관한 소설 《7분》을 출판하려다 정부로부터 제지를 당했다는 작가 어빙 월리스의 이야기에 흥미를 느꼈다. 7분은 너무하지 않은가, 적어도 11분은 돼야지, 해서 《11분》이라는 제목이 탄생했다.

25) 김승현(2011), 《정의숙 전미숙 안은미의 춤―한국춤 백화제방의 세 꼭지점》, 늘봄, 126쪽.

26) 미치 앨봄(2017), 《모리와 함께한 화요일》, 공경희 옮김, 살림.

27) 정진웅(2004/2012), 《노년의 문화인류학》, 한울.

28) 데이비드 A. 싱클레어·매슈 D. 러플랜트(2020), 《노화의 종말》, 이한음 옮김, 부키.

29) 이동옥(2009), 〈노년기 여성의 보살핌 경험과 가치에 관한 연구〉, 이화여대 대학원 여성학과 박사학위 논문, 90쪽.

30) 이영미(2020), 〈꿈은 이루어진다〉, 《꽃보다 아름다운 가족×돌봄―2020 어르신돌봄 가족 '가나다' 수기》, 서울시 어르신돌봄가족 지원센터·서울시 어르신돌봄종사자 종합지원센터, 86쪽.

31) 김정순(2020), 〈어머니의 노년대학〉, 같은 책, 267~268쪽.

32) 돌봄 종사자가 치매 환자의 집으로 찾아와 하루에 4시간 정도 돌봄 노동을 수행하는 제도.

33) 2020년 9월 발표된 '제4차 치매관리종합계획'에는 치매 환자 가족 상담 수가 도입이 포함되었다. 돌봄 가족들 역시 돌봄이 필요하다는 현장 전문가들과 연구자들의 요청이 반영된 결과다.

34) 간병으로 지친 가족들이 재충전의 시간을 보낼 수 있도록 장기요양등급 1~5급 치매 수급자, 인지지원등급 수급자에게 연간 6일까지 단기보호시설 입소나 종일 방문 요양 서비스를 제공하는 제도.

35) 백영경(2020), 〈4장. 사람답게 아프고 늙어간다는 것: 대담 이지은〉, 《다른 의료는 가능하다》, 창비, 193~205쪽.

36) 이지은(2020), 〈치매, 어떻게 준비하고 있습니까?〉, 《새벽 세 시의 몸들에게: 질병, 돌봄, 노년에 대한 다른 이야기》, 김영옥·이지은·전희경, 봄날의책, 242~243쪽.

37) A. D. Basting(2006), "It's 1924 and Somewhere in Texas, Two Nuns are Driving a Backwards Volkswagen: Storytelling with People with Dementia", *Ageing and the Meaning of Time*, Susan H. McFadden·Robert C. Atchley(ed.), Springer Pub.

38) 그때 엄마가 '여기서'로 세상을 말씀하신 건지, 머무시던 요양원을 말씀하신 건지 알 수 없었지만, 나는 그 어떤 것보다 '지구에서의 소풍'을 떠올렸다.

39) 예방적 코호트 격리를 실행했던 경북의 한 요양원 시설장과 인터뷰한 내용. 생애문화연구소 옥희살롱 연구팀(2020), 《노인요양시설 코호트/예방적 코호트 격리 조사》, 국가인권위원회.

40) '고려장'이 역사 속에 실제로 있었던 풍습이건, 단지 문헌이나 설화 속에 등장하는 신화소이건, 핵심은 '늙었기 때문에 버려질 수 있다'는 두려움이 고대 사회에 공동체 구성원들을 압박했다는 사실이다. 관련 연구들의 결과는 고려장 풍습은 존재하지 않았다는 방향으로 수렴된다. 최기숙(2013), "노화의 공포와 공생 지향의 상상력―구비설화 '고려장이 없어진 유래'(436-11 유형)를 중심으로", 〈여성문학연구〉 29, 196~230쪽; 이윤종(2019), "동북아시아 '기로(棄老)' 설화'의 영화적 재현: '고려장'과 '나라야마 부시코'를 중심으로", 〈비교문화연구〉 55, 133~158쪽.

41) 인도를 비롯해 한·중·일 나라들에서 전승되어 온 '기로(棄老)' 설화는 생존을 위한 자원이 충분히 마련되어 있지 않을 때, 공동체는 '생산성'이 없는 노인이나 유아의 희생을 선택한다는 사실을 암시한다. 전(前) 역사 시대에서부터 20세기에 이르기까지 '노인'이 공동체 안에서 어떤 위치에 있었는가를 탐색하는 매우 광범위한 책 《노년》에서 시몬 드 보부아르는 전승된 신화들을 토대로 고대에는 이런 희생이 보편적이었을 것으로 추측한다.

42) 이것은 꼭 노인에게만 해당하는 것은 아니다. '죽은 사람의 집을 청소'하는 김완의 말에 따르면 '고립사'를 한 사람들은 빈곤―고립―외로움―무기력증―생의 포기라는 연쇄 고리에서 헤어 나오지 못한 사람들이다. 이 연쇄를 물리적·상징적으로 드러내는 게 요금 체납으로 끊긴 전기다. "이 죽음을 순수한 자살로 받아들여야 할까? 목숨을 끊은 것은 분명 자신이겠지만, 이 도시에서 전기를 끊는 행위는 결국 죽어서 해결하라는 무언의 권유 타살은 아닐까? 체납 요금을 회수하기 위해 마침내 전기를 끊는 방법, 정녕 국가는 유지와 번영을 위해 그런 시스템을 용인할 수밖에 없는가?" 김완(2020), 《죽은 자의 집 청소》, 김영사, 46쪽.

43) "[강주안의 시선] 노인은 '고려장' 아이는 '나홀로 집에'", 〈중앙일보〉 2021년 2월 22일. https://news.joins.com/article/23996801

44) 백영경(2020), 《다른 의료는 가능하다》, 창비, 178쪽.

45) 아니 에르노(2012), 《한 여자》, 정혜용 옮김, 열린책들, 105쪽.

46) 아니 에르노(1998), 《나는 나의 밤을 떠나지 않는다》, 김선희 옮김, 열림원, 97쪽.

47) 시몬 드 보부아르(2002), 《노년》, 홍상희·박혜영 옮김, 책세상, 120~122쪽.

48) 같은 책, 116쪽.

2부 나이 듦에 대한 다른 상상

1) Mutter-seelen-allein(mother-soul-alone). '어머니의 영혼'은 고대 독일어에서 사람 또는 사람의 영혼을 강조하는 은유였다. 국어를 모국어로 부르는 것과 유사한 강조 용법이다. 19세기만 해도 어머니의 영혼마저 떠난 이의 처절하게 외로운 실존을 가리키는 이 단어에는 깊은 감정의 무게가 실려 있었다. '당신이 언제나 가장 신뢰할 수 있는 사람이었던 어머니의 영혼마저 당신 손이 닿을 수 없는 곳으로 영원히 가버렸다. 당신은 이제 철저히 홀로 남겨졌다.' 지금은 '홀로'를 의미하는 평범한 일상어로 통용되지만, '어머니의 영혼이 떠나버려 홀로 남겨진'이라는 이 단어는 여전히 번역할 수 없는 깊은 울림을 품고 있다. 엄마의 장례를 마치고 집에 돌아왔을 때 떠오른 이 단어는 엄마가 그리울 때마다 나를 휘감는다.

2) 나는 이 글을 2017년 2월 말에 썼다. 엄마 돌아가시고 거의 두 달쯤 되었을 때였다. 당시의 마음을 온전히 전달하고 싶어 시기를 고치지 않고 그대로 둔다.

3) 발터 벤야민(2012), 〈이야기꾼: 니콜라이 레스코프의 작품에 대한 고찰〉, 《서사 기억 비평의 자리》, 발터 벤야민 선집 9, 최성만 옮김, 길, 413~460쪽.

4) 리베카 솔닛(2016), 《멀고도 가까운》, 김현우 옮김, 반비.

5) 헬렌 니어링(1997), 《아름다운 삶, 사랑 그리고 마무리》, 이석태 옮김, 보리, 239~240쪽.

6) 416세월호참사 작가기록단 엮음(2015), 《금요일엔 돌아오렴》, 창비, 211쪽.

7) 같은 책, 218쪽.

8) http://www.yidff.jp/2005/cat035/05c044-e.html

9) 카를로 긴츠부르그(2001), 《치즈와 구더기—16세기 한 방앗간 주인이 품은 우주관》, 김정하·유제분 옮김, 문학과지성사, 185쪽.

10) 같은 책, 226쪽.

11) 앤드류 솔로몬(2004), 《한낮의 우울》, 민승남 옮김, 민음사, 23~25쪽.

12) 오에 겐자부로(2018), 《말의 정의》, 송태욱 옮김, 뮤진트리, 135~137쪽. 띄어쓰기는 원문을 따랐다.

13) 줄리아 크리스테바(2004), 《검은 태양—우울증과 멜랑콜리》, 김인환 옮김, 동문선, 4쪽과 22쪽.

14) 상호성에 이르기 위해 성차에서 출발하자고 제안하는 루스 이리가레는 특히 촉각적 교감을 강조한다. 루스 이리가레·마이클 마더(2020), 《식물의 사유》, 이명호·김지은 옮김, 알렙, 91~98쪽.

15) 다음을 참조하라. Lauren Berlant(2011), *Cruel Optimism*, Druham, NC: Duke University Press.

16) 시몬 드 보부아르(2007), 《노년》, 홍상희·박혜영 옮김, 책세상, 392~393쪽.

17) MBC 〈황금어장〉(2009년 12월 9일)에 출연해서 한 말.

18) 어슐러 K. 르 귄(2019), 《남겨둘 시간이 없답니다》, 진서희 옮김, 황금가지, 28~29쪽.

19) https://www.nobelprize.org/mediaplayer/?id=1502

20) https://www.nobelprize.org/prizes/literature/1993/morrison/lecture/

21) 작업의 제목은 'My Grandmothers'이지만 한국어 용법에 따라 '우리 할머니들'이라고 번역했다.

22) 한국어 용법에서 친족을 부를 때 '나의'라는 소유격은 '우리'나 '내'라는 말로 바뀐다. 예를 들어 '나의 엄마'라는 말 대신 '우리 엄마'라든가 '내 엄마'라는 말을 사용한다. 논리적으로는 모순이지만 언어 이해에서는 '사용'이 중요하기 때문에 이 글에서도 '내/우리'라는 소유격을 사용하기로 한다.

23) Miwa Yanagi, 1967년 고베 출생. 참조: http://www.yanagimiwa.net/e/

24) 한국 사회에서 '엘리베이터 걸'은 1960년대 후반 고층 빌딩 신축 붐이 일면서 여성의 서비스 업종으로 부상했다. 이후 외환 위기 시절 인력 감축의 일환으로 사라질 때까지 엘리베이터 걸은 고층 빌딩이나 특급 호텔, (국회의사당 등) 관청의

엘리베이터에서 늘 만날 수 있는 '용모 단정한 젊은' 여성이었다. 이들은 승강기를 조작하는 일뿐만 아니라, 타고 내리는 손님들에게 상냥하고 친절한 안내 서비스를 제공하는 일을 했다. 유니폼을 입고, 하얀 장갑을 낀 두 손을 단정하게 모은 채 45도 각도로 인사를 하는 엘리베이터 걸의 존재는 권위주의 시대의 가부장제 성 문화가 여성(의 감정)을 소비하는 전형적인 방식 중 하나였다.

25) 주디스 버틀러(2008), 《젠더 트러블》, 조현준 옮김, 문학동네.

26) '지금시간(Jetztzeit)'은 일반적인 의미에서의 현재가 아니라, 섬광처럼 열리는 깨달음의 순간을 의미한다.

27) 2020년을 강타한 코로나19 재난은 파국의 정점을 찍은 사건이라고 말할 수 있다.(정점을 찍은 것이길. 이 재난이 더는 미룰 수 없는, 역사의 명백한 전환점이 되길 희망한다.)

28) 우에노 치즈코(2012), 《여성혐오를 혐오한다》, 나일등 옮김, 은행나무, 212쪽.

29) 장 아메리(2014), 《늙어 감에 대하여》, 김희상 옮김, 돌베개, 38쪽.

30) 같은 책, 39쪽.

31) 아메리는 자유죽음의 윤리적 정당성을 논하는 책을 쓰고 나서 실제로 자유죽음을 선택했다. 장 아메리(2010), 《자유죽음》, 김희상 옮김, 산책자.

32) "101세 철학자 찾아간 윤석열의 첫 질문 '정치해도 될까요'", 〈중앙일보〉 2021년 3월 23일. https://news.joins.com/article/24017993

33) http://www.hani.co.kr/arti/society/society_general/618266.html. 2014년 인터뷰 당시 채현국은 79세였다. 몇 년 전 타계한 그가 생존해 있다면 김형석이라는 노년 남성을 보수 언론이 이런 방식으로 무대 위에 세우는 것을 두고 어떤 '일침'을 가했을지 궁금하다.

34) "[오병상의 코멘터리] 윤석열이 101세 김형석 찾아간 까닭은?", 〈중앙일보〉 2021년 3월 22일. https://news.joins.com/article/24017872

35) "[김지수의 인터스텔라] 90세 혁신가, 노라노 '야망 앞서면 일 그르쳐… 건달처럼 살아야'", 〈조선일보〉 2017년 11월 18일. https://www.chosun.com/site/data/html_dir/2017/11/17/2017111701298.html

36) 고정희(2011), 〈우리 봇물을 트자〉, 《고정희 시선집 1》, 또하나의문화, 600~601쪽.

37) 예를 들어 박소현 감독의 〈야근 대신 뜨개질〉(2015), 마민지 감독의 〈버블 패밀리〉(2017), 이길보라 감독의 〈기억의 전쟁〉(2018), 장혜영 감독의 〈어른이 되면〉(2018), 강유가람 감독의 〈우리는 매일매일〉(2019) 등이 있다.

38) 모성적 사유나 실천에 토대를 두고 돌봄/노동 논의를 펼치거나, 또한 돌봄/노동이나 의존 노동에서 출발해 (독립적이고, 비의존적이며, 불편부당한 이성적 합리성을 지닌) 자유주의 개인이 주체가 되는 도덕 이론의 한계를 비판하며, 관계적 주체와 관계적 호혜성을 특징으로 하는 도덕 이론을 전개하는 여성주의자들은 '모성/적'이라는 은유를 적극적으로 차용하자고 제안한다. 사라 러딕(2002), 《모성적 사유》, 이혜정 옮김, 철학과현실사; 에바 페더 커테이(2016), 《돌봄―사랑의 노동》, 나상원·김희강 옮김, 박영사; 로즈마리 퍼트넘 통·티나 페르난디스 보츠(2019), 《페미니즘―교차하는 관점들》, 김동진 옮김, 학이시습, 315~354쪽.

39) 캐럴 페이트먼(2001), 《남과 여, 은폐된 성적 계약》, 이충훈·유영근 옮김, 이후.

40) 손희정, "자라지 않는 남자들의 연대", 〈경향신문〉 2017년 6월 12일. https://news.khan.co.kr/kh_news/khan_art_view.html?artid=201706122115005&code=990100

41) 이준행, "남자설명서 개정판", 〈한겨레〉 2017년 6월 25일. http://www.hani.co.kr/arti/opinion/column/800169.html

42) 손희정, 같은 글.

43) 이 글이 집필된 2017년에 비해서 현재 2021년 상황은 저 '역류하는 시대 정신'의 물결이 훨씬 더 거세진 것으로 보인다. 특히 서울시장과 부산시장 보궐선거의 결과를 두고 집권당에 대한 총체적인 실망과 비판으로 받아들이고 뼈아픈 성찰을 하는 대신, 그 좌절과 실패의 원인을 여성과 젠더 문제로 돌리는 남성들이 '출몰'하고 있다. 이들의 젠더 감각 없고 여성 혐오적인 태도는 역사적·정치적 의식/무의식을 동원해도 이해하거나 납득하기 어려운 퇴행이다. 본문에서도 썼듯이 역사의 행보를 막아서서 진화를 지체시키는 세력은 여전하고 또 막강할 수 있다. 그러나 아버지의 법/이름과 그 이름으로 행사되는 힘은 정당성을 주장할 수 없게 된 지 이미 오래되었다. 버티며 '우기는' 잔존 세력이 얼마나 오래 힘을 발휘할 수 있을까, 두 눈 부릅뜨고 지켜볼 일이다.

44) 프란츠 카프카(2010), 《소송》, 권혁준 옮김, 문학동네.

45) 바바라 크리드(2017), 《여성괴물, 억압과 위반 사이》, 손희정 옮김, 여성문화이론연구소. 제1장 '크리스테바, 여성성, 아브젝션' 참조.

46) Elisabeth Bronfen(1993), "Vom Omphalos zum Phallus : weibliche Todesrepräsentanzen als kulturelles Symptom", in *Zeitschrift für historischeFrauen- und Geschlechterforschung*, Jg. 2, Nr. 1, 57-70. DOI: https://doi.org/10.25595/ 1611.

47) "우리끼리 분위기 좋은 거 보여주면, 사드를 찬성하든 말든 군청 공무원이든 경찰이든 편안하게 우리가 직접 만든 물건 구경하면서, 여기 끼고 싶다고 생각하지 않을까요."

48) "내가 강의를 하는 사람으로 엄마들한테 늘 아이들을 바르게 키우려면 본인이 올발라야 한다고 얘길 하는데, 내가 정의를 보고 진실을 보고 모른 척하고 덮어버리면 내가 강의하는 것하고 안 맞지 않냐."

49) 도나 J. 해러웨이(2005), 《한 장의 잎사귀처럼》, 민경숙 옮김, 갈무리, 43쪽.

50) 필리프 아리에스(2016), 《죽음의 역사》, 이종민 옮김, 동문선.

51) 〈마태복음〉 17장 1절부터는 예수가 베드로, 야곱, 요한을 데리고 산에 오른 이야기를 전한다. 예수는 광휘의 모습으로 '변용'해 모세와 엘리야와 이야기를 나누었다. 구름 속에서 하느님의 말소리가 들리자 사도들은 놀라 땅에 나동그라져 엎드렸다. 예수 신성 현현(顯現, theophany)의 한 장면이다. 이 장면은 회화로 재현되었고, 종교철학 텍스트나 문화 텍스트에 '구원'의 의미로 등장한다.

52) 앤서니 기든스(2001), 《현대 사회의 성 사랑 에로티시즘》, 배은경·황정미 옮김, 새물결.

53) 에바 일루즈(2013), 《사랑은 왜 아픈가》, 김희상 옮김, 돌베개.

54) 김열규(2021), 《메멘토 모리, 죽음을 기억하라》, 사무사책방.

55) 우에노 치즈코(2016), 《누구나 혼자인 시대의 죽음》, 송경원 옮김, 어른의시간.

56) 수전 손택(2004), 《타인의 고통》, 이재원 옮김, 이후.

57) 파스칼 메르시어(페터 비에리)(2014), 《삶의 격》, 문항심 옮김, 은행나무.

58) 폴 칼라니티(2016), 《숨결이 바람 될 때》, 이종인 옮김, 흐름출판.

59) 지크문트 프로이트(2004), 《정신분석학 개요》, 박성수 옮김, 열린책들.

60) 최현숙, "[최현숙의 말 쓰기] 사적이고 정치적인 늙어죽음", 〈한겨레〉 2017년 8월 13일. http://www.hani.co.kr/arti/opinion/column/806621.html

에필로그

1) 비스와바 쉼보르스카(2016), 《충분하다》, 최성은 옮김, 문학과지성사, 23~26쪽.

2) 극이나 소설에서 가망 없어 보이는 상황을 해결하기 위해 동원되는 힘이나 사건.

3) Epiphany. 신적 존재가 인간의 눈앞에 자신의 모습을 나타내 보여주는 것을 가리킨다. 가톨릭에서는 '그리스도의 나타남'을 기리는 1월 6일 공현절(公現節)을 의미한다.

4) 성 아우구스티누스(2019), 《고백록》, 박문재 옮김, 크리스천다이제스트, 11권 14쪽, 17쪽.

5) Paul Ricoeur(2007), *Zeit und Erzählung Bd. III. Die Erzählte Zeit*, aus dem Französischen von Andreas Knop, Wilhelm Fink Verlag. 특히 2.III. "Die Wirklichkeit der historischen Vergangenheit" 참조.

6) 홀로코스트 이후에도 과거와 미래라는 시간이 가능한가에 대한 정치철학적 질문 앞에서, 과거를 용서의 시간으로, 그리고 미래를 약속의 시간으로 생각하자던 한나 아렌트의 제안도 유사한 맥락에서 공명한다.

7) 조너선 실버타운(2016), 《늙는다는 건 우주의 일》, 노승영 옮김, 서해문집.

8) 일레인 스캐리(2018), 《고통받는 몸》, 메이 옮김, 오월의봄.

9) 아서 W. 프랭크(2017), 《아픈 몸을 살다》, 메이 옮김, 봄날의책, 11쪽.

10) 폴 칼라니티(2016), 《숨결이 바람 될 때》, 이종인 옮김, 흐름출판, 161쪽.

11) 같은 책, 105쪽.

12) 사람이 살면서 마주하게 되는 위험한 기회는 질병 외에도 이별이나 상실, 경제적 파국, 명예나 자존감의 치명적인 훼손, 고립 등 다양할 수 있다. 그러나 몸과 관련한 위기야말로 삶의 경계로, (살아날 수 있는) 가능성과 (죽을 수밖에 없는) 숙명 사이에서 동요하는 죽음의 직면으로 존재자를 데려간다. 죽음은 그 어떤 타협도 허용하지 않는 절대적 단절이기 때문이다.

13) 파커 J. 파머(2018), 《모든 것의 가장자리에서》, 김찬호·정하린 옮김, 글항아리.

14) Martin Heidegger(1972), *Sein und Zeit*, Tübingen: Max Niemeyer; 박찬국(2015), 《하이데거의 '존재와 시간' 강독》, 그린비. 특히 2편 3장 〈현존재가 본래적으로 전체로서 존재할 수 있음과 마음 씀의 존재론적 의미로서의 시간성〉 참조.

15) 칼라니티가 '죽음의 날'을 받아놓고 아내와 의논하여 새로운 생명을 탄생케 한 것을 나는 이런 의미에서 이해했다.

16) 노년이 될수록 삶과 죽음의 '신비'에 대해 의미 부여하는 정도가 깊어진다. 삶과 죽음의 '신비'를 밝혀내려는 시도는 그 흔적이 남아 있는 인류의 문화유산에서부터 당대의 최첨단 생명공학에 이르기까지 단 한 번도 멈춘 적이 없다. 보통 사람의 생애사에서 이러한 질문과 탐색은 노년에서 본격적으로 시작된다. 조너선 실버타운(2016), 《늙는다는 건 우주의 일》 참조.

17) 마르크 오제(2019), 《나이 없는 시간》, 정헌목 옮김, 플레이타임, 105쪽.

18) 리베카 솔닛(2016), 《멀고도 가까운 — 읽기, 쓰기, 고독, 연대에 관하여》, 김현우 옮김, 반비, 15쪽.

19) 여기서 나는 특히 초/고령 치매 환자의 경우를 염두에 두고 있다. 비교적 젊은 나이에 치매를 겪는 경우 배회의 의미는 이와 다를 수 있다.

20) 신경과학에 따르면 우리의 기억은 크게 두 가지 방식으로 이루어진다. 뇌의 좌반구가 사건을 언어적·분석적·논리적으로 기록한다면 뇌의 우반구는 사건의 주제나 의미를 상황적으로 정리하고 파악한다. 그리고 해마나 편도체 등 변연계가 특별히 감정의 기억을 책임진다. 구조로 본다면 사건의 세부 기록(좌반구)과 의미화(우반구) 간에 지속적인 타협이 이루어지고, 감정의 색과 온도가 여기에 밀도와 강도를 더한다고 할 수 있다. 우리가 보고 듣고 느끼는, 즉 감각한 것들은 감각 영역과 운동 영역, 그리고 변연계의 상호 관계를 통해 신경계의 지도를 그려 나간다. 지난 반세기 동안 신경과학이 꾸준히 증명하고 발전시켜 온 뇌의 가소성 이론은 신경계의 지도와 몸의 감각 및 운동이 쌍방향 소통과 영향의 관계에 있음을 강조한다.(노먼 도이지(2008), 《기적을 부르는 뇌》, 김미선 옮김, 지호. 331~364쪽 참조)

21) 아밀로이드 딱지들(plaque)은 베타아밀로이드가 동종의 다른 단백질들과 결합

함으로써 만들어지고, 타우 섬유 뭉치들은 (세포의 신호 전달을 맡고 있는) 축삭 돌기의 골격 역할을 하는 타우(Tau) 단백질이 변형되어 생성된다. 한나 모니어·마르틴 게스만(2015), 《기억은 미래를 향한다―뇌과학과 철학으로 보는 기억에 대한 새로운 이야기》, 전대호 옮김, 문예출판사, 234~236쪽.

22) 아르노 가이거(2015), 《유배 중인 나의 왕》, 김인순 옮김, 문학동네, 15쪽.
앞에서 언급한 책 《멀고도 가까운―읽기, 쓰기, 고독, 연대에 관하여》에서 리베카 솔닛은 치매가 점점 더 심해지는 어머니를 이렇게 묘사한다. "나는 어머니가 뜯어지는 책 같다고 생각했다. 책장이 날아가고, 문단이 뭉개지고, 단어가 흘러내려 흩어지고, 종이는 순수한 흰색으로 되돌아간다. …… 어머니의 말에서 단어가 사라지기 시작하며, 텅 빈 자리만 남았다."(24~25쪽.)

23) 아르노 가이거, 같은 책, 116쪽.

24) 어떤 목소리가, 혹은 어떤 이야기가 올라타는 것이 무엇을 의미하는지를 가장 잘 아는 사람들로 우리는 영매를 떠올릴 수 있을 것이다. 세속의 무대에서는 시인들, 특히 여성 시인들이 '목소리가 올라타는' 상황, 그 목소리에 '들리는(possessed)' 상황의 전문가들이다. 여성 시인의 시적 화자인 '나'는 잊힌, 혹은 추방당한 몸-목소리들이 등장하는 무대가 되곤 한다. 김혜순(2017), 《여성, 시하다》, 문학과지성사 참조.

25) 노먼 도이지, 같은 책, 267쪽.

26) 나는 여기서 의도적으로 인지 '장애'가 아니라 인지 '손상'이라고 쓴다. 우리는 유전적으로 혹은 사고로 이러저러한 손상을 입을 수 있다. 그런데 그 손상으로 일상생활이나 이동, 사회문화 활동 등을 못 하게 되면 그때 '장애(disability)'가 시작된다. 즉, 장애는 손상에 따른 자연적 상태가 아니라, 손상을 입은 몸들을 고려하지 않는 사회 관습과 환경이 만들어낸 불평등의 결과다. 동일한 맥락에서 치매 역시 인지 '손상'이 인지 '장애'가 된 경우다.

27) 오랜 시간 말기 환자와 치매 환자를 돌보았던 의사 오오이 겐은 치매 환자와 '소통'하는 방식은 그의 세계로, 좀 더 정확히 말하자면 그의 '둘레 세계'로 들어가는 것이라고 말한다. 치매 환자는 자신의 둘레 세계 안에서 '자기'로 살고 있으며, 이 자기는 정서의 차원에서 치매 이전의 정체성을 간직하고 있다. 오오이 겐(2013), 《치매 노인은 무엇을 보고 있는가》, 안상현 옮김, 윤출판 참조.

28) 아르노 가이거, 같은 책, 17쪽.

29) 리베카 솔닛(2017), 《걷기의 인문학》, 김정아 옮김, 반비. 본 글과의 관련 속에서 다음 문장을 소개하고 싶다. "길거리를 걷는다는 것은 지도 읽기와 살아가기를 연결하는 일이요, 사적 세계라는 소우주와 공적 세계라는 대우주를 연결하는 일이요, 자기를 둘러싼 그 모든 미궁의 의미를 깨닫는 일이다. 《미국 대도시의 죽음과 삶》이라는 유명한 책에서 제인 제이컵스가 설명하듯이, 인기 있고 이용자가 많은 길거리는 그저 많은 사람들이 지나다닌다는 이유만으로도 범죄로부터 안전해진다. 보행이 공적 공간의 공공성과 생명력을 유지한다는 뜻이다."(171쪽)

30) 마사 누스바움·솔 레브모어(2018), 《지혜롭게 나이 든다는 것》, 안진이 옮김, 어크로스, 126~127쪽.

31) 마사 누스바움·솔 레브모어, 같은 책, 404쪽.

32) 예를 들어 솔닛은 "파국을 면하고 더 멀리 나아가기 위해서는" 길 잃는 방법을 제대로 알아야 한다고 조언하고(리베카 솔닛(2018), 《길 잃기 안내서》, 김명남 옮김, 반비), 벤야민은 단순히 길을 잘 몰라 헤매는 것과는 다른 "마치 숲속을 헤매듯 걷는" 길 잃기를 예찬한다. 길을 잃고 헤매는 이에게는 "간판, 거리의 이름, 행인, 지붕, 간이매점, 혹은 술집이 …… 마치 숲의 마른 잔가지들이 발밑에서 바스락거리는 소리나 먼 곳에서 들려오는 놀란 백로의 외침처럼, 혹은 한가운데 백합꽃이 피어오른 숲속 빈터에서의 돌연한 정적처럼" 말을 걸어온다.(발터 벤야민(2007), 《1900년경 베를린의 유년시절/베를린 연대기》, 윤미애 옮김, 도서출판 길, 162~163쪽.)

33) 이은주(2019), 《나는 신들의 요양보호사입니다》, 헤르츠나인, 162쪽.

흰머리 휘날리며, 예순 이후 페미니즘

2021년 6월 11일 초판 1쇄 발행
2023년 9월 25일 초판 4쇄 발행

- 지은이 ──────── 김영옥
- 펴낸이 ──────── 한예원
- 편집 ──────────── 이승희, 윤슬기, 양경아, 김지희, 유가람
- 펴낸곳   교양인
  우 04015 서울 마포구 망원로6길 57 3층
  전화 : 02)2266-2776 팩스 : 02)2266-2771
  e-mail : gyoyangin@naver.com
  출판등록 : 2003년 10월 13일 제2003-0060

© 김영옥, 2021
ISBN 979-11-87064-66-4   03330

* 잘못 만들어진 책은 바꾸어드립니다.
* 값은 뒤표지에 있습니다.